Studienwissen kompakt

Lehrbücher der Reihe „Studienwissen kompakt" bieten in kurzen prüfungsrelevanten Lerneinheiten einen Überblick und Einstieg in ein Fach bzw. in eine Teildisziplin und vermitteln Orientierungswissen. Alle Themen werden didaktisch gut strukturiert aufbereitet. Abschließende Lernkontrollen, Transferaufgaben und Empfehlungen zum Weiterlesen und –lernen wirken sich nachhaltig auf den Lernerfolg aus. Als Lernhilfen sowohl zur gezielten Klausurvorbereitung als auch für ein begleitendes Selbststudium geeignet!

Weitere Bände in der Reihe https://link.springer.com/bookseries/13388

Stefan Huf

Personal-
management

2. Auflage

Stefan Huf
Duale Hochschule Baden-Württemberg
Stuttgart, Deutschland

ISSN 2363-9539 ISSN 2363-9547 (electronic)
Studienwissen kompakt
ISBN 978-3-658-37537-9 ISBN 978-3-658-37538-6 (eBook)
https://doi.org/10.1007/978-3-658-37538-6

Die Deutsche Nationalbibliothek verzeichnet diese Publikation in der Deutschen National-bibliografie; detaillierte bibliografische Daten sind im Internet über http://dnb.d-nb.de abrufbar.

© Springer Fachmedien Wiesbaden GmbH, ein Teil von Springer Nature 2020, 2022
Das Werk einschließlich aller seiner Teile ist urheberrechtlich geschützt. Jede Verwertung, die nicht ausdrücklich vom Urheberrechtsgesetz zugelassen ist, bedarf der vorherigen Zustimmung des Verlags. Das gilt insbesondere für Vervielfältigungen, Bearbeitungen, Übersetzungen, Mikroverfilmungen und die Einspeicherung und Verarbeitung in elektronischen Systemen.
Die Wiedergabe von allgemein beschreibenden Bezeichnungen, Marken, Unternehmensnamen etc. in diesem Werk bedeutet nicht, dass diese frei durch jedermann benutzt werden dürfen. Die Berechtigung zur Benutzung unterliegt, auch ohne gesonderten Hinweis hierzu, den Regeln des Markenrechts. Die Rechte des jeweiligen Zeicheninhabers sind zu beachten.
Der Verlag, die Autoren und die Herausgeber gehen davon aus, dass die Angaben und Informationen in diesem Werk zum Zeitpunkt der Veröffentlichung vollständig und korrekt sind. Weder der Verlag, noch die Autoren oder die Herausgeber übernehmen, ausdrücklich oder implizit, Gewähr für den Inhalt des Werkes, etwaige Fehler oder Äußerungen. Der Verlag bleibt im Hinblick auf geografische Zuordnungen und Gebietsbezeichnungen in veröffentlichten Karten und Institutionsadressen neutral.

Lektorat/Planung: Ulrike Loercher
Springer Gabler ist ein Imprint der eingetragenen Gesellschaft Springer Fachmedien Wiesbaden GmbH und ist ein Teil von Springer Nature.
Die Anschrift der Gesellschaft ist: Abraham-Lincoln-Str. 46, 65189 Wiesbaden, Germany

Vorwort zur 2. Auflage

Nichts ist für Autoren wichtiger als positive Resonanz. Daher habe ich mich über die hohen Verkaufszahlen und die immens hohe Zahl an Downloads der Erstauflage sowie die positiven Rückmeldungen von Lehrenden und Studierenden sehr gefreut.

Auch die zweite Auflage versteht sich als kompakte Einführung in das Personalmanagement, setzt keine Vorkenntnisse voraus und ist daher vor allem für den Einsatz in Bachelorstudiengängen konzipiert. Für die zweite Auflage wurde das gesamte Manuskript sorgfältig überprüft, aktualisiert und ergänzt. Insbesondere die Kapitel zur Personalbeschaffung, Personalentwicklung, Mitarbeiterführung und zum Strategischen Personalmanagement haben Erweiterungen erfahren. Neuere Entwicklungen in der Personalbeschaffung wie CV-Parsing, algorithmisierte Personalvorauswahl, asynchrone Videointerviews oder Avatar-Interviews wurden ebenso aufgegriffen wie die Reduktion der Qualität der Personalauswahlentscheidung durch Stereotype der Auswählenden („unconscious bias"). Zudem wurde Gamification als Trend in der Personalauswahl und der Personalentwicklung berücksichtigt. Insgesamt wird am Anspruch festgehalten, dass sich das Lehrbuch auf der Höhe der Zeit bewegt, jedoch ohne modisch und marktschreierisch zu sein.

Das Kapitel zur Mitarbeiterführung wurde um ein Unterkapitel zur vertikalen Segregation des Arbeitsmarktes ergänzt, das der Frage nachgeht, warum Frauen nach wie vor in Führungspositionen deutlich unterrepräsentiert sind. Und ferner wurde dem Konsistenzansatz im Kapitel zum Strategischen Personalmanagement größere Aufmerksamkeit geschenkt. Nicht zuletzt wurden sämtliche Kapitel um weitere Beispiele aus der Unternehmenspraxis ergänzt und weiterhin wird großer Wert auf Hinweise bezüglich qualitativ hochwertiger und weiterführender fachwissenschaftlicher Literatur gelegt.

Mein Dank gilt Frau Mülhausen und Frau Lörcher für die nachsichtige verlagsseitige Betreuung.

■ **Gender-Erklärung**

Leider fehlte es mir auch bei der zweiten Auflage am Mut, von der noch immer üblichen Sprachform des generischen Maskulins abzulassen und genderinklusiver zu formulieren. Ich begnüge mich erneut mit dem (durchaus feigen) Hinweis, dass soweit personenbezogene Bezeichnungen nur in männlicher Form angeführt sind (z.B. der Mitarbeiter, der Bewerber, der Vorgesetzte), sich diese auf sämtliche Geschlechter in gleicher Weise beziehen.

Stefan Huf
Stuttgart
März 2022

Vorwort zur 1. Auflage

Dieses Lehrbuch bietet einen eigenständigen Einstieg ins betriebliche Personalmanagement. Es hat den Anspruch, sich auf der Höhe der Zeit zu bewegen und aktuelle Entwicklungen zu berücksichtigen, ohne modisch und marktschreierisch zu sein, dicht und kompakt, aber nicht oberflächlich zu sein sowie eine konzentrierte und fokussierte Einführung zu bieten, ohne blutleer und trocken zu sein.

Es folgt nicht dem Rat des langjährigen Wirtschaftsweisen, Peter Bofinger, für den das Verfassen eines Lehrbuchs das Dümmste ist, was Hochschullehrer heutzutage tun können, da hierüber keine Reputation mehr im Wissenschaftsbetrieb zu erlangen sei – so Bofinger in einem Interview mit der Stuttgarter Zeitung (20.04.2019, S. 3). Und im besten Fall widerlegt es Armin Trost, für den es „wahrlich nichts Gruseligeres als ein klassisches Lehrbuch über das Personalwesen" gibt (Trost 2018, S. VI).

Mein herzlicher Dank gilt Sandra und Caroline für die gewährte Hilfe und Unterstützung sowie Frau Lörcher und Frau Harsdorf für die verlagsseitige Betreuung.

■ Gender-Erklärung

Ausschließlich aus Gründen der besseren Lesbarkeit wird in diesem Lehrbuch die im Deutschen übliche Sprachform des generischen Maskulin verwendet und auf eine gendergerechte Sprache verzichtet. Soweit personenbezogene Bezeichnungen nur in männlicher Form angeführt sind (z. B. der Mitarbeiter, der Bewerber, der Vorgesetzte), beziehen sie sich auf sämtliche Geschlechter in gleicher Weise.

Stefan Huf
Stuttgart
September 2019

Inhaltsverzeichnis

1	**Grundlagen des betrieblichen Personalmanagements**	1
1.1	Ziele des Personalmanagements	2
1.2	Handlungsfelder des Personalmanagements	3
1.3	Adressaten des Personalmanagements	5
1.4	Arbeitsverhältnis als juristischer und psychologischer Vertrag	8
1.5	Träger des Personalmanagements	12
1.6	Lern-Kontrolle	13
2	**Personalplanung: Bestimmung des Personalbedarfs**	17
2.1	Kennzeichen der Personalplanung	18
2.2	Quantitative Personalplanung	20
2.3	Qualitative Personalplanung	21
2.4	Lern-Kontrolle	22
3	**Personalmarketing: Gestaltung der Arbeitgeberattraktivität**	25
3.1	Dimensionen der Arbeitgeberattraktivität	26
3.2	Employer Branding als Personalmarketingprozess	27
3.3	Lern-Kontrolle	31
4	**Personalbeschaffung: Gewinnung neuer Mitarbeiter**	33
4.1	Anforderungsanalyse als Basis der Personalbeschaffung	35
4.2	Alternative Personalbeschaffungswege	38
4.3	Bewerbungsgenerierung im Rahmen des Recruitings	40
4.4	Personalauswahl als Eignungsprüfung	43
4.4.1	Prüfung der Bewerbungsunterlagen	46
4.4.2	Testverfahren	48
4.4.3	Arbeitsprobe	49
4.4.4	Vorstellungsgespräch	49
4.4.5	Assessment Center	52
4.5	Bewerberseitige Akzeptanz von Personalauswahlverfahren	54
4.6	Lern-Kontrolle	56

5	**Personalreduzierung: Verringerung der personellen Kapazität**	59
5.1	Betriebsbedingte Personalreduzierungen	62
5.2	Mitarbeiterbedingte Personalreduzierungen	64
5.3	Lern-Kontrolle	66
6	**Entgeltgestaltung: Ausgestaltung der materiellen Arbeitsanreize**	69
6.1	Entgeltgerechtigkeit	73
6.2	Entgeltdifferenzierung	75
6.2.1	Anforderungsabhängige Entgeltgestaltung	76
6.2.2	Leistungsabhängige Entgeltgestaltung	79
6.2.3	Qualifikationsabhängige Entgeltgestaltung	84
6.2.4	Sozialstatusabhängige Entgeltgestaltung	84
6.2.5	Erfolgsabhängige Entgeltgestaltung	85
6.2.6	Marktabhängige Entgeltgestaltung	85
6.3	Lern-Kontrolle	86
7	**Personalentwicklung: Qualifizierung und Förderung der Mitarbeiter**	89
7.1	Personalentwicklung als Organisation von Lernprozessen	90
7.2	Qualifizierung der Mitarbeiter im Rahmen der betrieblichen Bildung	93
7.2.1	Gestaltung der Ausbildung	93
7.2.2	Gestaltung der Fort-/Weiterbildung	96
7.3	Förderung der Mitarbeiter im Rahmen des Talent Managements	100
7.3.1	Methoden der Potenzialdiagnose	101
7.3.2	Prozess des Talent Managements	104
7.3.3	Karrieren als Ergebnis von Aushandlungsprozessen	105
7.4	Lern-Kontrolle	107
8	**Mitarbeiterführung: Zielbezogene Verhaltensbeeinflussung**	111
8.1	Kennzeichen der Mitarbeiterführung	113
8.1.1	Mitarbeiterführung als Machtphänomen	114
8.1.2	Zielbezogenheit der Mitarbeiterführung	115
8.2	Funktionale Äquivalente direkter Führung: Führungssubstitute, Selbstführung und geteilte Führung	116
8.3	Führungstheorien: Erfolgsfaktoren der Führung	118
8.3.1	Eigenschaftsansatz der Führung	119

8.3.2	Theorie XY	120
8.3.3	Ansatz der dienenden Führung	122
8.3.4	LMX-Theorie	123
8.3.5	Führungsstilansätze	124
8.3.6	Ansatz der transformierenden Führung	129
8.3.7	Ansatz der authentischen Führung	131
8.4	**Destruktive Führung**	132
8.5	**Unterrepräsentanz von Frauen in Führungspositionen**	133
8.6	**Lern-Kontrolle**	135
9	**Mitarbeiterbindung: Verhinderung unerwünschter Fluktuation**	139
9.1	**Fluktuationstheorien: Ursachen mitarbeiterseitiger Kündigungen**	141
9.2	**Retention Management: Mitarbeiter im Unternehmen halten**	144
9.3	**Lern-Kontrolle**	147
10	**Organisation des Personalmanagements: Aufgaben- und Kompetenzverteilung**	149
10.1	**Aufgaben- und Kompetenzverteilung zwischen Fachabteilungen und Personalabteilung**	150
10.2	**Aufgaben- und Kompetenzverteilung innerhalb des Personalbereichs**	152
10.2.1	Funktionale Organisation des Personalbereichs: Aufgabenspezialistentum	153
10.2.2	Objektorientierte Organisation des Personalbereichs: Personalreferentenmodell	154
10.2.3	Rangorientierte Organisation des Personalbereichs: Business Partner-Modell	155
10.3	**Lern-Kontrolle**	156
11	**Strategisches Personalmanagement: HR-Beitrag zum Unternehmenserfolg**	159
11.1	**Die strategische Relevanz des Personalmanagements**	160
11.2	**Strategische Personalmanagementansätze**	161
11.2.1	Universalistischer Ansatz: „Best Practice School"	163
11.2.2	Kontingenzansatz: „Best Vertical Fit School"	164
11.2.3	Konsistenzansatz: „Best Horizontal Fit School"	166
11.3	**Lern-Kontrolle**	169

12	**HR Analytics: Informatorisches Fundament von Personalmanagemententscheidungen**	171
12.1	**Kennzeichen von HR Analytics**	172
12.2	**HR Analytics als Weiterentwicklung des Personalcontrolling**	173
12.3	**Grenzen von HR Analytics**	175
12.4	**Lern-Kontrolle**	176

Serviceteil

Tipps fürs Studium und fürs Lernen	178
Glossar	184
Literatur	197

Grundlagen des betrieblichen Personalmanagements

Inhaltsverzeichnis

1.1 Ziele des Personalmanagements – 2

1.2 Handlungsfelder des Personalmanagements – 3

1.3 Adressaten des Personalmanagements – 5

1.4 Arbeitsverhältnis als juristischer und psychologischer Vertrag – 8

1.5 Träger des Personalmanagements – 12

1.6 Lern-Kontrolle – 13

© Springer Fachmedien Wiesbaden GmbH, ein Teil von Springer Nature 2022
S. Huf, *Personalmanagement*, Studienwissen kompakt,
https://doi.org/10.1007/978-3-658-37538-6_1

> **Lern-Agenda**
> Das einleitende, erste Kapitel
> - zeigt die grundlegenden Ziele des betrieblichen Personalmanagements auf
> - gibt einen Überblick über die zentralen Handlungsfelder des Personalmanagements
> - weist die Belegschaft als Adressaten des Personalmanagements aus und zeigt Möglichkeiten der Segmentierung des internen Arbeitsmarktes auf
> - charakterisiert das Arbeitsverhältnis als juristischen und psychologischen Vertrag
> - identifiziert die zentralen Akteure des Personalmanagements

1.1 Ziele des Personalmanagements

Das Personalmanagement sorgt dafür, dass sich Mitarbeiter auf vakante Positionen bewerben, sich arbeitsvertraglich an das Unternehmen binden, ihrem Arbeitgeber höchstmögliche Leistung zur Verfügung stellen und schließlich beim Unternehmen verbleiben. Kurzum: Es sorgt dafür, dass Mitarbeiter *kommen*, *leisten* und *bleiben*.

Unternehmen benötigen Mitarbeiter, um ihre betriebswirtschaftlichen Ziele zu erreichen. Finanzielle Ressourcen, Gebäude, Maschinen, Technologien und konkurrenzfähige Produkte alleine vermögen den Unternehmenserfolg nicht sicherzustellen: Ohne Mitarbeiter können Unternehmen nicht erfolgreich sein. Und zugleich stehen Unternehmen nicht nur auf Güter- und Kapitalmärkten in Konkurrenz zueinander, sondern ebenso auf dem Arbeitsmarkt. Unternehmen stehen im Wettbewerb untereinander hinsichtlich der Gewinnung geeigneter Arbeitskräfte. Es ist keineswegs selbstverständlich, dass es dem Unternehmen gelingt, passende Mitarbeiter für sich zu gewinnen. Daher hat das betriebliche Personalmanagement zum Ziel, geeignete Mitarbeiter fürs Unternehmen zu rekrutieren. Es sorgt also dafür, dass Mitarbeiter zum Unternehmen *kommen*.

Gelingt es, geeignete Mitarbeiter fürs Unternehmen zu gewinnen, ist damit jedoch noch nicht sichergestellt, dass diese dem Unternehmen auch ihre höchstmögliche Arbeitsleistung zur Verfügung stellen. Denn zum einen ist der zwischen Arbeitgeber und Arbeitnehmer geschlossene Arbeitsvertrag in *juristischer Hinsicht* kein Werkvertrag, in dem die zu erbringende Leistung (Arbeitsergebnisse) des Mitarbeiters spezifiziert ist, sondern ein Dienstvertrag, worin sich der Arbeitnehmer lediglich verpflichtet, seiner Tätigkeit nach bestem Bemühen nachzugehen. Der Arbeitsvertrag ist also hinsichtlich der zu erbringenden Leistung in quantitativer und qualitativer Hinsicht reichlich unbestimmt. „Der Arbeitnehmer schuldet keinen Erfolg, sondern nach Zeit bemessene Dienste" (Hromadka und Maschmann 2018, S. 212). Die vom Arbeitnehmer geschuldete Arbeitsintensität bemisst sich nach dem Leistungsvermögen des Arbeitnehmers und nicht nach einer objektivierten Normalleistung – der Mitarbeiter muss tun, was er soll und zwar so gut er kann (Hromadka und Maschmann 2018, S. 243).

Zum anderen ist der „Produktionsfaktor Arbeit" in *psychologischer Hinsicht* ein äußerst eigensinniger und unberechenbarer Produktionsfaktor. Das Leistungsverhalten der Mitarbeiter wird nämlich von zahlreichen internen, in der Person des Mitarbeiters liegenden, Einflussgrößen (z. B. Gesundheit, Intelligenz, Persönlichkeit, Qualifikation, Einstellungen u. v. m.) und externen, also von außen auf den Mitarbeiter einwirkenden, Faktoren beeinflusst (z. B. Führungsstil des Vorgesetzten, Beziehung zu Kollegen, Betriebsklima, Arbeitsplatzgestaltung u. v. m.). Ziel des betrieblichen Personalmanagements ist es daher, für diejenigen Bedingungen zu sorgen, die eine höchstmögliche Leistungsbereitschaft der Mitarbeiter sicherstellen. Es soll dazu beitragen, dass Mitarbeiter möglichst viel *leisten*.

Und schließlich ist es nicht selbstverständlich, dass die vertraglich gebundenen Mitarbeiter beim Unternehmen verbleiben. Es steht ihnen vielmehr jederzeit frei, sich nach alternativen Arbeitgebern umzuschauen und die Unternehmensmitgliedschaft aufzukündigen. Das betriebliche Personalmanagement hat daher zum Ziel, leistungsfähige und leistungsbereite Mitarbeiter langfristig ans Unternehmen zu binden. Es soll dafür sorgen, dass Mitarbeiter beim Unternehmen *bleiben*.

> Auf den Punkt gebracht: Das betriebliche **Personalmanagement** zielt auf die Gewinnung geeigneter Mitarbeiter, sorgt für die Ausgestaltung leistungsförderlicher Arbeitsbedingungen und strebt eine Bindung der Mitarbeiter an das Unternehmen an. M. a. W.: Das Personalmanagement sorgt dafür, dass Mitarbeiter *kommen*, *leisten* und *bleiben*.

1.2 Handlungsfelder des Personalmanagements

Zur Erreichung der personalwirtschaftlichen Ziele wird das Personalmanagement auf unterschiedlichen Handlungsfeldern aktiv: Im Rahmen der **Personalplanung** erfolgt zunächst die Personalbedarfsermittlung (▶ Kap. 2). Hierbei steht die Frage im Zentrum, wie viele Mitarbeiter (**quantitative**

Personalplanung) und mit welcher Qualifikation (**qualitative Personalplanung**) zukünftig benötigt werden.

Aus der Personalplanung leitet sich folglich die Notwendigkeit der zusätzlichen Gewinnung von Mitarbeitern (**Personalbeschaffung**, ▶ Kap. 4) oder der Verringerung des Personalbestands (**Personalreduzierung**, ▶ Kap. 5) ab.

Die Gewinnung neuer Mitarbeiter und die Bindung bestehender Mitarbeiter kann nur gelingen, wenn das Unternehmen als attraktiver Arbeitgeber wahrgenommen wird. Im Zentrum des **Personalmarketings** (▶ Kap. 3) steht daher die zielgerichtete Gestaltung der Arbeitgeberattraktivität.

Erfolgreiche **Personalbeschaffung** (▶ Kap. 4) setzt voraus, dass es gelingt, Bewerbungen für die zu besetzenden Stellen zu generieren (**Recruiting**) und dass diejenigen Bewerber identifiziert werden, die für die Besetzung der offenen Stellen geeignet sind (**Personalauswahl**).

Für die geleistete Arbeit erhalten die Mitarbeiter im Gegenzug eine Vergütung. Im Zentrum der **Entgeltgestaltung** (▶ Kap. 6) steht daher die differenzierte Ausgestaltung der unternehmensseitig gebotenen materiellen Arbeitsanreize.

Im Rahmen der **Personalentwicklung** (▶ Kap. 7) erfolgt die Bildung und Förderung der Mitarbeiter. Die **betriebliche Bildung** umfasst hierbei die Vorbereitung auf die erstmalige Ausübung einer beruflichen Tätigkeit (**Ausbildung**) sowie die berufsbegleitende **Fort- und Weiterbildung**. Im Rahmen der **Mitarbeiterförderung**, auch **Talent Management** genannt, erfolgt zudem die Identifikation von Potenzialträgern, also denjenigen Mitarbeitern, denen die Übernahme höherwertiger Aufgaben zugetraut wird, und die Vorbereitung dieser Talente auf höherwertigere Stellen.

Die zielorientierte Beeinflussung des Mitarbeiterverhaltens durch die Vorgesetzten steht im Mittelpunkt der **Mitarbeiterführung** (▶ Kap. 8). Erfolgreichen Führungskräften gelingt es, eine hohe Arbeitszufriedenheit bei den Mitarbeitern und zugleich eine hohe Arbeitsleistung der Mitarbeiter zu erzeugen.

Mitarbeitern steht es aber auch stets frei, nach alternativen Arbeitgebern Ausschau zu halten. Unternehmen sind keine Zwangsorganisationen, die Mitgliedschaft anordnen können. Hinsichtlich der **Mitarbeiterbindung** (**Retention Management**) steht daher die Frage im Zentrum, wie Mitarbeiter im Unternehmen gehalten werden können (▶ Kap. 9).

Da unterschiedliche Akteure, wie Personalabteilung, Führungskräfte und Betriebsrat, das Personalmanagement betreiben, ist eine Aufgaben- und Kompetenzverteilung erforderlich, mithin eine **Organisation des Personalmanagements** (▶ Kap. 10).

Um das Personalmanagement widerspruchfrei, konsistent und erfolgswirksam ausgestalten zu können, bedarf es ferner einer ganzheitlichen, alle Handlungsfelder umfassende Betrachtung. Diese steht im Zentrum des **Strategischen Personalmanagements** (▶ Kap. 11).

Um das „Kommen", „Leisten" und „Bleiben" der Mitarbeiter sicherzustellen, also die personalwirtschaftlichen Kernfunktionen zu erfüllen, sind vielfältige Entscheidungen in den personalwirtschaftlichen Handlungsfeldern zu treffen. **HR Analytics** (▶ Kap. 12) liefert die erforderlichen Informationen, um diese Entscheidungen möglichst datenbasiert und rational treffen zu können.

1.3 Adressaten des Personalmanagements

Alle in der Unternehmung beschäftigten Menschen bilden das Personal, synonym: die Belegschaft, des Unternehmens und sind somit die Adressaten des Personalmanagements. Das Personal ist hierbei jedoch eine äußerst heterogene Kategorie, die sehr unterschiedliche Beschäftigungsformen und Mitarbeitergruppen umfasst. Hierzu zählen z. B. Mitarbeiter ohne und mit Personalverantwortung, letztere werden auch als Führungskräfte bezeichnet, direkte und indirekte Mitarbeiter, je nachdem ob sie unmittelbar mit der Erstellung der Marktleistung des Unternehmens betraut sind (z. B. Produktionsmitarbeiter) oder diesbezüglich unterstützende Aufgaben übernehmen (z. B. Wartung von Maschinen) oder befristet und unbefristet beschäftigte Mitarbeiter, abhängig davon ob der Arbeitsvertrag mit Ablauf einer vereinbarten Laufzeit automatisch endet oder nicht.

Arbeitsrechtlich wird das Personal häufig danach unterteilt, ob es sich um **Arbeitnehmer** des Unternehmens handelt oder nicht. Arbeitnehmer sind Beschäftige, die Arbeit für einen Arbeitgeber auf Basis eines Arbeitsvertrags gegen Entgelt verrichten und zu weisungsgebundener, fremdbestimmter Arbeit in persönlicher Abhängigkeit verpflichtet sind (§ 611a (1) BGB). Zu den Arbeitnehmern des Unternehmens zählen daher Arbeiter, Angestellte und Leitende Angestellte ebenso wie Auszubildende, dual Studierende und Praktikanten (◘ Tab. 1.1). Die Unterscheidung zwischen Arbeitern und Angestellten ist zwar arbeitsrechtlich längst obsolet (Hromadka und Maschmann 2018, S. 54–55), hält sich aber in der Umgangssprache hartnäckig.

Darüber hinaus gibt es Beschäftigte, die keine Arbeitnehmer des Unternehmens sind, z. B. Organmitglieder von Kapitalgesellschaften (z. B Geschäftsführungsmitglieder einer GmbH oder Vorstandsmitglieder einer

Tab. 1.1 Arbeitnehmer des Unternehmens als Beschäftigtenkategorie

Arbeiter	Mitarbeiter, die überwiegend körperliche Tätigkeiten verrichten
Angestellte	Mitarbeiter, die überwiegend geistige Tätigkeiten ausüben
Leitende Angestellte	Angestellte, auf die die Merkmale des § 5 (3) BetrVG zutreffen (z. B. zur selbstständige Einstellung/Entlassung von Personal berechtigt oder Generalvollmacht oder Prokura besitzen oder die Aufgaben wahrnehmen, die für den Bestand und die Entwicklung des Unternehmens von besonderer Bedeutung sind)
Auszubildende	Beschäftigte zum Zweck einer Berufsausbildung auf Basis eines Ausbildungsvertrags
Duale Studierende	Beschäftigte zum Zweck einer dualen Hochschulausbildung auf Basis eines Studienvertrags
Praktikanten	Beschäftigte, die für eine begrenzte Dauer praktische Kenntnisse im Unternehmen zur Vorbereitung auf eine berufliche Tätigkeit sammeln

AG), Zeitarbeitskräfte (Leasingkräfte), die ausgeliehene Arbeitnehmer eines Zeitarbeitsunternehmens (Leasinggeber) sind, oder freie Mitarbeiter (Freelancer), die auftragsbasiert gegen Rechnung und ohne arbeitsvertragliche Bindung fürs Unternehmen tätig werden.

Neben der arbeitsrechtlichen Differenzierung der Belegschaft in Arbeitnehmer und Nicht-Arbeitnehmer des Unternehmens kann das Personal in Stamm- und Randbelegschaft unterteilt werden. Zur **Stammbelegschaft** werden diejenigen Mitarbeiter gerechnet, die im Rahmen eines „Normalarbeitsverhältnisses" mit dem Unternehmen verbunden sind. Hierbei handelt es sich um ein unbefristetes Beschäftigungsverhältnis in Vollzeit. Zudem sind die Mitarbeiter vollständig in die Sozialversicherungssysteme integriert und es liegt eine Identität von Arbeits- und Beschäftigungsverhältnis vor. Beschäftigte, die zumindest eines dieser Kriterien nicht erfüllen (z. B. befristet Beschäftigte, geringfügig Beschäftigte, Zeitarbeitskräfte, freie Mitarbeiter oder Teilzeitbeschäftigte), werden der **Randbelegschaft** zugerechnet, die auch als atypisch Beschäftigte bezeichnet werden (Abb. 1.1 und Tab. 1.2).

1.3 · Adressaten des Personalmanagements

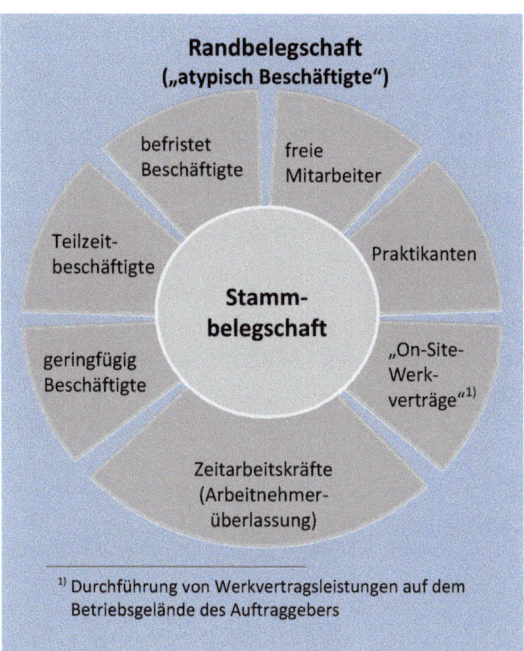

◘ Abb. 1.1 Differenzierung der Beschäftigten in Stamm- und Randbelegschaft

◘ Tab. 1.2 Erwerbstätige nach Erwerbsformen in Deutschland 2020 (in Tausend)

	Stammbelegschaftsangehörige (Normalarbeitnehmer/-innen)	Randbelegschaftsangehörige (atypisch Beschäftigte)
insgesamt	26.409	6.953
Frauen	11.171	4.880
Männer	15.238	2.073

(Quelle: Statistisches Bundesamt (▶ http://www.destatis.de. Zugegriffen am 16.02.2022))

1.4 Arbeitsverhältnis als juristischer und psychologischer Vertrag

Das Arbeitsverhältnis wird per Arbeitsvertrag begründet, der sich normierend auf das Verhalten der Vertragsparteien (Arbeitgeber und Arbeitnehmer) auswirkt. Hierbei nimmt nicht nur der juristische Arbeitsvertrag, der die Haupt- und Nebenpflichten der Vertragsparteien enthält, Einfluss auf das Verhalten der Parteien, sondern darüber hinaus wirken auch gegenseitig gemachte Versprechungen von Arbeitnehmer und Arbeitgeber, die rechtlich nicht verbindlich sind und juristisch nicht eingeklagt werden können, verhaltensbestimmend. Mithin sind Arbeitnehmer und Arbeitgeber nicht nur über einen juristischen, sondern ebenso über einen „psychologischen Vertrag" (Rousseau 1995) miteinander verbunden.

> Auf den Punkt gebracht: Der **juristische Arbeitsvertrag** konstituiert die rechtliche Beziehung zwischen Arbeitgeber und Arbeitnehmer auf Basis von Recht und Gesetz, während der psychologische Vertrag die sozialpsychologische Beziehung auf Basis gedeuteter Versprechen formt.

Der **juristische Arbeitsvertrag** (§ 611 a (1) BGB) ist ein Vertrag über eine Tätigkeit und eine Variante des Dienstvertrags, wobei er keinen Formvorschriften unterliegt, also mündlich oder schriftlich geschlossen werden kann. Während Werkverträge auf einen Erfolg hin ausgerichtet sind, den Vertragspartner also zur Herstellung eines versprochenen Werkes, eines bestimmten Arbeitsergebnisses, und nicht nur eines Bemühens verpflichten, ist für Dienstverträge kennzeichnend, dass eine Tätigkeit als solche und kein bestimmtes Arbeitsergebnis geschuldet wird.

Da es sich beim Arbeitsvertrag um eine Variante des Dienstvertrags handelt, kann der Arbeitgeber also auch keine Normalleistung vom Arbeitnehmer verlangen, sondern nur die Leistung, die dem Mitarbeiter möglich ist (Hromadka und Maschmann 2018, S. 8–14). Hinsichtlich der Arbeitsintensität und der zu erbringenden Arbeitsergebnisse ist der juristische Arbeitsvertrag also ein reichlich unbestimmter Vertrag. In juristischer Hinsicht ist vielmehr zentral, dass durch den Arbeitsvertrag Weisungsgebundenheit entsteht: „Mit Abschluss des Arbeitsvertrags unterstellt der Arbeitnehmer sich der Leitung des Arbeitgebers. Er überträgt ihm ein umfassendes Leistungsbestimmungsrecht bezüglich Inhalt, Durchführung, Ort und Zeit der Arbeit" (Hromadka und Maschmann 2018, S. 9). Der Arbeitnehmer unterstellt sich mit dem Arbeitsvertrag also dem Direktionsrecht des Arbeitgebers.

Merke

Der **Arbeitsvertrag** ist ein privatrechtlicher, schuldrechtlicher Austauschvertrag. Der Arbeitnehmer verpflichtet sich zu weisungsgebundener Arbeit und der Arbeitgeber zur Zahlung eines Arbeitsentgelts.

Aus dem juristischen Arbeitsvertrag ergeben sich Haupt- und Nebenpflichten für die Vertragsparteien, weshalb sich der Arbeitsvertrag normierend auf das Verhalten der Vertragsparteien auswirkt. Verstößt eine Partei gegen eine arbeitsvertragliche Pflicht, hat die Gegenseite Anspruch auf Erfüllung, kann legitime Sanktionen ergreifen und gegebenenfalls auf dem Rechtsweg die Erfüllung einklagen (Hromadka und Maschmann 2018, S. 245–258, 321–325). Als Hauptpflicht des Arbeitnehmers ist seine Arbeitspflicht zu nennen, Nebenpflichten sind beispielsweise die Verschwiegenheitspflicht, die Pflicht zur Unterlassung rufschädigender Mitteilungen an Dritte oder das Verbot der Annahme von Schmiergeldern. Die Hauptpflicht des Arbeitgebers liegt in der Vergütungspflicht, Nebenpflichten sind beispielsweise der Schutz von Leben und Gesundheit des Arbeitnehmers sowie der Gleichbehandlungsgrundsatz und Diskriminierungsverbote.

Der **psychologische Vertrag** hingegen beinhaltet rechtlich nicht einforderbare Erwartungen seitens Arbeitnehmer und Arbeitgeber hinsichtlich Leistungen und Gegenleistungen auf Basis subjektiv gedeuteter Versprechen (Huf 2011). Obwohl sie im juristischen Sinne nicht eingefordert oder rechtlich eingeklagt werden können, beeinflussen diese versprechensbasierten Erwartungen nicht minder das Verhalten der Vertragsparteien. So mögen einem Mitarbeiter beispielsweise im Rahmen der Einstellung eignungs- und neigungsgerechte Arbeitsinhalte, vielfältige und ganzheitliche Tätigkeiten, eine hohe Autonomie, regelmäßiges Feedback und ein kooperativer Führungsstil arbeitgeberseitig versprochen worden sein oder im Rahmen eines Mitarbeiterjahresgesprächs das Versprechen einer Beförderung oder einer Entgelterhöhung in naher Zukunft. Andererseits mögen Arbeitnehmer ihrem Arbeitgeber Flexibilität, Lern- und Veränderungsbereitschaft, Unkompliziertheit oder Innovationsimpulse versprechen.

Kennzeichnend für den psychologischen Vertrag ist also, dass er Erwartungen beinhaltet, die auf vernommenen Versprechen basieren, welche rechtlich nicht eingeklagt werden können, wenn sie nicht eingehalten bzw. erfüllt werden. Die im psychologischen Vertrag zum Ausdruck kommenden Erwartungen weisen keine rechtliche Anspruchsgrundlage auf. Von einem Vertrag ist hier deshalb die Rede, weil es sich um wechselseitige Versprechen von Arbeitgeber und Arbeitnehmer handelt.

Diese Versprechen werden subjektiv gedeutet, weshalb der psychologische Vertrag sehr anfällig für Missverständnisse ist. Im Laufe der Arbeitsbeziehung unterliegt er zudem regelmäßigen Veränderungen, da die Vertragsparteien im Laufe der Arbeitsbeziehung zu unterschiedlichen Anlässen, z. B. im Rahmen von Mitarbeitergesprächen, internen Bewerbungen, Versetzungen, Talent Pool-Aufnahmen, Betriebsversammlungen etc. Aussagen machen, die von der Gegenseite als Versprechen gedeutet werden können. Auch die schiere Existenz personalwirtschaftlicher Instrumente kann als arbeitgeberseitiges Versprechen seitens der Mitarbeiter gedeutet werden: So mag eine regelmäßig durchgeführte Mitarbeiterbefragung beispielsweise als arbeitgeberseitiges Versprechen gedeutet werden, dass die Anliegen der Mitarbeiter ernst genommen werden. Oder die Einführung eines Talent Pools wird als unternehmensseitiges Versprechen gedeutet, Schlüsselpositionen intern zu besetzen.

Hinsichtlich des Ausmaßes der Einhaltung können psychologische Verträge übererfüllt, erfüllt oder gebrochen werden. Eine *Einhaltung* liegt beispielsweise vor, wenn der Vorgesetzte registriert, dass sein Mitarbeiter die von ihm angekündigte „Extra-Meile" tatsächlich gegangen ist. Oder der befristet Beschäftigte ist erleichtert, dass die in Aussicht gestellte Entfristung des Arbeitsverhältnisses tatsächlich vollzogen wird. *Übererfüllung* liegt vor, wenn mehr als das gegebene Versprechen erbracht wird. Dies ist etwa der Fall, wenn eine in Aussicht gestellte Entgelterhöhung größer ausfällt, als vom Mitarbeiter erwartet wurde. Ein *Bruch* des psychologischen Vertrages liegt hingegen vor, wenn eine Partei meint, die andere habe ein gegebenes Versprechen nicht eingehalten. Zum Beispiel wenn Mitarbeiter feststellen, dass die in der Rekrutierungsphase gemachten Versprechen keinen realen Niederschlag im Arbeitsalltag finden oder die Mitgliedschaft im Talent Pool, wider Erwarten, kein Karrierebeschleuniger darstellt.

Die Reaktionen auf einen Vertragsbruch können offen oder verdeckt bzw. konstruktiv oder destruktiv erfolgen. Im Falle einer offenen Reaktion wird gegenüber dem Vertragspartner der Vertragsbruch explizit gemacht, während bei verdeckten Reaktionen darauf verzichtet wird, dem Vertragspartner den wahrgenommenen Vertragsbruch mitzuteilen. Konstruktive Reaktionen zielen auf eine Heilung des Vertragsbruchs und eine positive Ausgestaltung des Klimas der weiteren Zusammenarbeit, während destruktiven Reaktionen die Annahme zugrunde liegt, dass eine für beide Seiten zufriedenstellende Kooperation nicht mehr möglich ist. Insgesamt ergeben sich vier mögliche Reaktionen des Mitarbeiters (◘ Abb. 1.2) und vier mögliche Reaktionen des Arbeitgebers (◘ Abb. 1.3) auf einen wahrgenommenen Vertragsbruch.

Abb. 1.2 Mögliche Reaktionen des Mitarbeiters auf einen Bruch des psychologischen Vertrags

	offen	verdeckt
konstruktiv	„Stimme erheben"	„stillschweigende Hinnahme"
destruktiv	„Organisation verlassen"	„Arbeit vernachlässigen"

Abb. 1.3 Mögliche Reaktionen des Arbeitgebers auf einen Bruch des psychologischen Vertrags

	offen	verdeckt
konstruktiv	„Einhaltung einfordern"	„stillschweigende Hinnahme"
destruktiv	„Trennung anstreben"	„Mitarbeiter vernachlässigen"

Mitarbeiter können reagieren, indem sie die „Stimme erheben" (offen/konstruktiv) und den wahrgenommenen Bruch offen beispielsweise gegenüber ihrem Vorgesetzten ansprechen. Zudem können sie den Vertragsbruch „stillschweigend hinnehmen" (verdeckt/konstruktiv) und den Vertragsbruch akzeptieren ohne ihr Arbeitsverhalten zu ändern und ohne ihr Commitment gegenüber dem Arbeitgeber zu reduzieren. Ferner können sie ihre „Arbeit vernachlässigen" (verdeckt/destruktiv) und somit Dienst nach Vorschrift machen bzw. ihr Arbeitsverhältnis innerlich kündigen, ohne dass es zu einer Verletzung der arbeitsvertraglichen Pflichten im juristischen Sinn kommen muss. Und schließlich können sie auch die „Organisation verlassen" (offen/destruktiv) und den juristischen Vertrag aufkündigen (Rousseau 1995, S. 134–139).

Ist der Arbeitgeber der Überzeugung, der Mitarbeiter hätte ein gegebenes Versprechen nicht eingehalten, hat auch er die Möglichkeit, dies offen gegenüber dem Mitarbeiter anzusprechen und kann die „Einhaltung einfordern" (offen/konstruktiv), um auf eine weiterhin konstruktive Zusammenarbeit hinzuwirken. Zudem kann er den Vertragsbruch „stillschweigend hinnehmen" (verdeckt/konstruktiv), also seine Haltung gegenüber dem Mitarbeiter und dessen Behandlung nicht revidieren, sondern über den Vertragsbruch hinwegsehen. Ferner kann er aber auch den „Mitarbeiter vernachlässigen" (verdeckt/destruktiv) und einen offenen Konflikt vermeiden. Beispielsweise wird von einer geplanten Personalentwicklungsmaßnahme abgesehen, ohne gegenüber dem Mitarbeiter die wahre Ursache offenzulegen. Schließlich kann eine „Trennung angestrebt" (offen/destruktiv) werden, indem dem Mitarbeiter beispielsweise eine einvernehmliche Aufhebung des Arbeitsverhältnisses nahegelegt wird. Da der Bruch des psychologischen Vertrags keine arbeitsvertragliche Pflichtverletzung im juristischen Sinne darstellt, kann der juristische Vertrag mit dem Mitarbeiter nicht rechtmäßig gekündigt werden, sondern es kann allenfalls eine Trennung angestrebt werden.

Der psychologische Vertrag macht deutlich, dass die Arbeitnehmer-Arbeitgeber-Relation eine höchst sensible sozial-psychologische Austauschbeziehung ist, bei der beide Seiten kontinuierlich Versprechungen aussenden und wahrnehmen sowie stets prüfen, ob die wahrgenommen Versprechen auch eingehalten werden.

1.5 Träger des Personalmanagements

Das betriebliche Personalmanagement wird nicht nur von einem Akteur betrieben, sondern erfolgt in einem Zusammenspiel mehrerer Akteure (◘ Abb. 1.4). Die operative Durchführung obliegt zum einen der *Personalabteilung* und zum anderen den *Führungskräften* in den Fachabteilungen (in

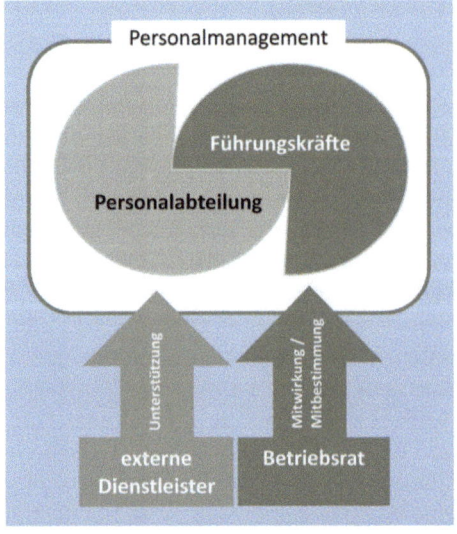

◘ **Abb. 1.4** Träger des Personalmanagements

ihrer Rolle als disziplinarische Vorgesetzte der Mitarbeiter). Daher ist es erforderlich, zwischen diesen beiden Akteuren eine Aufgaben- und Kompetenzverteilung in den personalwirtschaftlichen Handlungsfeldern vorzunehmen. Hierbei ist festzulegen, wer welche personalwirtschaftlichen Aufgaben übernimmt und wie die Entscheidungsbefugnisse sowie die Verantwortlichkeiten zwischen beiden verteilt sind.

Zur Leistungserbringung werden zudem *externe Dienstleister* (wie Zeitarbeitsunternehmen, Personalberatungen, Trainingsanbieter u. a.) in Anspruch genommen. Und nicht zuletzt weist das Betriebsverfassungsgesetz dem *Betriebsrat*, also der von den Mitarbeitern in Unternehmen mit mehr als fünf Beschäftigten wählbaren Arbeitnehmervertretung (§ 1 Abs. 1 BetrVG), umfassende Mitwirkungsrechte (z. B. Informationsrechte, Beratungsrechte, Einsichtsrechte und Anhörungsrechte) sowie Mitbestimmungsrechte (Zustimmungs- und Vetorechte, Widerspruchsrechte und Initiativrechte) zu. Daher ist der Betriebsrat ebenfalls ein zentraler Akteur innerhalb des Personalmanagements.

1.6 Lern-Kontrolle

Kurz und bündig

Das betriebliche Personalmanagement zielt auf die Gewinnung geeigneter Mitarbeiter („Kommen"), sorgt für die Ausgestaltung leistungsförderlicher Arbeitsbedingungen („Leisten") und strebt eine Bindung der Mitarbeiter an („Bleiben").

Alle in der Unternehmung beschäftigten Menschen bilden das Personal des Unternehmens und sind mithin die Adressaten des Personalmanagements. Hierbei umfasst das Personal Arbeitnehmer wie Nicht-Arbeitnehmer des Unternehmens. Eine andere Möglichkeit der Differenzierung ist die Unterscheidung zwischen der Stamm- und der Randbelegschaft.

Das Arbeitsverhältnis wird per Arbeitsvertrag begründet. Hierbei wirkt sich nicht nur der juristische Arbeitsvertrag, der Haupt- und Nebenpflichten der Vertragsparteien enthält, auf das Verhalten der Parteien aus, sondern darüber hinaus auch gegenseitig gemachte Versprechungen von Arbeitnehmer und Arbeitgeber, auch wenn sie rechtlich nicht verbindlich sind und juristisch nicht eingeklagt werden können. Arbeitnehmer und Arbeitgeber sind also nicht nur über einen juristischen, sondern auch über einen psychologischen Vertrag miteinander verbunden.

Vornehmlich wird das betriebliche Personalmanagement im Zusammenspiel von Personalabteilung und Führungskräften betrieben. Auch werden Aufgaben an externe Dienstleister (z. B. Personalberatungen oder Trainingsanbieter) übertragen. Der Betriebsrat verfügt zudem über rechtlich verankerte Mitwirkungs- und Mitbestimmungsrechte.

❓ Let's check
1. Welche Kernfunktionen erfüllt das betriebliche Personalmanagement?
2. Was ist kennzeichnend für den Arbeitnehmerstatus?
3. Welche Nicht-Arbeitnehmer können ebenfalls zu den Beschäftigten des Unternehmens gerechnet werden?
4. Inwiefern ist der juristische Arbeitsvertrag ein Dienst- und kein Werkvertrag?
5. Worin unterscheiden sich Stamm- und Randbelegschaft?
6. Inwiefern ist der Betriebsrat ein Akteur des betrieblichen Personalmanagements?

❓ Vernetzende Aufgaben
1. Warum ist es nicht selbstverständlich, dass Mitarbeiter ihrem Arbeitgeber höchstmögliche Arbeitsleistung zur Verfügung stellen?
2. Warum beschäftigen Unternehmen nicht sämtliche Mitarbeiter als „Normalarbeitnehmer/innen" in der Stammbelegschaft, sondern greifen auch auf atypische Beschäftigungsformen zurück?
3. Welche Gemeinsamkeiten und Unterschiede bestehen zwischen dem juristischen und dem psychologischen Arbeitsvertrag?
4. Warum weist das Betriebsverfassungsgesetz dem Betriebsrat als Vertretungsorgan der Mitarbeiter umfassende Mitwirkungs- und Mitbestimmungsrechte hinsichtlich der Ausgestaltung des Personalmanagements zu?

ℹ️ Lesen und Vertiefen
Folgende Lehrbücher bieten fundierte Hinführungen zum Personalmanagement:
- Bratton J, Gold J (2022) Human Resource Management. Theory and Practice. 7. Aufl. Red Globe Press, New Delhi
- Marchington M u. a. (2021) Human Resource Management at Work. 7. Aufl. CIPD Kogan Page, London
- Torrington D u. a.(2020) Human Resource Management. 11. Aufl. Pearson, Harlow
- Wilkinson A, Redman T, Dundon T (2022) Contemporary Human Resource Management. Text and Cases. 6. Aufl. Pearson, Harlow
- Wilton N (2022) An Introduction to Human Resource Management. 5. Aufl. Sage, London

1.6 · Lern-Kontrolle

Eine zwischenzeitlich als „klassisch" zu bezeichnende, aber weiterhin uneingeschränkt lesenswerte Hinführung zum Thema aus verhaltenswissenschaftlicher Perspektive:
- Schanz G (1993) Personalwirtschaftslehre. Lebendige Arbeit in verhaltenswissenschaftlicher Perspektive. 2. Aufl. Vahlen, München

Personalplanung: Bestimmung des Personalbedarfs

Inhaltsverzeichnis

2.1 Kennzeichen der Personalplanung – 18

2.2 Quantitative Personalplanung – 20

2.3 Qualitative Personalplanung – 21

2.4 Lern-Kontrolle – 22

© Springer Fachmedien Wiesbaden GmbH, ein Teil von Springer Nature 2022
S. Huf, *Personalmanagement*, Studienwissen kompakt,
https://doi.org/10.1007/978-3-658-37538-6_2

> **Lern-Agenda**
> Das Kapitel
> - kennzeichnet die Personalplanung als personalwirtschaftliches Handlungsfeld
> - erläutert, wie im Rahmen der quantitativen Personalplanung die zur Erreichung der Unternehmensziele in Zukunft erforderliche Anzahl an Mitarbeitern ermittelt wird
> - zeigt auf, wie im Rahmen der qualitativen Personalplanung ermittelt wird, über welche Qualifikationen die Mitarbeiter zur Erreichung der Unternehmensziele in Zukunft verfügen müssen

2.1 Kennzeichen der Personalplanung

Sowohl bei der Gewinnung neuer Mitarbeiter (*Personalaufbau*) als auch bei Reduktion des Personalbestands (*Personalabbau*) handelt es sich um mehrschrittige, kosten- und zeitintensive Prozesse, die nicht ad hoc realisiert werden können. M. a. W.: Die Steuerung der Ressource Personal ist in der zeitlichen Dimension träge. Daher gilt: Je frühzeitiger und genauer der zukünftig erforderliche Personalbestand bekannt ist, desto eher kann für den angemessenen Personalbestand gesorgt werden. Je größer der zeitliche Vorlauf, desto mehr Maßnahmen stehen im Personalmanagement zur Verfügung, um einen notwendigen Personalaufbau oder -abbau zu bewerkstelligen. Daher ist die möglichst frühzeitige und exakte Bestimmung des zukünftigen Personalbedarfs im Rahmen der Personalplanung ein zentrales Handlungsfeld des Personalmanagements.

Beispiel: Kostenintensive Korrektur des Personalbestands bei Opel, Bayer und Commerzbank
Um auf betriebsbedingte Kündigungen zu verzichten und dennoch den Personalbestand im Entwicklungszentrum in Rüsselheim zu reduzieren, hat der Automobilhersteller Opel 2019 den über 55-jährigen Mitarbeitern des Zentrums Aufhebungsverträge angeboten und zugleich Abfindungsangebote unterbreitet. Diese beliefen sich bei einzelnen Mitarbeitern auf bis zu 275.000 € (Stuttgarter Zeitung, 21.03.2019, S. 11). Den gleichen Weg des Personalabbaus bestritt im gleichen Jahr das Pharmaunternehmen Bayer, das älteren Mitarbeitern Abfindungen in Höhe von bis zu 63 Bruttomonatsentgelten angeboten hat (▶ http://www.handelsblatt.com, Zugriff am 07.04.2019). Im Interview mit dem Handelsblatt führte die Finanzvorständin der Commerzbank, Bettina Orlopp, aus, wie kostenintensiv ein kurzfristig zu vollziehender Stellenabbau sein kann: „Wir kalkulieren mit durchschnittlichen Kosten pro Freisetzung von 160.000 Euro" (▶ http://www.Handelsblatt.com, Zugriff am 15.02.2021). Der Stellenabbau wurde erforderlich, weil das Unternehmen 2021 beschloss, 340 Filialen zu schließen.

2.1 · Kennzeichen der Personalplanung

Aus betriebswirtschaftlicher Sicht gilt es, sowohl eine **Personalüberdeckung** als auch eine **Personalunterdeckung** zu vermeiden. Eine Personalüberdeckung liegt vor, wenn mehr Beschäftigte fürs Unternehmen tätig sind als zur Leistungserstellung erforderlich wären, und Personalunterdeckung ist gegeben, wenn mehr Mitarbeiter erforderlich wären, um eine reibungslose Leistungserstellung sicherzustellen. Eine Personalüberdeckung wirkt sich negativ auf das betriebswirtschaftliche Unternehmensergebnis aus, weil hierdurch vermeidbare Personalkosten verursacht werden und ein Kostennachteil gegenüber der Konkurrenz entsteht. Und eine Unterdeckung zeitigt negative Konsequenzen, weil dadurch Kundenaufträge möglicherweise nicht termingerecht erfüllt werden können bzw. sogar abgelehnt werden müssen. Daher ist eine möglichst exakte Prognose des zukünftigen Personalbedarfs erstrebenswert. Schließlich sollte die Personalausstattung nicht zum limitierenden, also begrenzenden, Faktor z. B. hinsichtlich der Akquise und Abwicklung von Kundenaufträgen oder hinsichtlich des Unternehmenswachstums werden. In diesem Sinne ist eine korrekte Personalplanung Voraussetzung für die reibungslose Erstellung der Marktleistung des Unternehmens und sorgt für eine vorausschauende Vermeidung von Personalüberdeckungen und -unterdeckungen.

Beispiel: Personal als limitierender Faktor bei der Deutschen Bahn
Eine Personalunterdeckung wegen fehlendem Stellwerk-Personal zwang die Deutsche Bahn 2013 dazu, den Bahnhof in Mainz für einige Wochen zu schließen. M. a. W.: Obwohl die Kunden ebenso wie die erforderliche Infrastruktur (z. B. Gleise, Signalanlagen, Bahnsteige, Bahngebäude) vorhanden waren, musste der Bahnhof wegen einer unzureichenden Personaldecke für einige Zeit geschlossen werden. Umsatzeinbußen bei gleichbleibender Fixkostenbelastung waren für das Unternehmen die Folge.
 Planung beinhaltet stets die gedankliche Vorbereitung zukünftigen Handelns. Gegenstand der Personalplanung ist hierbei der Personalbedarf, also die Gesamtheit an Arbeitskräften, die zur Wahrnehmung der betrieblichen Aufgaben und zur Erreichung der Unternehmensziele benötigt werden. Im Rahmen der Personalplanung wird also ermittelt, wie viele Mitarbeiter (*quantitative Dimension* der Planung), mit welcher Qualifikation (*qualitative Dimension* der Planung), zu welchem Zeitpunkt und welcher voraussichtlichen Dauer (*zeitliche Dimension* der Planung) an welchen Orten des Unternehmens (*räumliche Dimension* der Planung) benötigt werden.

> **Merke**
>
> Gegenstand der **Personalplanung** ist die Ermittlung des zukünftigen Personal-Sollbestands, spezifiziert in quantitativer, qualitativer, zeitlicher und räumlicher Hinsicht, der zur Erreichung der betrieblichen Ziele erforderlich ist.

2.2 Quantitative Personalplanung

Im Rahmen der **quantitativen Personalplanung** erfolgt die Prognose der zur Erreichung der Unternehmensziele in Zukunft erforderlichen Mitarbeiteranzahl. Dieser **Soll-Personalbestand**, auch **Bruttopersonalbedarf** genannt, setzt sich zusammen aus dem **Einsatzbedarf** und dem **Reservebedarf**. Während der Einsatzbedarf die Anzahl der Mitarbeiter umfasst, die unmittelbar zur Erstellung der betrieblichen Leistung erforderlich sind, ergibt sich der Reservebedarf aus den unvermeidlichen Personalausfällen, beispielsweise aufgrund von Urlaub, Fort-/Weiterbildung oder Krankheit, in Form einer prozentualen Zuschlagsquote zum Einsatzbedarf.

Beispiel: Reservebedarf als Zuschlagsquote zum Einsatzbedarf
Ergibt sich aus der Personalplanung, dass nächstes Jahr 10 Vollzeit-Mitarbeiter zur Leistungserstellung benötigt werden (Einsatzbedarf), wäre es nicht ausreichend, wenn das Unternehmen bis dahin exakt 10 Mitarbeiter beschäftigen würde. Dies würde nämlich unberücksichtigt lassen, dass Mitarbeiter unvermeidlich wegen Urlaub, Krankheit oder Fortbildungsmaßnahmen ausfallen. Berücksichtigt man diesen Reservebedarf, der unter Umständen bei rd. 20 % liegen kann, wären nicht nur 10, sondern 12 Mitarbeiter erforderlich, um den Einsatzbedarf sicherzustellen.

Die Ermittlung des zukünftig erforderlichen Einsatzbedarfs erfolgt in der betrieblichen Praxis durch unterschiedliche Verfahren:
- bei *Schätzungen* erfolgt eine subjektive Abschätzung des zukünftigen Personalbedarfs durch die Führungskräfte als interne Experten, da diese die relevanten Einflussfaktoren in ihrem Verantwortungsbereich kennen
- bei der *Kennzahlenmethode* werden Bezugsgrößen (z. B. Produktivität, Kunden pro Mitarbeiter, Arbeitskräftestruktur (z. B. Verhältnis direkte/ indirekte Mitarbeiter) oder Leitungsspanne) genutzt und es wird davon ausgegangen, dass eine stabile Beziehung zwischen dem Personalbedarf und den Bezugsgrößen besteht
- Verfahren der *Personalbemessung* (z. B. REFA-Methoden oder MTM-Verfahren) entstammen der Arbeitswissenschaft. Hierbei wird die Arbeitsmenge aus der Absatz- und Produktionsplanung abgeleitet und der Personalbedarf durch die exakte Ermittlung des Zeitbedarfs pro Arbeitsvorgang prognostiziert

Ob bezogen auf den Planungszeitraum ein Handlungsbedarf in Form eines erforderlichen Personalaufbaus (Zusatzbedarf, Nettopersonalbedarf) oder eines Personalabbaus (Abbaubedarf, Personalüberhang) gegeben ist, ergibt sich aus der Gegenüberstellung von Soll-Personalbestand (Bruttopersonalbedarf) und voraussichtlichem Ist-Personalbestand. Der **voraussichtliche Ist-Personal-**

bestand wird durch Fortschreibung des aktuellen Ist-Bestands unter Berücksichtigung bekannter oder erwartbarer zukünftiger Veränderungen (Zugänge und Abgänge) des Ist-Bestands ermittelt. Bei den Abgängen werden beispielsweise diejenigen Mitarbeiter berücksichtigt, die derzeit zwar noch für das Unternehmen tätig sind, aber ihr Arbeitsverhältnis bereits aufgekündigt haben oder bis zum Planungszeitpunkt das Renteneintrittsalter erreicht haben werden. Bei den Zugängen sind diejenigen Mitarbeiter zu erfassen, von denen bekannt ist, dass sie bis zur Planungsperiode die Belegschaft verstärken werden (z. B. diejenigen, die ihre Rückkehr aus der Elternzeit angekündigt haben oder diejenigen, die bereits arbeitsvertraglich gebunden werden konnten, aber deren Eintritt ins Unternehmen noch aussteht).

Sowohl die Prognose des Soll-Personalbestands als auch des voraussichtlichen Ist-Personalbestands ist mit erheblicher Unsicherheit behaftet. Dies ist vor allem dadurch bedingt, dass die eingesetzten Prognosemethoden notwendigerweise ungenau sind und die Planung von unternehmensexternen Trends (ökonomischen, technologischen, politischen und sozialen Entwicklungen) beeinflusst ist, die nicht exakt vorweggenommen werden können. Auch bei noch so intensiver und ausgefeilter Planung bleibt die Zukunft ungewiss und keineswegs überraschungsfrei. Die grundsätzliche Unberechenbarkeit der Zukunft muss von der Personalplanung akzeptiert werden. Auch der größte Planungseifer darf nicht darüber hinwegtäuschen, dass die Unternehmenszukunft, und mithin der zukünftige Personalbedarf, nicht verlässlich prognostiziert werden kann.

2.3 Qualitative Personalplanung

Technologische Veränderungen (z. B. die zunehmende Digitalisierung von Unternehmensprozessen) und organisatorischer Wandel bringen neue Anforderungen an die Mitarbeiter mit sich. Diese können nur dann ihr höchstmögliches Leistungsniveau erbringen, wenn sie über die für ihre Stelle erforderlichen Qualifikationen verfügen. Ziel der **qualitativen Personalplanung** ist daher die Bestimmung der Qualifikationen, über die die Mitarbeiter in Zukunft verfügen müssen, um den Stellenanforderungen zu genügen. Die Qualifikationen umfassen hierbei die durch Ausbildung oder Erfahrung erworbenen Fähigkeiten.

> Auf den Punkt gebracht: **Qualifikationen** bilden die berufsrelevante Ressourcenbasis des Mitarbeiters für potenzielle Handlungen. M. a. W. handelt es sich bei einer Qualifikation um eine Option für zukünftiges, berufsrelevantes Handeln.

Qualifikationen können in funktionale und extrafunktionale Qualifikationen unterschieden werden. **Funktionale Qualifikationen**, auch stellenbezogene Qualifikationen genannt, können nur in einem bestimmten Berufsbild eingesetzt werden (z. B. Kenntnis einer Programmiersprache in der Softwareentwicklung), während **extrafunktionale Qualifikationen**, auch **Schlüsselqualifikationen** genannt, stellenübergreifend eingesetzt werden können (überfachliche Qualifikationen), wie beispielsweise Präsentations- oder Moderationsfähigkeit.

Analog zur quantitativen Personalplanung erfolgt die Ableitung eines Handlungsbedarfs (Aufbau- oder Abbaubedarf) im Rahmen der qualitativen Personalplanung durch eine Gegenüberstellung der Soll-Qualifikation der Belegschaft mit dem voraussichtlichen Ist-Qualifikationsbestand zum Planungszeitpunkt. Die Soll-Qualifikation umfasst diejenigen Kenntnisse und Fähigkeiten, die in Zukunft erforderlich sind, um den Stellenanforderungen gerecht zu werden. Daher müssen zunächst die zukünftigen Stellenanforderungen (beispielsweise auf der Basis von Stellenbeschreibungen) ermittelt werden, um hieraus die erforderlichen Qualifikationen ableiten zu können. Und die Ermittlung des voraussichtlichen Ist-Qualifikationsbestand erfolgt durch Fortschreibung der aktuellen Ist-Qualifikation (Qualifikationsdiagnose) der Mitarbeiter unter Berücksichtigung bekannter oder erwartbarer Veränderungen der Qualifikation (z. B. Qualifikationsaufbau durch geplante Personalentwicklungsmaßnahmen oder Neueinstellungen und Qualifikationsabbau durch bereits bekannte, zukünftige Personalabgänge).

Ergibt sich aus der qualitativen Personalplanung ein Aufbaubedarf, können die erforderlichen Qualifikationen beispielsweise durch eine Verstärkung der Ausbildungsaktivitäten, externe Einstellungen oder Fort- und Weiterbildungsmaßnahmen im Unternehmen aufgebaut werden. Stellt sich aus der qualitativen Personalplanung hingegen heraus, dass die Belegschaft voraussichtlich über Qualifikationen verfügen wird, die zum Planungszeitpunkt nicht mehr benötigt werden, so besteht ein Abbaubedarf. Dieser kann beispielsweise über eine Reduktion der Aus-, Fort- und Weiterbildung in den betreffenden Bereichen erreicht werden.

2.4 Lern-Kontrolle

Kurz und bündig

Das Personalmanagement soll sicherstellen, dass dem Unternehmen stets die richtige Anzahl an Mitarbeitern (keine Personalüber- oder -unterdeckung) mit der erforderlichen Qualifikation zur Verfügung steht. Um dies zu gewährleisten, ist eine möglichst genaue Prognose des in Zukunft erforderlichen quantitativen

2.4 · Lern-Kontrolle

und qualitativen Personalbedarfs erforderlich. Dies erfolgt im Rahmen der Personalplanung.

Ob in Zukunft zusätzliche Mitarbeiter gewonnen werden müssen (Zusatzbedarf) oder voraussichtlich ein Personalüberhang und mithin ein Abbaubedarf besteht, wird in der quantitativen Personalplanung ermittelt, in welcher dem zukünftigen Soll-Personalbestand der voraussichtliche Ist-Personalbestand gegenübergestellt wird.

Analog zur quantitativen Personalplanung wird in der qualitativen Personalplanung versucht, die in Zukunft benötigten Qualifikationen zu bestimmen. Aus der Gegenüberstellung dieser Soll-Qualifikation mit der voraussichtlichen Ist-Qualifikation zum Planungszeitpunkt ergibt sich ein Aufbau- oder Abbaubedarf hinsichtlich der Qualifikationsbasis der Mitarbeiter.

❓ Let's check

1. Inwiefern ist die Steuerung der Ressource Personal (Personalaufbau und Personalabbau) in der zeitlichen Dimension träge?
2. Inwiefern wirkt sich sowohl eine Personalüberdeckung wie eine -unterdeckung negativ auf das betriebswirtschaftliche Unternehmensergebnis aus?
3. Was ist Gegenstand der Personalplanung?
4. Inwiefern unterscheiden sich quantitative und qualitative Personalplanung?
5. Was wird unter der Qualifikation eines Mitarbeiters verstanden?

❓ Vernetzende Aufgaben

1. Identifizieren Sie zwei berufliche Tätigkeitsfelder, in denen die zunehmende Digitalisierung der Arbeitswelt wahrscheinlich zu einer Erhöhung des quantitativen Personalbedarfs führt und zwei berufliche Tätigkeitsfelder, in denen derselbe Trend vermutlich zu einer Verringerung des quantitativen Personalbedarfs führt.
2. Zeigen Sie für zwei ausgewählte berufliche Tätigkeitsfelder auf, inwiefern die zunehmende Digitalisierung der Arbeitswelt veränderte Anforderungen hinsichtlich der Qualifikation der Mitarbeiter in diesen Tätigkeitsfeldern mit sich bringt.

ℹ️ Lesen und Vertiefen

Folgende Fach- und Lehrbücher geben einen umfassenden Überblick über die Personalplanung:
- Berthel J, Becker FG (2022) Personal-Management. Grundzüge für Konzeptionen betrieblicher Personalarbeit. 12. Aufl. Schäffer-Poeschel, Stuttgart

- Judge TA, Kammeyer-Mueller JD (2022) Staffing Organizations. 10. Aufl. Mc Graw Hill, New York
- Kossbiel H (1970) Die Bestimmung des Personalbedarfs, des Personaleinsatzes und der Personalausstattung als betriebliches Entscheidungsproblem. Unveröffentlichte Habilitationsschrift, Kiel
- Oechsler WA, Paul, C (2019) Personal und Arbeit. 11. Aufl. De Gruyter Oldenbourg, Berlin u. a.
- Scholz C (2014) Personalmanagement. Informationsorientierte und verhaltenstheoretische Grundlagen. 6. Aufl. Vahlen, München
- Spengler T, Metzger O, Volkmer T (2019) Moderne Personalplanung. Modelle, Methoden und Fallbeispiele. Springer Gabler, Wiesbaden
- Stock-Homburg R, Groß M (2019) Personalmanagement. Theorien – Konzepte – Instrumente. 4. Aufl. Springer Gabler, Wiesbaden

Personalmarketing: Gestaltung der Arbeitgeberattraktivität

Inhaltsverzeichnis

3.1 Dimensionen der Arbeitgeberattraktivität – 26

3.2 Employer Branding als Personalmarketingprozess – 27

3.3 Lern-Kontrolle – 31

© Springer Fachmedien Wiesbaden GmbH, ein Teil von Springer Nature 2022
S. Huf, *Personalmanagement*, Studienwissen kompakt,
https://doi.org/10.1007/978-3-658-37538-6_3

> **Lern-Agenda**
> Das Kapitel
> — erläutert das Phänomen der Arbeitgeberattraktivität
> — weist die Rekrutierungs- und Bindungsfunktion der Arbeitgeberattraktivität aus
> — zeigt auf, wie das Personalmarketing durch Employer Branding versucht, Unternehmen als attraktiven Arbeitgeber auf dem Arbeitsmarkt zu positionieren

3.1 Dimensionen der Arbeitgeberattraktivität

Unternehmen stehen nicht nur auf Gütermärkten im Wettbewerb mit anderen Unternehmen, sondern auch auf Arbeitsmärkten. Während es ihnen auf Gütermärkten um die Gewinnung und Bindung von Kunden geht, steht hinsichtlich des Arbeitsmarktes die Gewinnung und Bindung von Mitarbeitern im Vordergrund. Dies gelingt denjenigen Unternehmen am besten, die von ihren aktuellen sowie potenziellen Mitarbeitern als attraktive Arbeitgeber wahrgenommen werden.

> **Merke**
>
> Die **Arbeitgeberattraktivität** eines Unternehmens bringt zum Ausdruck, in welchem Ausmaß die organisationale Mitgliedschaft, aufgrund unternehmensspezifischer Merkmale, für aktuelle und potenzielle Mitarbeiter als wünschenswert erachtet wird.

Im Zentrum des personalwirtschaftlichen Handlungsfelds des Personalmarketings steht daher die zielgerichtete Beeinflussung der Arbeitgeberattraktivität. Attraktive Arbeitgeber sind Unternehmen, die eine hohe Anziehungskraft auf potenzielle Mitarbeiter (*externe Arbeitgeberattraktivität*) und eine hohe Bindungskraft auf die aktuellen Mitarbeiter (*interne Arbeitgeberattraktivität*) ausüben. Arbeitgeberattraktivität wirkt also nach innen (*interne Dimension*) und nach außen (*externe Dimension*).

Aus Sicht des Unternehmens geht es bei der Arbeitgeberattraktivität darum, die Einstellung relevanter interner und externer Zielgruppen gegenüber der Organisation als Arbeitgeber zu beeinflussen. Dies erfolgt mit dem Ziel, dass dem Unternehmen eine Präferenz gegenüber anderen Unternehmen bei der Arbeitsplatzwahl eingeräumt wird („employer of choice"). Bezüglich der externen Dimension geht es um den Aufbau eines akquisitorischen Potenzials, das die Rekrutierung neuer Mitarbeiter erleichtert (Recruitingfunktion) und hinsichtlich der internen Dimension um die Vermeidung unerwünschter Fluktuation sowie dem Aufbau und den Erhalt eines hohen Commitments der bereits beschäftigten Mitarbeiter (Bindungsfunktion).

Auf den Punkt gebracht: **Personalmarketing** umfasst sämtliche Maßnahmen eines Unternehmens zur positiven Beeinflussung der Arbeitgeberattraktivität.

Auf dem Gütermarkt verbinden aktuelle und potenzielle Kunden Vorstellungen mit den vom Unternehmen angebotenen Produkten (Produktimage), auf dem Kapitalmarkt genießen Unternehmen ein bestimmtes Finanzimage bei aktuellen und potenziellen Kapitalgebern und auf dem Arbeitsmarkt wird das Unternehmen mit einem **Arbeitgeberimage** assoziiert. Hierbei handelt es sich um zugeschriebene Eigenschaften eines Unternehmens als Arbeitgeber, m.a.W. um die mit einem Unternehmen als Arbeitgeber assoziierten Eigenschaften. Mag das eine Unternehmen beispielsweise als besonders „sicherer Arbeitgeber" angesehen werden, gelten andere als besonders „mitarbeiterfreundlich", „fordernd" oder „maskulin".

Diese Assoziationen umfassen rational-instrumentelle ebenso wie emotional-symbolische Attribute (Lievens und Highouse 2003). Mit ersteren Attributen verbinden die aktuellen und potenziellen Mitarbeiter konkrete, funktionale Nutzenerwartungen mit dem Unternehmen (wie beispielsweise Höhe des Entgelts, Ausmaß der Karrieremöglichkeiten oder Umfang und Lage der Arbeitszeit), während emotional-symbolische Attribute nicht mit konkreten Nutzenerwartungen verbunden sind (wie beispielsweise Prestige, Rauheit oder Verlässlichkeit).

3.2 Employer Branding als Personalmarketingprozess

Die zielgerichtete Beeinflussung der mit dem Unternehmen assoziierten Eigenschaften als Arbeitgeber erfolgt im Personalmarketing durch die Bildung und Positionierung einer Arbeitgebermarke („Employer Branding").

> **Merke**
>
> **Employer Branding** umfasst sämtliche Maßnahmen, die darauf abzielen, sich in der Wahrnehmung relevanter Zielgruppen (aktuelle und potenzielle Mitarbeiter) von anderen Unternehmen zu differenzieren und als attraktiver Arbeitgeber auf dem Arbeitsmarkt zu positionieren.

Beim Employer Branding besteht stets die Gefahr, dass nach außen Personalmarketingbotschaften kommuniziert werden, die nur eine geringe Übereinstimmung mit den intern durch die Mitarbeiter erlebten realen Beschäftigungsbedingungen aufweisen. Potenziellen Mitarbeitern wird dann mehr versprochen als die bereits Beschäftigten tatsächlich erleben – die extern wahrgenommene Arbeitgeberattraktivität weicht dann von der intern wahrgenommenen Arbeitgeberattraktivität ab. Diese Dissonanz gilt es zu vermeiden, da ansonsten Mitarbeiter mittels falscher Versprechungen fürs Unternehmen gewonnen werden und somit mit unrealistischen Erwartungen ins Unternehmen eintreten. Enttäuschte Erwartungen auf Seiten der neuen Mitarbeiter sind sodann die Folge und diese animieren die Mitarbeiter nicht dazu, dem Arbeitgeber höchstmögliche Leistungen zur Verfügung zu stellen. Eher ist mit Frustration, Resignation, Disengagement und Frühfluktuation zu rechnen.

Unternehmen sind also nicht gut beraten, geschönte und unwahre Darstellungen in Personalmarketingbotschaften zu kommunizieren. Langfristig erfolgversprechender ist daher eher eine realistische, authentische Positionierung der Arbeitgebermarke auf dem Arbeitsmarkt. „Employer branding exercises simply amount to a waste of time and money when they are not rooted in the actual lived experience of employees because people are attracted to the organisation on false premises" (Torrington et al. 2020, S. 171).

Die in ■ Abb. 3.1 dargestellte dreischrittige Vorgehensweise des Employer Brandings stellt genau dies sicher. Dieses Vorgehen sorgt nämlich dafür, dass die nach außen kommunizierten Personalmarketingbotschaften mit den realen, intern tatsächlich erlebten Arbeitsbedingungen überein-

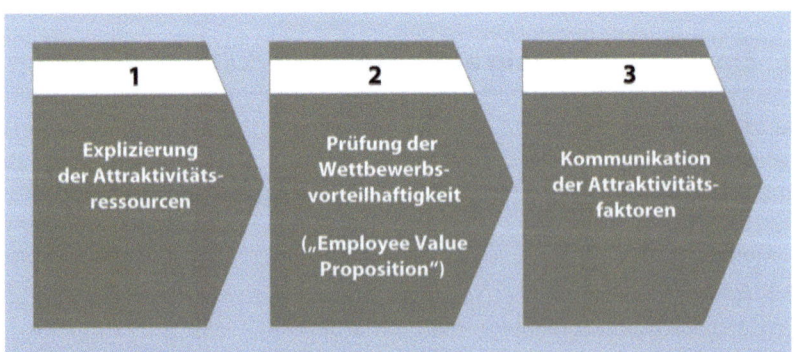

■ **Abb. 3.1** Vorgehensweise des Employer Brandings

3.2 · Employer Branding als Personalmarketingprozess

stimmen und verhindert, dass eine Dissonanz zwischen intern und extern wahrgenommener Arbeitgeberattraktivität erzeugt wird.

Hierzu werden im *ersten Schritt* diejenigen Faktoren ermittelt, die bereits beschäftigte Mitarbeiter veranlasst, beim Unternehmen zu arbeiten (*Explizierung der Attraktivitätsressourcen*). Es sollen also unternehmensinterne Faktoren (Ressourcen) ermittelt werden, die das Unternehmen für die Beschäftigten zu einem attraktiven Arbeitgeber machen. Mithin wird davon ausgegangen, dass jedes Unternehmen über Attraktivitätsressourcen verfügt. Denn schließlich muss es Gründe geben, dass sich Mitarbeiter dafür entschieden haben, für das Unternehmen zu arbeiten und ihre Mitgliedschaft aufrecht zu erhalten. Allerdings liegen diese Gründe nicht immer offensichtlich auf der Hand, sondern müssen zunächst unternehmensintern ermittelt werden.

Hierbei können die Attraktivitätsressourcen als Nutzenpotenziale für die Mitarbeiter verstanden werden, wobei zwischen *tätigkeitsbezogenem* Nutzen (z. B. Autonomie oder Selbstverwirklichung), *funktionalem* Nutzen (z. B. Entgelt, Work-Life-Balance, Arbeitsplatzsicherheit), *relationalem* Nutzen (z. B. Beziehung zu Kollegen oder Vorgesetzten) und *symbolischem* Nutzen (z. B. Prestige oder Reputation) unterschieden werden kann. Im Rahmen der Explizierung der Attraktivitätsressourcen gilt es also diejenigen Faktoren zu ermitteln, die das Unternehmen als Arbeitgeber auszeichnen. So können beispielsweise die Leistungsträger innerhalb der Belegschaft danach befragt werden, was sie am Unternehmen als Arbeitgeber schätzen. Ebenso können Mitarbeiter, die erst kürzlich gewonnen werden konnten, Auskunft darüber geben, warum sie sich für das Unternehmen als Arbeitgeber entschieden haben. Auch das Top-Management sowie die mit der Personalbeschaffung betrauten Mitarbeiter des Personalbereichs sollte angeben können, was das Unternehmen als Arbeitgeber auszeichnet.

Im *zweiten Schritt* des Employer Branding-Prozesses werden die unternehmensintern ermittelten Attraktivitätsressourcen hinsichtlich ihrer externen *Wettbewerbsvorteilhaftigkeit* geprüft. Dem liegt die Annahme zugrunde, dass für die Gewinnung neuer und die Bindung bestehender Mitarbeiter nur diejenigen Attraktivitätsressourcen erfolgsrelevant sind, die das Unternehmen von anderen unterscheiden und somit einen Wettbewerbsvorteil gegenüber der Konkurrenz auf dem Arbeitsmarkt ermöglichen (Trost 2018, S. 100). Verfügen nämlich andere Unternehmen über die gleichen Attraktivitätsressourcen ist allenfalls Wettbewerbsfähigkeit, aber kein Wettbewerbsvorteil gegeben. „We define employer branding as the process of building an identifiable and unique employer identity, and the employer brand as a concept of the firm that differentiates it from its competitors" (Backhaus und Tikoo 2004, S. 502).

Faktoren, die die eigene Arbeitgeberattraktivität kennzeichnen und nicht in gleicher Weise von Konkurrenzunternehmen geboten werden können, machen die **„Employee Value Proposition"**, auch „Unique Employment Proposition" genannt, aus – also das Alleinstellungsmerkmal auf dem Arbeitsmarkt und somit den Wettbewerbsvorteil des Unternehmens als Arbeitgeber.

> Auf den Punkt gebracht: Die **Employee Value Proposition** umfasst diejenigen Faktoren, die Unternehmen als attraktiven Arbeitgeber auszeichnen und auf dem Arbeitsmarkt von anderen Arbeitgebern unterscheiden.

Gemäß der ressourcenorientierten Sichtweise der Betriebswirtschaftslehre („resource based view", ▶ Abschn. 11.1) haben unternehmensinterne Ressourcen dann das Potenzial Wettbewerbsvorteile zu begründen, wenn sie *wertvoll*, *selten*, *nicht imitierbar* und *nicht substituierbar* sind (Barney 1991). Überträgt man diese Bedingungen auf das Employer Branding, so machen diejenigen Attraktivitätsressourcen die Employee Value Proposition aus, die, erstens, für potenzielle und aktuelle Mitarbeiter wichtig und bedeutsam sind (*wertvoll*), die, zweitens, unternehmensspezifisch sind und nicht gleichermaßen von anderen Arbeitgebern geboten werden (*selten*), die, drittens, nicht leichterdings von anderen Unternehmen ebenfalls angeboten werden können (*nicht imitierbar*), also dauerhaft sind, und die, viertens, von den Mitarbeitern nicht durch andere Faktoren ersetzt werden können (*nicht substituierbar*).

Diejenigen der unternehmensintern identifizieren Attraktivitätsressourcen, die erfolgreich auf ihre Wettbewerbsvorteilshaftigkeit geprüft wurden und somit die Employee Value Proposition des Unternehmens ausmachen, können nunmehr im *dritten Schritt* des Employer Branding-Prozesses glaubhaft nach außen kommuniziert werden, etwa auf den Karriereseiten der Unternehmenshomepage, in Personalimagekampagnen, Broschüren, Stellenanzeigen oder bei Messeauftritten. Hierbei handelt es sich um äußerst glaubwürdige Personalmarketingbotschaften und es besteht nicht die Gefahr, dass potenzielle Mitarbeiter auf Basis falscher Versprechungen ins Unternehmen gelockt werden. Die Gefahr enttäuschter Erwartungen auf Seiten der neu gewonnenen Mitarbeiter wird somit minimiert und es droht kein Bruch des psychologischen Vertrags (▶ Abschn. 1.4).

Beispiel: Employer Branding der Berliner Stadtreinigungsbetriebe, Amazon und Goldman Sachs

Tätigkeiten bei Müllabfuhr und Straßenreinigung gelten traditionell als wenig attraktiv und Stadtreinigungsbetriebe gehören daher zumeist nicht zu den beliebtesten Arbeitgebern.

Den *Berliner Stadtreinigungsbetrieben* (BSR) hingegen ist es gelungen, sich als attraktiver Arbeitgeber auf dem Berliner Arbeitsmarkt zu positionieren. So gingen beispielsweise 2018 auf 50 ausgeschriebene Müllwerkerstellen über 1000 Bewerbungen beim Unternehmen ein. Und auch die Mitarbeiterbindung ist im Unternehmen sehr hoch.

Es ist dem Unternehmen offensichtlich gelungen, seine Employee Value Proposition auf dem lokalen Arbeitsmarkt zu positionieren, indem es begleitet durch Aufmerksamkeit erregende Plakatkampagnen („We kehr for you", „Drei Wetter tough" oder „Saturday Night Feger") seine Alleinstellungsmerkmale als Arbeitgeber erfolgreich kommunizieren konnte (z. B. unbefristete Vollzeitarbeitsplätze mit marktüberdurchschnittliche Vergütung, hohe Arbeitsplatzsicherheit und umfassendes betriebliches Gesundheitsmanagement).

(Quelle: Molitor A (2018) Ich bin Müllwerker, wer ist mehr? Brand Eins 29(9):74–81)

Amazon bietet seinen Mitarbeitern in den Logistikzentren im Rahmen des Programms „Career Choice" nach zweijähriger Unternehmenszugehörigkeit an, die Kosten für eine Weiterbildung von bis zu 8000,- € zu übernehmen, auch wenn Mitarbeiter hiermit anstreben, das Unternehmen zu verlassen und sich beruflich neu zu orientieren.

(Quelle: Laux U (2019) Fit für den nächsten Job. Personalmagazin 21 (1): 82–84)

Die Investmentbank *Goldman Sachs* bietet Bewerbern im Rahmen des Programms „Return-to-work" seit 2008 eine Möglichkeit des beruflichen Wiedereinstiegs, die über eine längere Zeit (mindestens zwei Jahre), z. B. aufgrund einer Familiengründung, ihre Berufstätigkeit unterbrochen haben.

(Quelle: ▶ http://www.goldmansachs.com/careers/professionals/returnship/ (Zugriff am 24.02.22))

3.3 Lern-Kontrolle

Kurz und bündig

Im Personalmarketing erfolgt die zielgerichtete Beeinflussung der Arbeitgeberattraktivität. Attraktive Arbeitgeber sind Unternehmen, die eine hohe Anziehungskraft auf potenzielle Mitarbeiter (externe Arbeitgeberattraktivität) und eine hohe Bindungskraft auf aktuelle Mitarbeiter (interne Arbeitgeberattraktivität) ausüben.

Die zielgerichtete Beeinflussung der Arbeitgeberattraktivität erfolgt im Personalmarketing durch die Bildung und Positionierung einer Arbeitgebermarke (Employer Branding). Hierzu werden zunächst die Attraktivitätsfaktoren des Unternehmens identifiziert (Explizierung der Attraktivitätsressourcen), sodann erfolgt eine Prüfung dieser Faktoren hinsichtlich ihrer Wettbewerbsvorteilhaftigkeit (Employee Value Proposition) und schließlich kann die Employee Value Proposition erfolgreich kommuniziert werden.

❓ Let's check

1. Inwiefern weist die Arbeitgeberattraktivität eine interne und eine externe Dimension auf?
2. Was versteht man unter dem Arbeitgeberimage eines Unternehmens?
3. Inwiefern können die Attraktivitätsressourcen des Unternehmens als Nutzenpotenziale verstanden werden?
4. Was ist kennzeichnend für die Employee Value Proposition?

❓ Vernetzende Aufgabe

Personalberatungen ermitteln regelmäßig, welche Faktoren Unternehmen aus Sicht von Bewerbern (z. B. Hochschulabsolventen) als Arbeitgeber attraktiv machen. Warum sollten Unternehmen in ihren Personalmarketingbotschaften diesen potenziellen Mitarbeitern nicht einfach „nach dem Mund reden" und diejenigen Arbeitsbedingungen versprechen, die diese sich wünschen?

ℹ️ Lesen und Vertiefen

- Ambler T, Barrow S (1996) The employer brand. The Journal of Brand Management 3: 185–206
- Böttger E (2012) Employer Branding. Verhaltenstheoretische Analysen als Grundlage für die identitätsorientierte Führung von Arbeitgebermarken. Gabler, Wiesbaden
- Huf S (2007) Arbeitgeberattraktivität und Arbeitgeberrankings: Wer ist der Attraktivste im Land? Personalführung 40 (12): 58–63
- Lievens F, Slaughter JE (2016) Employer Image and Employer Branding. What we know and what we need to know. Annual Review of Organizational Psychology and Organizational Behavior 3: 407–440
- Petkovic M (2008) Employer Branding. Ein markenpolitischer Ansatz zur Schaffung von Präferenzen bei der Arbeitgeberwahl. 2. Aufl. Hampp, Mering
- Scholz C, Scholz, TM (2019) Grundzüge des Personalmanagements. 3. Aufl. Vahlen, München
- Trost A (Hrsg) (2013) Employer Branding. 2. Aufl. Luchterhand, Köln

Personalbeschaffung: Gewinnung neuer Mitarbeiter

Inhaltsverzeichnis

4.1	Anforderungsanalyse als Basis der Personalbeschaffung – 35	
4.2	Alternative Personalbeschaffungswege – 38	
4.3	Bewerbungsgenerierung im Rahmen des Recruitings – 40	
4.4	Personalauswahl als Eignungsprüfung – 43	
4.4.1	Prüfung der Bewerbungsunterlagen – 46	
4.4.2	Testverfahren – 48	
4.4.3	Arbeitsprobe – 49	
4.4.4	Vorstellungsgespräch – 49	
4.4.5	Assessment Center – 52	
4.5	Bewerberseitige Akzeptanz von Personalauswahlverfahren – 54	
4.6	Lern-Kontrolle – 56	

© Springer Fachmedien Wiesbaden GmbH, ein Teil von Springer Nature 2022
S. Huf, *Personalmanagement*, Studienwissen kompakt,
https://doi.org/10.1007/978-3-658-37538-6_4

> **Lern-Agenda**
> Das Kapitel
> - weist die Anforderungsanalyse als unverzichtbare Grundlage der Personalbeschaffung aus
> - stellt die interne und die externe Personalbeschaffung als alternative Personalbeschaffungswege gegenüber
> - zeigt Möglichkeiten der Generierung von Bewerbungen im Rahmen des Recruitings auf
> - erläutert, mit welchen Verfahren die Eignung von Bewerbern im Rahmen der Personalauswahl ermittelt werden kann
> - betrachtet die Personalbeschaffung zudem aus der Perspektive der Bewerber und zeigt auf, wovon die bewerberseitige Akzeptanz von Personalauswahlverfahren abhängt

Wenn Stellen im Unternehmen unbesetzt sind bzw. es sich abzeichnet, vakant zu werden, ist das Personalmanagement aufgerufen, diese Stellen adäquat mit hierfür geeigneten Mitarbeitern zu besetzen. Als **Personalbeschaffung** bezeichnet man daher den Prozess der Suche und Bereitstellung von Mitarbeitern nach Maßgabe des in der Personalplanung ermittelten Personalbedarfs in quantitativer, qualitativer, zeitlicher und räumlicher Hinsicht. Hierzu müssen zunächst Bewerbungen für die zu besetzenden Stellen generiert werden (**Recruiting**) und zum anderen müssen aus dem Pool der Bewerber diejenigen identifiziert werden, die für die Stelle geeignet erscheinen (**Personalauswahl**).

> Auf den Punkt gebracht: Die Personalbeschaffung umfasst zum einen die *Akquisition* von Bewerbern (Recruiting) und sodann die *Selektion* geeigneter Kandidaten (Personalauswahl).

Hierbei sind Unternehmen gut beraten, größtmögliche Sorgfalt bei der Personalbeschaffung walten zu lassen. Denn es gibt gute Gründe, keine Kompromisse bei der Einstellung neuer Mitarbeiter zu machen. Angesichts der hohen Barrieren, die das deutsche Arbeitsrecht hinsichtlich der arbeitgeberseitigen Trennung von Mitarbeitern setzt, ist es betriebswirtschaftlich rational, hohe Eintrittsbarrieren zu errichten und die Eignung von Bewerbern sehr sorgfältig zu prüfen. Werden nämlich Stellen mit hierfür ungeeigneten Mitarbeiter besetzt, können Kundenbeziehungen beschädigt, das Arbeitsklima belastet und auch fehlerhafte Arbeitsergebnisse die Folge sein.

Beispiel: Personalbeschaffung bei Valve
Pointiert stellt das US-amerikanische Softwareunternehmen Valve in seinem Handbuch für neue Mitarbeiter die Relevanz der Personalbeschaffung heraus:
„*Ultimately, we win by keeping the hiring bar very high. Hiring is the single most important thing in the universe. Everything else in our world is subordinate to finding great people and keeping the bar high.*"
(Quelle: Valve Handbook for new employees (S. 43), ▶ http://www.valvesoftware.com)

4.1 Anforderungsanalyse als Basis der Personalbeschaffung

Wenn man nicht weiß, wen man sucht, kann man auch nicht wissen, wo und wie man suchen soll. Die Anforderungsanalyse ist daher sowohl die Basis für die Bewerbungsgenerierung (Recruiting), da sich hieraus die inhaltliche Ausgestaltung der Stellenausschreibungen ergibt, als auch für die Personalauswahl, da die Anforderungen der Stelle zugleich die von den Bewerbern zu erfüllenden Auswahlkriterien darstellen. Schließlich wird in der Anforderungsanalyse ermittelt, welche Voraussetzungen Bewerber erfüllen müssen, um für eine Stelle geeignet zu sein. Sind die Anforderungen der Stelle bekannt, können zielorientierte Recruitingmaßnahmen ergriffen werden und es kann eine passgenaue Eignungsprüfung im Rahmen der Personalauswahl erfolgen. Eine sorgfältige Anforderungsanalyse ist daher unerlässliche Voraussetzung für eine erfolgreiche Personalbeschaffung. Man muss die zentralen **Anforderungen** einer Stelle kennen, um sie im Rahmen der Eignungsdiagnostik den Merkmalen von Bewerbern gegenüberstellen zu können.

> **Merke**
>
> „Unter Anforderungen werden Soll-Vorstellungen über diejenigen Voraussetzungen verstanden, die von einer Aufgabenstellung und der dazugehörigen Arbeitssituation ausgehen und die von einer Person (Arbeitsplatzinhaber) erfüllt sein müssen, die diese Aufgabe zureichend bewältigen soll" (Berthel und Becker 2022, S. 289)

Diese Begriffsbildung verweist darauf, dass sich die Anforderungsanalyse *erstens* auf die Aufgaben bezieht, die die Stelle umfasst. In diesem Teilbereich der Anforderungsanalyse wird also gefragt, welche Aufgaben auf der Stelle zu erfüllen sind und welche Anforderungen sich hieraus ergeben. Die Anforderungsanalyse betrachtet jedoch auch die Arbeitssituation und bezieht damit *zweitens* die Arbeitsbedingungen und *drittens* die Interaktionsbeziehungen mit ein (◻ Abb. 4.1). Die Anforderungsanalyse hinsichtlich der Arbeitsbedingungen berücksichtigt die Rahmenbedingungen, unter denen die Aufgaben ausgeführt werden (z. B. technisches Umfeld, Lage der Arbeitszeit (Schichtdienst, Erfordernis der Wochenendarbeit o. ä.), Arbeitsort, Reisetätigkeit etc.). Und hinsichtlich der Interaktionsbeziehungen wird ermittelt, ob sich besondere Anforderungen aus den mit dem Arbeitsvollzug verbundenen sozialen Beziehungen ergeben (z. B. Interaktionsbeziehungen zu Kunden, Lieferanten, Kollegen oder Führungskräften).

Zur Ermittlung der Anforderungen stehen verschiedene Methoden zur Verfügung (◻ Tab. 4.1). Externe *Experten* (z. B. Berater oder Wissenschaftler) können herangezogen werden, wenn es sich um neu geschaffene Stellen auf Arbeitsgebieten handelt, auf denen das Unternehmen bislang noch nicht tätig ist und daher auch die Anforderungen nicht intern eingeschätzt werden können. Alternativ können die Anforderungen im Rahmen einer *Arbeitsanalyse* bestimmt werden. Hierbei erfolgt eine Zergliederung der Arbeitsaufgabe in Teilaufgaben und mithin eine Betrachtung der Einzel-

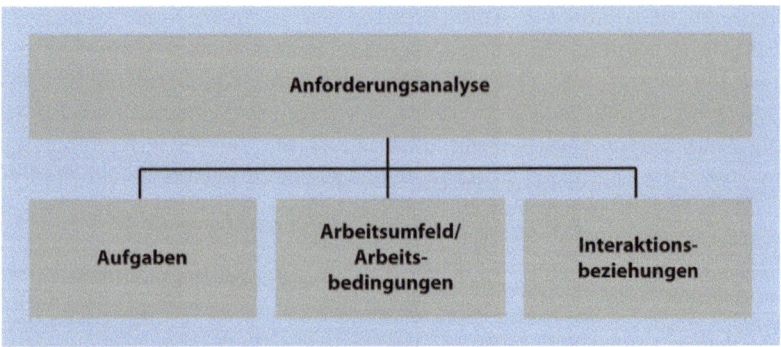

◻ **Abb. 4.1** Gegenstandsbereiche der Anforderungsanalyse

◻ Tab. 4.1	Methoden der Anforderungsanalyse
1	Expertensetzungen
2	Arbeitsanalyse
3	Vorgesetztenbefragung
4	Befragung von Stelleninhabern

4.1 · Anforderungsanalyse als Basis der Personalbeschaffung

aufgaben. Voraussetzung für die Durchführung einer Arbeitsanalyse ist das Vorliegen einer Stellenbeschreibung. Hierin sind die aufbauorganisatorische Einordnung der Stelle, die Aufgabenbereiche sowie die mit der Stelle verbundenen Entscheidungsbefugnisse festgehalten, wodurch auf Basis der Stellenbeschreibung die Anforderungen abgeleitet werden können. Selbstverständlich können auch die *Vorgesetzten* hinsichtlich der maßgeblichen Anforderungen befragt werden und im Falle einer Wiederbesetzung auch der bisherige *Stelleninhaber*. In beiden Fällen ist der Einsatz der „Methode der kritischen Ereignisse" (Flanagan 1954) empfehlenswert, bei der die Befragten über konkrete Arbeitssituationen Auskunft erteilen sollen, um die erfolgskritischen Anforderungen ermitteln zu können. Die dabei geschilderten realen Arbeitssituationen können nicht nur zur Anforderungsanalyse, sondern ebenfalls im Rahmen der Personalauswahl genutzt werden, um beispielsweise situative Fragen im Vorstellungsgespräch stellen oder realitätsnahe Assessment Center-Übungen konzipieren zu können.

Zur Konkretisierung der Anforderungen ist es hilfreich, zwischen drei Anforderungsbereichen zu differenzieren. Dem ersten Anforderungsbereich, den *Eigenschaftsanforderungen*, werden für die Stelle relevante Anforderungsarten zugeordnet, die zeitlich stabile Personenmerkmale (wie beispielsweise Einstellungen, Werthaltungen, Intelligenz, Persönlichkeitsmerkmale oder auch körperliche Merkmale) umfassen. Eigenschaftsanforderungen geben also Antwort auf die Frage, wie Stelleninhaber sein müssen – welche Eigenschaften sie aufweisen sollten. *Qualifikationsanforderungen* als zweiter Anforderungsbereich umfassen Anforderungsarten, die sich auf das erforderliche Können potenzieller Stelleninhaber beziehen, wie erforderliches Fachwissen, erforderliche Methodenkompetenzen (z. B. Projektmanagement, Zeitmanagement oder Präsentationsfähigkeiten), berufliche Erfahrungen oder formale Bildungsabschlüsse. Und schließlich umfassen *Verhaltensanforderungen*, Anforderungsarten, die sich auf das für die Stelle erforderliche Verhaltensrepertoire des Stelleninhabers beziehen, wie soziale Kompetenzen (z. B. Durchsetzungsvermögen, Konfliktfähigkeit) oder Fertigkeiten (z. B. Feinmotorik).

Als Ergebnis der Anforderungsanalyse werden die Anforderungen im sog. **Anforderungsprofil** verdichtet, welches die die Stelle kennzeichnenden Anforderungen nach Art und Ausprägungsgrad umfasst. Damit alle am Personalbeschaffungsprozess Beteiligten dasselbe unter den jeweiligen Anforderungsarten verstehen, ist es erforderlich, die Anforderungsarten zu definieren, um deren Inhalt festzulegen. Wird beispielsweise „Sorgfalt" als Anforderungsart ermittelt, kann hierunter das vollständige und fehlerfreie Durchführen von Aufgaben verstanden werden. Oder „Initiative" kann definiert werden als die Durchführung von Aufgaben aus eigenem Antrieb ohne äußere Veranlassung. Es genügt jedoch nicht nur die Benennung der Anforderungen (z. B. Englischkenntnisse) und deren Definition, zudem müssen für eine adäquate Personalbeschaffung noch die erforderlichen Ausprägungsgrade ermittelt werden, in dem die Anforderungen vom Stelleninhaber erfüllt werden müssen (z. B. verhandlungssichere Englischkenntnisse). Im Ergebnis umfasst das Anforderungsprofil also die Auflistung der Anforderungsarten, deren begriffliche Präzisierung (Definition) sowie ihr jeweiliger Ausprägungsgrad und stellt damit die Messlatte dar, die an die Bewerber angelegt wird, um ihre Eignung feststellen zu können.

4.2 Alternative Personalbeschaffungswege

Auf Basis der Anforderungsanalyse muss im nächsten Schritt der Personalbeschaffung entschieden werden, ob die vakante Stelle mit einem bereits im Unternehmen beschäftigten Mitarbeiter (**interne Personalbeschaffung**) oder über den externen Arbeitsmarkt (**externe Personalbeschaffung**) erfolgen soll. Handelt es sich nur um einen vorübergehenden, temporären Personalbedarf ist auch die Arbeitnehmerüberlassung im Rahmen des **Personalleasings** eine weitere Alternative.

Instrumente der internen Personalbeschaffung sind die Versetzung von Mitarbeitern, die Übernahme von Auszubildenden nach Abschluss ihrer Berufsausbildung oder von Studierenden dualer Studiengänge nach Abschluss ihres Studiums oder von Trainees nach Abschluss eines Traineeprogramms. Ferner kann die interne Personalbeschaffung durch die Umwandlung bislang befristeter in unbefristete Arbeitsverhältnisse und schließlich durch die Umwandlung von Teilzeit- in Vollzeitarbeitsverträge erfolgen. Hierbei weist die interne Personalbeschaffung sowohl Vor- wie auch Nachteile gegenüber der externen Personalbeschaffung auf (◘ Tab. 4.2).

Die interne Personalbeschaffung ist gegenüber der externen vorteilhaft, da dem Unternehmen mehr Informationen über die Bewerber vorliegen und daher eine validere Auswahlentscheidung getroffen werden kann. Zudem fallen hinsichtlich der Bewerbungsgenerierung und der Personalauswahl geringere Kosten an. Die vakante Stelle kann in der Regel auch schneller besetzt werden, da im Unterschied zur externen Personalbeschaffung, Bewerber keine Kündigungsfristen einhalten müssen. Da interne Bewerber bereits mit der Unternehmenskultur vertraut sind und über ein Netzwerk im Unternehmen verfügen, fällt die Einarbeitungszeit auch kürzer aus. Zudem

4.2 · Alternative Personalbeschaffungswege

Tab. 4.2 Vor- und Nachteile interner gegenüber externer Personalbeschaffung

Vorteile	Nachteile
umfangreiche Bewerberinformationen	Förderung der „Betriebsblindheit"
geringere Personalbeschaffungskosten	Kaskadeneffekt
schnellere Stellenbesetzung	Unzufriedenheit bei Nichtberücksichtigung
kürzere Einarbeitungszeit	mögliche Chancenungleichheit
positive Motivationswirkungen	
keine Störung des Entgeltgefüges	

können positive Motivationswirkungen bei denjenigen vermutet werden, deren interne Bewerbung erfolgreich war und bei Kollegen, denen aufgezeigt wird, dass es möglich ist, sich intern beruflich zu verändern und aufzusteigen. Zudem sind die Bewerber mit der Entgeltpolitik des Unternehmens vertraut und Stellenbesetzungen scheitern nicht, wie häufig im Rahmen der externen Personalbeschaffung, an unrealistischen Entgelterwartungen von Bewerbern.

Werden Schlüsselpositionen vorrangig intern besetzt, kommen andererseits jedoch weniger neue Impulse ins Unternehmen. Externe Bewerber verfügen oftmals über einschlägige, bei anderen Unternehmen gesammelte, Berufserfahrungen und bringen „frischen Wind" und innovative Ideen mit ins Unternehmen. Nachteilig ist zudem, dass eine interne Stellenbesetzung häufig nachgelagerte Stellenbesetzungen nach sich zieht (Kaskadeneffekt), da die Stelle des Bewerbers nachbesetzt werden muss. Auch von Nachteil ist, dass diejenigen internen Bewerber, denen keine Zusage gemacht wurde, möglicherweise enttäuscht und unzufrieden sind, aber dennoch weiterhin auf ihren bisherigen Stellen verbleiben und höchstmögliche Leistungen erbringen sollen. Abgelehnte externe Bewerber hingegen sind im Unterschied zu abgelehnten internen Bewerbern nach Abschluss der Stellenbesetzung nicht fürs Unternehmen tätig.

Die bestmögliche interne Stellenbesetzung kann nur vorgenommen werden, wenn alle Mitarbeiter, die sich auf die ausgeschriebene Stelle bewerben möchten, auch die gleiche Chance haben, berücksichtigt zu werden. Hierzu müssten vakante Stellen konsequent und für alle wahrnehmbar ausgeschrieben werden und die Führungskräfte müssten die internen Bewerbungsaktivitäten ihrer Mitarbeiter gleichermaßen unterstützen. Da jedoch in der betrieblichen Praxis nicht alle Vorgesetzten die Förderung ihrer Mitarbeiter gleichermaßen als Führungsaufgabe betrachten und häufig auch nicht alle Stellen gleichermaßen intern ausgeschrieben werden, besteht möglicherweise Chancenungleichheit zwischen den sich für die vakante Stelle interessierenden Mitarbeitern.

Sofern der Personalbedarf lediglich vorübergehend gegeben ist, stellt das **Personalleasing** (synonym: **Zeitarbeit**, **Leiharbeit** oder **Arbeitnehmerüberlassung**) eine Alternative zur internen bzw. externen Personalbeschaffung dar. Hierbei sind die Leih- bzw. Zeitarbeitsnehmer keine Arbeitnehmer des Unternehmens, dem sie ihre Arbeitskraft zur Verfügung stellen, sondern eines Personalleasinggebers – auch Zeitarbeitsunternehmen genannt. Dieser leiht Mitarbeiter an Unternehmen (Personalleasingnehmer), die einen Personalbedarf haben, gegen eine Leihgebühr zeitlich befristet aus. Der Arbeitnehmer ist hierbei arbeitsvertraglich ausschließlich mit dem Zeitarbeitsunternehmen verbunden, von dem es auch sein Arbeitsentgelt erhält, während Personalleasinggeber und -nehmer einen Arbeitnehmerüberlassungsvertrag schließen. Nach Angaben des Statistischen Bundesamts waren 2020 rd. 639.000 Arbeitnehmer in Deutschland als Zeitarbeitskräfte tätig (▶ http://www.destatis.de).

4.3 Bewerbungsgenerierung im Rahmen des Recruitings

Um vakante Positionen mit Mitarbeitern besetzen zu können, müssen sich diese zunächst hierauf bewerben. „You cannot hire people who do not apply" (Judge und Kammeyer-Mueller 2022, S. 205). Das **Recruiting** umfasst daher sämtliche Aktivitäten zur Generierung von Bewerbungen und erfüllt zwei Funktionen im Rahmen der Personalbeschaffung. Es informiert potenzielle Mitarbeiter über offene Stellen (*Informationsfunktion*) und veranlasst diese zu einer Bewerbung (*Aktivierungsfunktion*).

> Auf den Punkt gebracht: **Recruiting** ist dann erfolgreich, wenn es gelingt, die Zielgruppe auf eine offene Stelle aufmerksam zu machen (Information) und zu einer Bewerbung zu veranlassen (Aktivierung).

Dies gilt zunächst für die interne als auch externe Personalbeschaffung gleichermaßen, jedoch fällt es deutlich leichter, bereits beschäftigte Mitarbeiter über vakante Positionen zu informieren (beispielsweise über interne Aushänge oder das Intranet) als Aufmerksamkeit und Resonanz auf dem ex-

4.3 · Bewerbungsgenerierung im Rahmen des Recruitings

Tab. 4.3 Externe Recruitinginstrumente: Kanäle der Bewerbungsgenerierung

1	Recruiting-Talent-Pool
2	Stellenanzeige
3	Job Recommender
4	Social Media
5	Active Sourcing
6	College-/Campus-Recruiting
7	Fach-/Recruitingmessen
8	Inhouse-Recruiting-Events
9	Empfehlungen von Betriebsangehörigen („recruit a friend")
10	Bundesagentur für Arbeit
11	Personalberatung („direct search")

ternen Arbeitsmarkt für offene Stellen zu erzeugen. Daher konzentriert sich Tab. 4.3 auf diejenigen Recruitinginstrumente, die als Kanäle der externen Bewerberansprache zur Verfügung stehen.

Welche Kanäle am ehesten geeignet sind, potenzielle Mitarbeiter über offene Stellen zu informieren und zu einer Bewerbung zu veranlassen, hängt von der Zielgruppe ab, die angesprochen und aktiviert werden soll. Von daher kann die Wahl des Recruitingkanals und die inhaltliche Ausgestaltung erst erfolgen, nachdem auf Basis des Anforderungsprofils der Stelle Klarheit über die zu rekrutierende Zielgruppe und deren typisches Mediennutzungsverhalten besteht. Denn schließlich gilt: Der Köder muss dem Fisch und nicht dem Angler schmecken.

Verfügen Unternehmen über einen *Recruiting-Talent-Pool*, können hierin enthaltene Bewerber über die vakante Stelle informiert werden. In einem solchen Pool werden Profile von potenziellen Mitarbeitern aufgenommen, um sie zu einem späteren Zeitpunkt gezielt als Bewerber zu aktivieren (z. B. ehemalige Praktikanten oder Initiativbewerbungen für die zum Zeitpunkt des Bewerbungseingangs keine passende offene Stelle zur Verfügung stand oder zunächst abgelehnte Bewerber, die durchaus für andere Stellen geeignet erscheinen). Die *Stellenanzeige* ist zweifellos der Klassiker unter den Recruitinginstrumenten und kann in Printmedien (Zeitung oder Zeitschriften), im Internet (auf der Unternehmenshomepage, in Online-Stellenmärkten, Blogs oder Spezialistenforen), oder als Audio- oder Videostellenanzeigen über Musikstreaming-Dienste, im Hörfunk oder auch im Fernsehen geschaltet werden. Ferner können Stellenanzeigen über „Programmatic Job Advertising" automatisiert und zielgruppenspezifisch auf Internetwerbeflächen in Echtzeit ausgespielt werden. *Job Recommender* sind Empfehlungssysteme innerhalb des unternehmensinternen Bewerbermanagements, die Kandidaten aufgrund ihrer Profile passende offene Stellen im Unternehmen anzeigen. Auch *Social Media* wie Messenger (z. B. WhatsApp), Microblogs (z. B. Twitter), soziale Netzwerke (z. B. Facebook, Instagram, TikTok) oder Videoportale (z. B. YouTube) kann für bestimmte Zielgruppen als Recruitingkanal in Frage kommen. Im *Active Sourcing* erfolgt eine Direktansprache potenzieller Bewerber auf Basis der Auswertung von Stellengesuchen, der Auswertung von CV-Datenbanken oder der Nutzung von Business-Netzwerken (z. B. Xing, LinkedIn). Auch Veranstaltungen an Ausbildungsinstitutionen oder Hochschulen können genutzt werden, um auf Berufseinsteiger auf offene Stellen aufmerksam zu machen (*College-/Campus-Recruiting*). Ebenso können *Fach-* und *Recruitungmessen* hierfür genutzt werden. Auch können potenzielle Bewerber ins Unternehmen zu Veranstaltungen eingeladen werden (*Inhouse-Recruiting-Events*), um ihr Interesse für offene Stellen zu wecken und sie zu einer Bewerbung zu aktivieren. Weiterhin sind die privaten Kontakte der Mitarbeiter ein mögliches Recruitingreservoir (*Empfehlungen von Betriebsangehörigen*). Hierbei kann den Mitarbeitern auch eine Prämie in Aussicht gestellt werden, wenn es zu einer erfolgreichen Vermittlung kommt. Hauptaufgabe der staatlichen *Bundesagentur für Arbeit* ist die Arbeits- und Ausbildungsvermittlung. Sie dient vornehmlich der Zusammenführung von Arbeitsangebot und -nachfrage auf dem Arbeitsmarkt, weshalb ihr Vermittlungsangebot unternehmensseitig genutzt werden kann. Nicht zuletzt bieten privatwirtschaftliche *Personalberatungen* ihre Dienste hinsichtlich der Identifikation, Ansprache und Aktivierung potenzieller Bewerber im Rahmen der Vermittlung von Fach- und Führungskräften an.

Die Bewerbung kann papierbasiert in Form einer physischen Bewerbungsmappe (klassischerweise bestehend aus Anschreiben, Lebenslauf, Lichtbild und Zeugnissen) erbeten werden oder elektronisch per e-Mail, über ein auf der Unternehmenshomepage zur Verfügung gestelltes Bewerbungsformular oder eine unternehmensseitig angebotene Unternehmens-App. Werden Bewerbern Technologien bereitgestellt, die eine Bewerbung über mobile Endgeräte (wie Smartphones oder Tablet-PCs) ermöglichen, spricht man auch von „*mobile recruiting*". Hierbei wird Bewerbern in der Regel auch die Möglichkeit des „*CV Parsing*" angeboten: Bewerber laden ihren Lebenslauf in der Bewerbermaske hoch und der CV-Parser überträgt die Lebenslaufdaten automatisch in vorstrukturierte Datenfelder. Mit dem CV-Parser vereinfachen Arbeitgeber die Online-Bewerbung, da Bewerber lediglich ihren Lebenslauf hochladen und die Daten nicht nochmals manuell eingeben müssen („*one click-Bewerbung*").

Als rechtliche Rahmenbedingung ist bei der Personalbeschaffung, sowohl im Recruiting als auch bei der Personalauswahl, das sich aus dem *Allgemeinen Gleichbehandlungsgesetz* (AGG) ergebende Diskriminierungsverbot aufgrund von ethnischer Herkunft, Geschlecht, Religion, Weltanschauung, Behinderung, Alter oder sexueller Identität zu beachten (§ 1 AGG). Eine Diskriminierung aus diesen Gründen darf im Rahmen des Einstellungsverfahrens nicht erfolgen. Gleiches gilt selbstverständlich auch während des Bestehens oder der Auflösung von Arbeitsverhältnissen. Stellenausschreibungen dürfen daher beispielsweise nicht zu einer Benachteiligung aus den genannten Gründen führen und sind daher neutral sowie diskriminierungsfrei zu gestalten. Ebenfalls dürfen die im § 1 AGG genannten Aspekte nicht als Gründe für eine Nichtberücksichtigung von Bewerbern im Rahmen der Personalauswahl herangezogen werden.

4.4 Personalauswahl als Eignungsprüfung

Ist es gelungen, Bewerbungen für vakante Stellen zu generieren, kann im nächsten Schritt die Eignungsprüfung erfolgen, um demjenigen Bewerber, der für Stelle geeignet scheint, ein Vertragsangebot zu unterbreiten. **Eignung** liegt vor, wenn sich das Fähigkeitsprofil des Bewerbers höchstmöglich mit dem Anforderungsprofil der Stelle deckt (◘ Abb. 4.2). Daher bildet die Anforderungsanalyse (▶ Abschn. 4.1) die unverzichtbare Grundlage der **Personalauswahl**, in deren Rahmen mithilfe eignungsdiagnostischer Verfahren das Ausmaß der Passung eines Bewerbers für eine zu besetzende Stelle ermittelt wird.

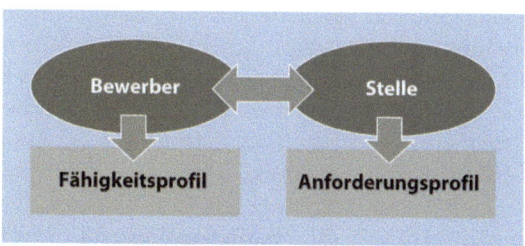

◘ **Abb. 4.2** Eignung als Passung

Dem Konzept der Eignung liegt die Überzeugung zugrunde, dass das Ausmaß der Übereinstimmung von Anforderungsprofil der Stelle und den Leistungsvoraussetzungen des Stelleninhabers maßgeblich die Erfolgswahrscheinlichkeit einer Berufstätigkeit bestimmt. M. a. W.: Mitarbeiter können nur dann hohe Leistungen erbringen, wenn sie über die von der Stelle geforderten Fähigkeiten verfügen.

Eignung ist mithin keine generelle Eigenschaft von Personen, sondern immer relational auf eine Stelle bezogen – als Grad des Zusammenpassens von Person und Aufgabe (Schuler 2014). Im Rahmen der Eignungsdiagnostik werden nicht nur die aktuellen Stellenanforderungen den gegenwärtigen Fähigkeiten des Bewerbers gegenübergestellt, sondern auch das Befriedigungspotenzial der Stelle anhand der Neigungen und Interessen des Bewerbers ermittelt und ebenso abgeschätzt, inwiefern zukünftige Stellenanforderungen mit den aktuellen Fähigkeiten und dem Entwicklungspotenzial des Bewerbers übereinstimmen.

Bei der Personalauswahl ist eine höchstmögliche Rationalität anzustreben. Denn nur wenn die Auswahlentscheidung rational getroffen wird, können Gründe für die Entscheidung angegeben werden. Auch wenn Emotionen und Intuition, umgangssprachlich „Bauchgefühl" genannt, des Entscheiders stets Einfluss auf die Personalauswahlentscheidung nehmen, sollten diese daher so weit wie möglich in ihrem Einfluss begrenzt und zurückgedrängt werden. Insbesondere sollten Stereotype der Auswählenden keine Rolle bei der Personalauswahl spielen. Eine Stereotypisierung liegt vor, wenn Bewerber einer sozialen Gruppe zugeordnet (*Kategorisierung*) und ihnen Eigenschaften aufgrund dieser Gruppenzugehörigkeit zugeschrieben werden (*Attribuierung*). Es erfolgt also eine schematische Zuschreibung vermeintlich typischer Eigenschaften aufgrund einer Gruppenzugehörigkeit (z. B. aufgrund von Alter, Geschlecht, Nationalität, Hautfarbe oder sexueller Orientierung). Stereotype als Kognitionen gegenüber Gruppenangehörigen können hierbei, im Unterschied zu Vorurteilen, bei denen es sich stets um negative Bewertungen handelt, sowohl positiv als auch negativ sein. Wird die Eignungsdiagnostik von solchermaßen unbewussten Denkmustern, Vorannahmen und Verzerrungen der Auswählenden („unconscious biases") beeinflusst, reduziert dies die Qualität der Auswahlentscheidung und erhöht die Gefahr von Diskriminierungen, da nicht eignungsrelevante Faktoren wie Geschlechtszugehörigkeit, Alter, Hautfarbe, Nationalität oder sexuelle Orientierung der Bewerber Einfluss auf die Auswahlentscheidung haben.

Zudem sollte das Risiko der Fehlauswahl durch eine möglichst hohe Messgenauigkeit minimiert werden. Eine Fehlauswahl liegt dann vor, wenn Stellen mit Bewerbern besetzt werden, die hierfür nicht ausreichend geeignet sind.

4.4 · Personalauswahl als Eignungsprüfung

Höchstmögliche Rationalität und Messgenauigkeit sind dann gegeben, wenn die messtheoretischen Gütekriterien der **Objektivität**, **Reliabilität** und **Validität** erfüllt sind (Schnell et al. 2018, S. 131–146). Messungen sind dann objektiv, wenn das Messergebnis unabhängig vom Durchführenden der Messung ist. Bezogen auf die Personalauswahl ist Objektivität also dann gegeben, wenn die Auswahlentscheidung unabhängig davon ist, wer das Auswahlverfahren (z. B. als Interviewer im Rahmen von Vorstellungsgesprächen) durchführt. Reliabilität (Verlässlichkeit einer Messung) ist gegeben, wenn wiederholte Messungen zum selben Ergebnis führen. Und Validität bezeichnet das Ausmaß, in dem ein Messinstrument tatsächlich das misst, was es messen soll (Gültigkeit einer Messung). Misst beispielsweise eine Assessment Center-Übung tatsächlich die Teamfähigkeit der Bewerber oder misst eine bestimmte Frage in einem Vorstellungsgespräch tatsächlich das Durchsetzungsvermögen der Bewerber? Grundsätzlich gilt: Je standardisierter und je anforderungsbezogener Personalauswahlinstrumente ausgestaltet sind, desto eher erfüllen sie diese Gütekriterien (Kanning 2019).
◘ Tab. 4.4 weist die zur Verfügung stehenden eignungsdiagnostischen Auswahlinstrumente aus.

Auch wenn die Eignungsdiagnose mit größtmöglicher Sorgfalt durchgeführt wird, bleibt es ein Grundcharakteristikum der Personalauswahl, dass es sich hierbei um eine *Entscheidung unter Risiko* handelt. Denn niemals, auch nicht durch den unterstützenden Einsatz von Künstlicher Intelligenz, kann mit abschließender Sicherheit ein Urteil hinsichtlich der Eignung von Bewerbern gefällt werden. Es kann allenfalls eine Wahrscheinlichkeitsaussage vorgenommen werden, in welchem Umfang Bewerber in realen Arbeitssituationen voraussichtlich reüssieren. Zum Zeitpunkt der Auswahl verfügt das Unternehmen nicht über alle Informationen („hidden information"), Handlungsabsichten („hidden intentions") und Eigenschaften („hidden characteristics") des Bewerbers, weshalb eine Fehleinschätzung der Eignung niemals ausgeschlossen werden kann.

◘ **Tab. 4.4** Instrumente der Personalauswahl

1	Prüfung der Bewerbungsunterlagen
2	Testverfahren
3	Arbeitsprobe
4	Vorstellungsgespräch
5	Assessment Center

4.4.1 Prüfung der Bewerbungsunterlagen

Die Prüfung der Bewerbungsunterlagen dient der Vorauswahl der Bewerber, also der Bestimmung derjenigen Kandidaten, die sodann einer eingehenderen Eignungsdiagnose im Rahmen von Tests, Arbeitsproben, Interviews und/oder Assessment Centern unterzogen werden sollen. Klassische Bestandteile einer Bewerbung (in Deutschland) sind Anschreiben, Lebenslauf, und Zeugnisse (Schul-, Ausbildungs- und Hochschulzeugnisse sowie Arbeitszeugnisse). Bei der Vorauswahl geht es vorrangig darum, offenkundig ungeeignete Bewerber auszuschließen. Allerdings ist die diagnostische Aussagekraft vieler Bewerbungsbestandteile, insbesondere des Anschreibens und des Bewerbungsfotos, äußerst beschränkt und die Gefahr von Fehlinterpretationen hoch.

Beispiel: Digitale, algorithmisierte Personalvorauswahl – „Robo(t) Selection"
Entwicklungen auf dem Gebiet der „Künstlichen Intelligenz" ermöglichen eine computergestützte, automatisierte Bewerbervorauswahl. Digitale Auswahlsysteme prüfen hierbei algorithmenbasiert eingehende Bewerbungen dahingehend, ob wesentliche Stellenanforderungen erfüllt werden (Weitzel et al. 2018).

Im besten Fall kann das *Anschreiben* einer Form- (z. B. hinsichtlich Sauberkeit, Fehlerfreiheit und Übersichtlichkeit) und Stilanalyse (z. B. hinsichtlich Wortschatz und Ausdrucksvermögen) unterzogen werden. Inhaltlich können Hinweise hinsichtlich der Beweggründe für die Bewerbung und der Selbsteinschätzung des Bewerbers entnommen werden. Die diagnostische Aussagekraft des Anschreibens muss jedoch als sehr gering eingestuft werden, da es häufig, angelehnt an die einschlägigen Bewerbungsratgeber, standardisiert und gleichförmig ausfällt, nur einen geringen Bezug zum Anforderungsprofil der Stelle aufweist und keinen Hinweis auf das alltägliche Arbeitsverhalten der Bewerber gibt. Aufgrund des zweifelhaften eignungsdiagnostischen Wertes von Anschreiben (gleiches gilt für Motivationsschreiben) ist es nur konsequent, wenn zunehmend Unternehmen auf Anschreiben verzichten.

Lichtbilder dürfen zwar gemäß Allgemeinem Gleichbehandlungsgesetz (AGG) nicht mehr aktiv von Unternehmen als Bewerbungsbestandteil angefordert werden, viele Bewerber fügen sie jedoch ihren Bewerbungsunterlagen unaufgefordert bei. Da nur in den wenigsten Fällen äußerliche Merkmale ein Anforderungskriterium von Stellen sind, ist das Bewerbungsfoto in der Regel ohne eignungsdiagnostischen Wert. Eher besteht sogar die Gefahr, dass sich Auswählende von äußeren Faktoren (z. B. Attraktivität, Kleidung), die keinerlei Relevanz für die Eignung des Bewerbers haben, in seinem Auswahlurteil fehlleiten lässt.

4.4 · Personalauswahl als Eignungsprüfung

Beispiel: Geringer eignungsdiagnostischer Wert von „Online Recherchen"
Einen geringen eignungsdiagnostischen Wert haben auch die bei Recruitern beliebten Online Recherchen z. B. in Form von „Social Media Assessments", bei denen im Internet zu findende Informationen über Bewerber (z. B. in sozialen Netzwerken (wie bspw. Facebook) oder Business-Netzwerken (wie bspw. XING oder LinkedIn)) zur Eignungsdiagnostik herangezogen werden.
  Die aus Social Media Profilen entnehmbaren Informationen weisen jedoch zumeist nur einen geringen Anforderungsbezug auf. Zudem besteht die Gefahr der Überbewertung negativer Informationen durch den Auswählenden und die Auswertung der Profile erfolgt nicht selten unstrukturiert und unstandardisiert. Leicht entnehmbar sind Social Media Profilen soziodemografische Merkmale des Bewerbers (z. B. Alter, Geschlecht oder ethnische Zugehörigkeit), die jedoch in der Regel nicht eignungsrelevant sind und daher bei der Auswahlentscheidung keine Berücksichtigung finden sollten (Roth et al. 2016).

Lebensläufe enthalten hingegen eignungsrelevante Informationen, da sie Auskunft darüber geben, ob Bewerber über die für die Stelle erforderliche formale Qualifikation (z. B. Schulabschluss, Berufsausbildung oder Hochschulabschluss), sonstige fachliche Kompetenzen und Berufserfahrung verfügen. In der Schule, Berufsschule oder Hochschule erzielte (Zeugnis-)Noten sind jedoch hinsichtlich der Vorhersagbarkeit des beruflichen Erfolgs nur insofern eingeschränkt aussagekräftig, da die Anforderungen in (Hoch-)Schulen sich in der Regel von den Anforderungen der beruflichen Praxis unterscheiden. Hingegen gelten Schulzeugnisse als valider Prädiktor für den Ausbildungserfolg, da sich die Anforderungen in Schule und Ausbildung eher ähneln. Neben *Schul-, Ausbildungs- und Hochschulzeugnissen* sind dem Lebenslauf *Arbeitszeugnisse* beigefügt. Während *einfache Zeugnisse* lediglich Auskunft über Art und Dauer des Beschäftigungsverhältnisses, die Stellenbezeichnung sowie die zentralen Arbeitsaufgaben geben, beinhalten *qualifizierte Zeugnisse* darüber hinaus eine Beurteilung des Arbeitsverhaltens und der Arbeitsleistungen. Ferner wird der Anlass der Zeugniserstellung genannt und die abschließende Grußformel beinhaltet Zukunftswünsche des Arbeitgebers.

Das Arbeitszeugnis muss gemäß eines Grundsatzurteils des Bundesarbeitsgerichts (BAG) der Wahrheit entsprechen, aber gleichzeitig wohlwollend sein und das weitere berufliche Fortkommen nicht erschweren. Daher haben sich in der betrieblichen Praxis Zeugnistechniken (z. B. Verwendung von Positivskalen, Auslassungstechnik oder Reihenfolgetechnik) gebildet, die für den Bewerber ungünstige Sachverhalte verschlüsseln (Sende et al. 2018). Aufgrund der unterschiedlichen Kenntnis dieser Zeugnistechniken sowie dem großen Interpretationsbedarf, mit dem die Entschlüsselung dieser Techniken verbunden ist, muss der eignungsdiagnostische Wert von Arbeitszeugnissen als eher gering eingestuft werden.

4.4.2 Testverfahren

Tests können als Datenerhebungsmethode verstanden werden, die die Ausprägung individueller Merkmale unter standardisierten Bedingungen erfassen. Sinnvoll können **Einstellungstests** nur dann eingesetzt werden, wenn das mit dem Test gemessene Kriterium (z. B. Intelligenz oder Persönlichkeit) relevant für die berufliche Eignung, und damit für die zukünftige Leistungsfähigkeit des Stelleninhabers, ist. Das mit dem Test gemessene Merkmal muss also für die erfolgreiche Berufsausübung auf einer bestimmten Stelle wichtig sein.

Leistungstests können allgemeine Leistungsvoraussetzungen (wie Konzentrationsvermögen, Aufmerksamkeit oder Belastbarkeit) oder spezifische Fähigkeiten wie sensorisches (z. B. Geschmackssinn, Sehschärfe, Gehörsinn) oder motorisches (z. B. Feinmotorik, Muskelkraft) Leistungsvermögen erfassen.

Intelligenztests ermitteln die intellektuelle Leistungsfähigkeit und weisen eine hohe prognostische Validität für sämtliche Stellenbesetzungen auf und sind daher besonders aussagekräftige Auswahltests. Hierbei setzt sich die intellektuelle Leistungsfähigkeit aus verschiedenen Faktoren wie räumliches Vorstellungsvermögen, Gedächtnisleistung, Abstraktionsvermögen, Auffassungsgabe, sprachliches Ausdrucksvermögen, Rechenleistung etc. zusammen, weshalb die Messung über einen zusammengesetzten Messwert, den Intelligenzquotienten (IQ), erfolgt.

Die Persönlichkeit eines Menschen umfasst charakterliche Merkmale, die als zeitlich stabile Verhaltensdispositionen verstanden werden können, und *Persönlichkeitstests* versuchen, ebendiese Merkmale zu messen. In der Wissenschaft wird dem „Fünf-Faktoren-Modell" (Costa und McGrae 1992; McGrae und Costa 1995) die höchste Validität unter den Testverfahren hinsichtlich der Erfassung individueller Persönlichkeitsunterschiede zugeschrieben. Demnach kann die Persönlichkeit eines Menschen über fünf, voneinander unabhängige Faktoren erfasst werden (Emotionale Stabilität, Extraversion, Offenheit, Verträglichkeit und Gewissenhaftigkeit), wobei die Gewissenhaftigkeit am stärksten mit der mitarbeiterseitigen Leistung korreliert (Barrick et al. 2001). Darüber hinaus kann jedoch schwerlich eindeutig festgelegt werden, welche Persönlichkeitsmerkmale eine Stelle vom Stelleninhaber verlangt. Vielmehr darf davon ausgegangen werden, dass eine bestimmte Stelle durchaus mit unterschiedlichen Persönlichkeiten erfolgreich besetzt werden kann. M. a. W.: Erfolgreiche Inhaber einer Stelle weisen nicht alle die gleiche Persönlichkeit auf.

4.4.3 Arbeitsprobe

In Arbeitsproben werden Bewerber mit realen Aufgaben, die auf der zu besetzten Stelle zu erledigen sind, konfrontiert. Aufgrund des höchstmöglichen Anforderungsbezugs sind Arbeitsproben Auswahlverfahren mit einer hohen Validität (Roth et al. 2005). Durch sie kann sehr gut überprüft werden, ob der Bewerber sich im vorgesehenen Aufgabengebiet bewährt. Hierbei sollten die ausgewählten Aufgaben repräsentativ für die Stelle sein und höchstmögliche Realitätsnähe aufweisen.

Einzureichende Arbeitsproben sind Dokumente (z. B. Entwürfe, Texte, Konstruktionszeichnungen), die Bewerber bereits zu einem früheren Zeitpunkt (z. B. in Ausbildung, Studium oder Beruf) erstellt haben und im Bewerbungsprozess vorlegen, während abzuleistende Arbeitsproben im Auswahlprozess unter Anwesenheit der Auswählenden erbracht werden (z. B. Übersetzung eines fremdsprachlichen Textes, Lesen einer technischen Zeichnung oder Durchführung einer Präsentation). Auch ein ein- bis mehrtägiges Probearbeiten kann als eine solche abzuleistende Arbeitsprobe gesehen werden.

4.4.4 Vorstellungsgespräch

Das Vorstellungsgespräch ist zweifelsfrei das in der betrieblichen Praxis am häufigsten eingesetzte und sowohl bei Bewerbern wie Auswählenden beliebteste Instrument der Personalauswahl (Schuler 2018). Hinsichtlich der Interaktionsform können Telefon-, Video-, Avatar- und face-to-face Interviews unterschieden werden, bezogen auf den Strukturierungsgrad freie, teilstrukturierte („Leitfadeninterviews") und strukturierte Interviews (◘ Tab. 4.5).

◘ Tab. 4.5 Ausgestaltungsformen von Vorstellungsgesprächen

hinsichtlich Interaktionsform	hinsichtlich Strukturierungsgrad
Telefoninterview	freies Interview
(synchrones oder asynchrones) Videointerview	teilstrukturiertes Interview
face-to-face Interview	strukturiertes Interview
Avatarinterview	

Während Telefon-, Video- und Avatarinterviews in der Regel der Vorauswahl dienen, kommt dem persönlichen face-to-face Interview eine Schlüsselrolle im Auswahlprozess zu, da hierin eine vergleichende Bewertung der in die engere Auswahl aufgenommenen Bewerber erfolgt. Hierbei ist es durchaus üblich, dass mit den in die engere Wahl gekommenen Bewerbern jeweils mehrere Vorstellungsgespräche geführt werden (z. B. mit Vertretern des Personalbereichs, potenziellen Vorgesetzten und potenziellen Kollegen).

Beispiel: Asynchrone Videointerviews zur Vorauswahl
Anders als beim Telefoninterview und beim synchronen Videointerview sitzt dem Bewerber beim asynchronen (zeitversetzten) Videointerview kein direkter Gesprächspartner gegenüber. Stattdessen werden die Kandidaten vor dem heimischen Computer mit Fragen auf dem Bildschirm konfrontiert und die Antworten werden automatisch über die Webcam aufgezeichnet. Pro Frage wird eine festgesetzte Vorbereitungs- und Antwortzeit gewährt. Aufgezeichnet wird nur während die Bewerber Antworten geben, wobei die Fragen als auch die Vorbereitungs- und Antwortzeiten für alle Bewerber gleich sind. Das aufgezeichnete Videointerview wird sodann an den potenziellen Arbeitgeber übermittelt und von diesem ausgewertet (Hiemstra et al. 2019; Lukacik et al. 2022).

Beispiel: Avatar-Interview
Hierbei handelt es sich eine Mensch-Avatar-Interaktion, bei der ein Avatar Interviewfragen vorliest und der Bewerber hierauf mündlich antwortet. Die Bewerber entscheiden selbst, wann und wo sie am Interview teilnehmen. Ihre Antworten werden nicht als Audio-, sondern als Textdatei gespeichert. Für die Bewertung lesen Assessoren die Antworten und geben Bewertung auf vorgegebenen Skalen ab (Frintrup 2020).

Das *freie Interview* ist hinsichtlich Ablauf und Inhalt im Vorhinein unbestimmt. Der Interviewer entscheidet spontan, welche Fragen gestellt werden. Aus eignungsdiagnostischer Perspektive ist diese Interviewform problematisch, da keine Vergleichbarkeit zwischen den Bewerbern gegeben ist. Zudem weisen die gestellten Fragen häufig nur einen geringen Anforderungsbezug auf, negative Informationen werden nicht selten überbewertet und es bleibt unklar, wie die Antworten hinsichtlich der Beurteilung der bewerberseitigen Eignung interpretiert werden.

Im *teilstrukturieren Interview*, auch Leitfadeninterview genannt, werden auf Basis einer Anforderungsanalyse vorab Kernfragen festgelegt, die allen Bewerbern gestellt werden. Hinsichtlich der Reihenfolge und exakten Formulierung der Fragen besitzen die Interviewer jedoch Freiheitsgrade. Die Dokumentation der Antworten ermöglicht eine Trennung von Informationsaufnahme und -bewertung seitens der Interviewer und erlaubt eine separate Bewertung der Antworten hinsichtlich der vorab definierten Anforderungskriterien.

4.4 · Personalauswahl als Eignungsprüfung

Die Unterscheidung der Ausgestaltungsformen der Vorstellungsgespräch hinsichtlich ihres Strukturierungsgrades bezieht sich zum einen auf die Standardisierung der im Interview gestellten Fragen und zum anderen auf die Standardisierung der Antwortinterpretation (Campion et al. 1997). Beim *strukturierten Interview* sind dem Interviewer sämtliche Freiheitsgrade hinsichtlich Interviewdurchführung und -auswertung genommen, wodurch eine höchstmögliche Objektivität gewährleistet wird. Ablauf und Inhalt des Gesprächs sind im Vorhinein exakt festgelegt. Auf Basis des Anforderungsprofils werden Fragen vorab formuliert, die allen Bewerbern im selben Wortlaut und derselben Reihenfolge gestellt werden. Die Antworten werden dokumentiert und nach einer im Vorhinein festgelegten Weise im Anschluss an das Gespräch eignungsdiagnostisch ausgewertet.

Da es Bewerbern selbstverständlich bewusst ist, dass sie im Vorstellungsgespräch einer eignungsdiagnostischen Überprüfung unterzogen werden und an einem Vertragsangebot interessiert sind, versuchen sie im Interview einen möglichst positiven Eindruck von sich zu vermitteln, indem sie „Impression Management" (E. Goffman) betreiben. Daher darf es nicht verwundern, dass Bewerber auf erwartbare und allenthalben gestellte Fragen (z. B. nach den vermeintlichen Stärken und Schwächen des Bewerbers, nach Teamfähigkeit oder Karriereambitionen), erwartbare und vorab einstudierte Antworten geben, die in den einschlägigen Bewerbungsratgebern empfohlen werden und von denen angenommen werden kann, dass sie von Interviewern positiv bewertet werden.

Es bedarf daher besonderer Fragetechniken, um die Chance auf authentische Bewerberantworten zu erhöhen. Aus eignungsdiagnostischer Perspektive sind diesbezüglich insbesondere situative und verhaltensorientierte Fragen empfehlenswert, da sie einen höchstmöglichen Anforderungsbezug aufweisen und sich Bewerber nur sehr schwer hierauf vorbereiten können. In *situativen Fragen* erfolgt die Schilderung einer hypothetischen Arbeitssituation, um die mögliche Verhaltensweise des Bewerbers zu erfragen. In *verhaltensorientierten Fragen* hingegen werden die Bewerber gebeten, eine konkret erlebte Arbeitssituation zu schildern, die die Überprüfung eines bestimmten Anforderungskriteriums (z. B. Belastbarkeit) ermöglicht. Nach Darlegung der Arbeitssituation wird der Bewerber gebeten, sein in dieser Situation gezeigtes Verhalten zu schildern sowie das Ergebnis dieses Tuns darzulegen. Anhand dem vom Bewerber berichteten Verhalten kann sodann geprüft werden, inwiefern die Anforderungskriterien erfüllt werden.

Beispiel: Verhaltensorientierte Interviewgestaltung bei Amazon
Auch Amazon setzt in Vorstellungsgesprächen primär auf verhaltensorientierte Fragen. Auf den Karriereseiten des Unternehmens wird die Fragetechnik nicht nur erläutert („STAR-Methode"), sondern es werden auch Beispielfragen genannt:
- Beschreiben Sie eine Situation, in der Sie mit einem Problem konfrontiert waren, für das es mehrere mögliche Lösungsansätze gab. Worum handelte es sich bei dem Problem und wie haben Sie Ihre Vorgehensweise festgelegt? Was war das Resultat dieser Entscheidung?
- In welcher Situation sind Sie ein Risiko eingegangen, haben einen Fehler gemacht oder sind gescheitert? Wie haben Sie darauf reagiert? Und inwiefern haben Sie persönlich von dieser Erfahrung profitiert?
- Beschreiben Sie eine Situation, in der Sie die Führung eines Projekts übernommen haben.
(aus: ▶ https://www.amazon.jobs/de/landing_pages/in-person-interview (Zugriff am 03.03.2022)).

Arbeitsrechtlich ist das Vorstellungsgespräch insofern normiert als dass der Arbeitgeber nur solche Fragen stellen darf, die einen direkten Bezug zur Stelle, und mithin den stellenbezogenen Anforderungen, aufweisen. Unzulässig sind beispielsweise Fragen nach bestehenden oder beabsichtigten Schwangerschaften, Heiratsabsichten oder religiösen und politischen Überzeugungen. Sofern diese keinen Einfluss auf die Erbringung der vertragsgemäßen Leistung haben, darf auch nicht nach chronischen Krankheiten gefragt werden. Andererseits besteht eine bewerberseitige Offenbarungspflicht, wenn eine chronische Krankheit die Ausübung einer Stelle beeinträchtigt oder ein Wettbewerbsverbot gegeben ist.

4.4.5 Assessment Center

Wird der Arbeitsalltag simuliert und die Bewährung der Bewerber hierbei beobachtet, handelt es sich um ein Assessment Center. Während im Vorstellungsgespräch über gezeigtes oder beabsichtigtes Verhalten allenfalls gesprochen wird, es sich also lediglich um berichtetes Verhalten handelt, bietet das Assessment Center die Möglichkeit, reales Bewerberverhalten zu beobachten und hieraus Schlüsse hinsichtlich der Eignung zu ziehen. Entsprechend wird mittels Assessment Center vorrangig überprüft, inwiefern bewerberseitig die Verhaltensanforderungen (▶ Abschn. 4.1) einer Stelle erfüllt werden (z. B. kommunikative Fähigkeiten, Stresstoleranz, Problemlösungsverhalten, Initiative, Kooperations- oder Konfliktfähigkeit). Es handelt sich also um eine Nutzung von Simulationen, bei denen die eignungsdiagnostische Beurteilung durch Verhaltensbeobachtungen mehrerer Beobachter erfolgt.

4.4 · Personalauswahl als Eignungsprüfung

> **Merke**
>
> Im **Assessment Center** beobachten mehrere geschulte Beobachter Verhaltensweisen von Bewerbern in simulierten Arbeitssituationen und bewerten die Bewerber hinsichtlich der Erfüllung eignungsrelevanter Stellenanforderungen.

Ein zentrales Kennzeichen von Assessment Center ist hierbei die *Methodenvielfalt*. Während dem nicht selten mehrtägigen Verfahren durchlaufen die Bewerber mehrere Übungen (z. B. Gruppendiskussion, Rollenspiel, Kurzvortrag und Präsentation oder Fallstudie), so dass jedes Anforderungskriterium durch mindestens zwei unterschiedliche Instrumente überprüft wird. Durch die Kombination mehrere Verfahren wird die Auswahlentscheidung auf eine breitere Basis gestellt. Weiterhin ist die *Anforderungsbezogenheit* ein wichtiges Charakteristikum von Assessment Centern. Diese ist dann gewährleistet, wenn die Übungen bestmöglich stellentypische Arbeitssituationen simulieren, also eine hohe Realitätsnähe aufweisen. Zudem ist charakteristisch, dass die Bewerber von mehreren, geschulten Beobachtern (Führungskräfte, Vertreter des Personalbereichs, externe Experten) beobachtet und beurteilt werden (*Mehrfachbeurteilung*). Da die Überprüfung von Verhaltensanforderungen und nicht von Eigenschafts- oder Qualifikationsanforderungen im Mittelpunkt des Assessment Centers steht, ist die *Verhaltensorientierung* ein weiteres Kennzeichen. Und schließlich ist die systematische *Trennung von Beobachtung und Bewertung* charakteristisch für dieses Auswahlinstrument, da die Beobachter während der Übungen zunächst nur auf standardisierten Beobachtungsbögen das Bewerberverhalten deskriptiv erfassen und sodann nach Durchführung sämtlicher eignungsdiagnostischer Übungen in einer Beobachterkonferenz eine schlussfolgernde Beurteilung der Beobachtungen vornehmen.

Beispiel: Gamification der Personalauswahl
Eine Simulation der Arbeitsrealität im Rahmen der Personalauswahl kann auch in Form von (Computer-)Spielen („serious games") erfolgen. „**Gamification**" bezeichnet hierbei den Einsatz von spielerischen Elementen außerhalb des Freizeitbereichs. Integriert man spielerische Elemente in die Personalauswahl, so werden Bewerber z. B. im Rahmen von Assessment Centern in Spielsituationen gebracht und ihr Spielverhalten wird beobachtet. Hierbei erfolgt ein Rückschluss vom Spielverhalten auf eignugsdiagnostisch relevanten Eigenschaften der Bewerber (Georgiou et al. 2019; Landers und Sanchez 2022).

4.5 Bewerberseitige Akzeptanz von Personalauswahlverfahren

Im Rahmen der Personalauswahl erfolgt nicht nur eine arbeitgeberseitige Eignungsprüfung der Bewerber, sondern auch eine bewerberseitige Entscheidung für den Arbeitgeber. Diese Entscheidung wird maßgeblich davon beeinflusst, wie Bewerber den Rekrutierungsprozess erleben.

Die Eignung der Bewerber ist mithin die notwendige Bedingung und die Bereitschaft der Bewerber, das Vertragsangebot anzunehmen, die hinreichende Bedingung für eine erfolgreiche Stellenbesetzung. Hierbei hängt die bewerberseitige Bereitschaft, eine Vertragsofferte anzunehmen, nicht nur von der inhaltlichen Ausgestaltung des Angebots, z. B. der Höhe des Entgelts, sondern auch von der bewerberseitigen Akzeptanz, und damit der erlebten Fairness, des Bewerbungsprozesses ab.

In der Personalbeschaffung muss also nicht nur die arbeitgeberseitige, sondern ebenso die bewerberseitige Perspektive, die **Candidate Experience** (Biemann und Weckmüller 2017), berücksichtigt werden. In dieser Perspektive kann der Bewerbungsprozess – von der initialen Bewerbung über die verschiedenen Schritte des Personalauswahlprozesses bis hin zur Vertragsverhandlung – als ein Prozess der Einstellungsformation betrachtet werden, in dem sich Bewerber ein Bild darüber machen, was es bedeutet, für ebendieses Unternehmen zu arbeiten. Fällt diese Einstellungsbildung nicht positiv aus, ist eine Vertragsannahme eher unwahrscheinlich, insbesondere wenn attraktiver erscheinende Alternativangebote vorliegen. Das Erleben des Auswahlprozesses beeinflusst also die bewerberseitige Wahrnehmung der Arbeitgeberattraktivität und folglich auch die Bereitschaft, ein Stellenangebot anzunehmen. Personalauswahl erschöpft sich daher nicht nur in der Eignungsdiagnostik und damit der Identifikation geeigneter Bewerber. Wenn diese aufgrund negativer Erlebnisse im Auswahlverfahren das Stellenangebot nicht annehmen, ist auch die beste Eignungsdiagnostik vergebens. Schließlich entscheiden sich in Personalauswahlprozessen nicht nur Unternehmen für Bewerber, sondern auch Bewerber für Unternehmen.

Das Forschungsfeld der bewerberseitigen Wahrnehmungen und Reaktionen (McCarty et al. 2017) wurde insbesondere durch das *Modell der sozialen Validität* von Schuler (1990) und Gillilands *Modell der Auswahlgerechtigkeit* (1993) begründet.

Mit dem Kriterium der *sozialen Validität* wurde der Bewerberperspektive ein eigenes eignungsdiagnostisches Gütekriterium verliehen und das Gütekriterium der Validität um eine soziale Perspektive erweitert. Soziale Validität ist gegeben, wenn Bewerber ein Auswahlverfahren positiv erleben und daher akzeptieren. Nach dem Modell der sozialen Validität beeinflussen insbesondere vier Faktoren die bewerberseitige Akzeptanz der Auswahlsituation: Information, Partizipation/Kontrolle, Transparenz sowie Urteilskommunikation/Feedback (Schuler 1990, S. 185).

Soziale Validität erfordert demnach zunächst, dass Bewerber den Eindruck haben, ausreichend mit Informationen über Aufgaben, Anforderungen, Organisationsmerkmale und Entwicklungsmöglichkeiten im Unternehmen versorgt zu sein. Der zweite Akzeptanzfaktor Partizipation/Kontrolle ist erfüllt, wenn Bewerber den Eindruck haben, dass sie sich ausreichend und angemessen in die Auswahlsituation einbringen und Einfluss auf die Auswahlentscheidung nehmen können. Des Weiteren hängt die Akzeptanz drittens von der bewerberseitig erlebten Transparenz ab. Diese ist gegeben, wenn der Anforderungsbezug des Auswahlinstruments, die Rollen der am Auswahlprozess beteiligten Personen, die Auswahlkriterien sowie der Entscheidungsprozess klar sind. Und schließlich erfordert der vierte Akzeptanzfaktor Urteilskommunikation/Feedback eine offene, ehrliche, verständliche und zugleich rücksichtsvolle sowie unterstützend-hilfreiche Mitteilung und Begründung der Auswahlentscheidung.

Gillilands Modell der *Auswahlgerechtigkeit* beinhaltet im Kern zehn sogenannte Prozessregeln der Personalauswahl. Demnach erleben Bewerber Personalauswahlverfahren dann als gerecht, wenn sie erstens den Eindruck haben, dass das Auswahlinstrument einen hohen Anforderungsbezug zur zu besetzenden Stelle aufweist („Job relatedness"). Zweitens sollten sie davon überzeugt sein, dass ihnen in angemessenem Umfang die Möglichkeit gegeben wurde, ihr Wissen und Können im Rahmen des Auswahlprozederes zu zeigen („Opportunity to perform"). Drittens sollten die Bewerber den Eindruck haben, dass für sie die Möglichkeit besteht, die Auswahlentscheidung kritisch zu hinterfragen und gegebenenfalls auf eine Revision der Entscheidung drängen zu können („Reconsideration opportunity"). Weiterhin sollten sie, viertens, davon überzeugt sein, dass das Auswahlinstrument gleichförmig bei allen Bewerbern eingesetzt wird („Consistency of administration"). Fünftens sollten sie ein angemessenes Feedback („Feedback") und sechstens Erläuterungen hinsichtlich des Auswahlinstruments („Selection information") erhalten. Die siebte Prozessregel bezieht sich auf das bewerberseitige Erleben hinsichtlich der Ehrlichkeit und Aufrichtigkeit der Kommunikation („Honesty") und die achte Prozessregel, wie respektvoll und professionell sich die Bewerber behandelt fühlen („Interpersonell effectiveness"). Zweiwegekommunikation fordert die neunte Prozessregel und damit die bewerberseitige Möglichkeit, eigene Sichtweisen innerhalb des Auswahlprozesses einbringen und thematisieren zu können („Two-way-communication") und schließlich sollten die Bewerber, zehntens, den Eindruck haben, dass ihnen vorurteilsfrei begegnet wird und sie anständig behandelt und befragt werden („Propriety of questions") (Gilliland 1993, S. 701–714).

Im Kern gelangen sowohl Schulers Modell der sozialen Validität als auch Gillilands Modell der Auswahlgerechtigkeit zum selben Ergebnis. Für die bewerberseitige Akzeptanz der Personalauswahl sind demnach insbesondere drei Faktoren maßgeblich: Das eingesetzte Personalauswahlinstrument sollte erstens einen möglichst hohen Anforderungsbezug aufweisen. Mithin sollte für die Bewerber stets der Bezug zur vakanten Stelle erkennbar sein. Zweitens müssen die Bewerber den Eindruck haben, dass sie ihre Leistungsfähigkeit im Auswahlverfahren auch tatsächlich demonstrieren können und schließlich müssen sie sich während des gesamten Personalbeschaffungsprozesses ausreichend informiert fühlen. Bewerber erwarten nicht nur umfassende Informationen zum Prozessablauf und Zwischenstandsmeldungen, sondern auch ein hohes Maß an Offenheit und Ehrlichkeit im Umgang. Besondere Aufmerksamkeit wird zudem der Angemessenheit der Mitteilung und Erläuterung des Auswahlergebnisses zuteil.

Unternehmen sind daher aufgefordert, im Rahmen der Personalauswahl nicht nur eine valide Eignungsdiagnose vorzunehmen, sondern darüber hinaus stets auch das bewerberseitige Erleben des Rekrutierungsprozesses, die „Candidate Experience", im Blick zu haben (Huf und Mayer 2017).

4.6 Lern-Kontrolle

Kurz und bündig

Wenn man nicht weiß, wen man sucht, kann keine Suche erfolgreich sein. Daher bildet die **Anforderungsanalyse**, in der ermittelt wird, welche Voraussetzungen Bewerber erfüllen müssen, um eine Stelle erfolgreich zu übernehmen, die unverzichtbare Grundlage der Personalbeschaffung. Man muss die zentralen Anforderungen einer Stelle kennen, um sie im Rahmen der Eignungsdiagnostik den Merkmalen von Bewerbern gegenüberstellen zu können.

Auf Basis der Anforderungsanalyse muss im nächsten Schritt der Personalbeschaffung entschieden werden, ob die vakante Stelle mit einem bereits im Unternehmen beschäftigten Mitarbeiter (**interne Personalbeschaffung**) oder über den externen Arbeitsmarkt (**externe Personalbeschaffung**) erfolgen soll.

4.6 · Lern-Kontrolle

Handelt es sich nur um einen vorübergehenden, temporären Personalbedarf kann auch eine Arbeitnehmerüberlassung im Rahmen des **Personalleasings** (Zeitarbeit) vorgenommen werden.

Um eine Auswahl treffen zu können, müssen zunächst Bewerbungen für die vakante Stelle generiert werden. Dies erfolgt im Rahmen des **Recruitings**. Dieses erfüllt zwei Funktionen: Es informiert potenzielle Mitarbeiter über offene Stellen (Informationsfunktion) und veranlasst diese zu einer Bewerbung (Aktivierungsfunktion).

Ist es gelungen, Bewerbungen für vakante Stellen zu generieren, erfolgt im nächsten Schritt die Eignungsprüfung, um für die Stelle geeigneten Bewerbern ein Vertragsangebot zu unterbreiten (Personalauswahl). **Eignung** liegt vor, wenn sich das Fähigkeitsprofil des Bewerbers höchstmöglich mit dem Anforderungsprofil der Stelle deckt. Auswahlinstrumente wie die Prüfung der Bewerbungsunterlagen, Vorstellungsgespräche oder Assessment Center sollen als eignungsdiagnostische Verfahren das Ausmaß der Passung eines Bewerbers für eine zu besetzende Stelle ermitteln.

Im Rahmen der Personalauswahl erfolgt nicht nur eine arbeitgeberseitige Eignungsprüfung der Bewerber, sondern auch eine bewerberseitige Entscheidung für den Arbeitgeber. Diese Entscheidung wird maßgeblich davon beeinflusst, wie Bewerber den Rekrutierungsprozess erleben. In der Personalbeschaffung muss also nicht nur die arbeitgeberseitige, sondern ebenso die bewerberseitige Perspektive berücksichtigt werden. Schließlich entscheiden sich in Personalauswahlprozessen nicht nur Unternehmen für Bewerber, sondern auch Bewerber für Unternehmen.

❓ Let's check

1. Was versteht man unter „Akquisition" und „Selektion" im Rahmen der Personalbeschaffung?
2. Wann liegt Eignung seitens der Bewerber für eine Stelle vor?
3. Was ist Gegenstand der Anforderungsanalyse?
4. Inwiefern können Eigenschafts-, Qualifikations- und Verhaltensanforderungen unterschieden werden?
5. Welche Vor- und welche Nachteile weist die interne gegenüber der externen Personalbeschaffung auf?
6. Welche Kanäle (Recruitinginstrumente) können Arbeitgeber nutzen, um Bewerbungen zu generieren?
7. Wann sind Personalauswahlinstrumente objektiv, reliabel und valide?

❓ Vernetzende Aufgaben
1. Ist die Personalauswahl eine Entscheidung unter Sicherheit, Risiko oder Unsicherheit? Und welche Konsequenzen ergeben sich hieraus für die Ausgestaltung der betrieblichen Personalauswahl?
2. In anonymisierten Bewerbungen wird auf die Angabe des Namens, der Adresse, des Alters, des Geschlechts, des Familienstands, der Nationalität sowie auf Jahreszahlen im Lebenslauf verzichtet. Ferner enthalten solche Bewerbungen kein Foto des Bewerbers. Was könnte der Grund für solchermaßen anonymisierte Bewerbungen sein und warum erhöht sich möglicherweise die Qualität der Auswahlentscheidung, obwohl dem Entscheider weniger Informationen zur Verfügung stehen?

ℹ️ Lesen und Vertiefen
- Judge TA, Kammeyer-Mueller JD (2022) Staffing Organizations. 10. Aufl. Mc Graw Hill, New York
- Kanning UP (2019) Standards der Personaldiagnostik. 2. Aufl. Hogrefe, Göttingen
- Nikolaou I, Oostrom JK (2015) Employee Recruitment, Selection, and Assessment. CRC Press, London
- Schuler H (2014) Psychologische Personalauswahl. 4. Aufl. Hogrefe, Göttingen u. a.
- Schuler H (2020) Auswahl von Mitarbeitern. In: Rosenstiel Lv u. a. (Hrsg.) Führung von Mitarbeitern, 8. Aufl. Stuttgart, 189–226

Personalreduzierung: Verringerung der personellen Kapazität

Inhaltsverzeichnis

5.1 Betriebsbedingte Personalreduzierungen – 62

5.2 Mitarbeiterbedingte Personalreduzierungen – 64

5.3 Lern-Kontrolle – 66

© Springer Fachmedien Wiesbaden GmbH, ein Teil von Springer Nature 2022
S. Huf, *Personalmanagement*, Studienwissen kompakt,
https://doi.org/10.1007/978-3-658-37538-6_5

> **Lern-Agenda**
> Das Kapitel
> — weist betriebsbedingte und mitarbeiterbedingte Faktoren als Ursachen für die Notwendigkeit einer Personalreduktion aus
> — erläutert die Möglichkeiten betriebsbedingter Personalreduzierungen sowohl ohne als auch mit Entlassungen
> — zeigt die Möglichkeiten mitarbeiterbedingter Personalreduzierungen in Form von personen- und verhaltensbedingten Kündigungen auf

Während die Personalbeschaffung die „Sonnenseite" des Personalmanagements darstellt, bildet die **Personalreduzierung** die „Schattenseite". Das Erfordernis, personelle Kapazitäten zu reduzieren, kann betrieblichen (betriebsbedingte Personalreduzierung) oder mitarbeiterindividuellen, einzelfallbedingten (mitarbeiterbedingte Personalreduzierung) Ursachen geschuldet sein (◘ Abb. 5.1).

Mitarbeiterbedingte Personalreduzierungen sind durch mitarbeiterindividuelle Faktoren verursacht, die beim einzelnen Mitarbeiter zu verorten sind, z. B. wenn dieser aufgrund einer langandauernden Krankheit seine Arbeitsleistung nicht mehr erbringen kann, durch Fehlverhalten gegen arbeitsvertragliche Pflichten verstößt (z. B. wiederholtes Zuspätkommen) oder auch Straftaten begeht (z. B. Diebstahl) (► Abschn. 5.2).

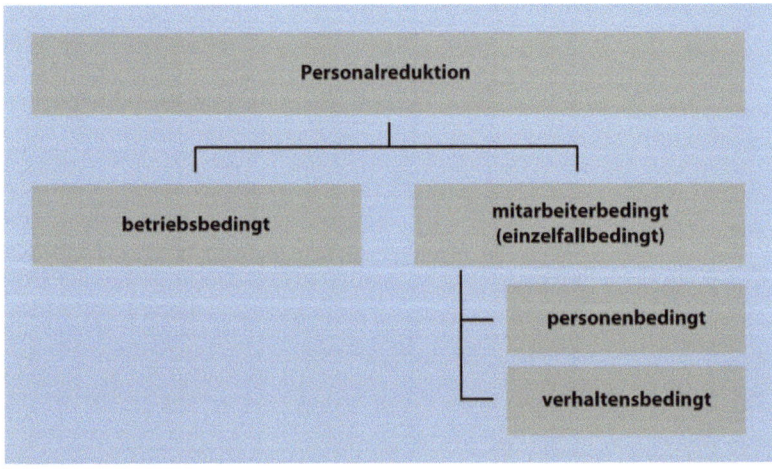

◘ Abb. 5.1   Ursachen der Personalreduzierung

Eine *betriebsbedingte Personalreduzierung* ist dann erforderlich, wenn der IST-Personalbestand über dem erforderlichen SOLL-Personalbestand liegt, also eine Personalüberdeckung besteht. Welche Maßnahmen sinnvoll sind, um den Abbau personeller Kapazitäten zu bewerkstelligen, hängt von den für maßgeblich erachteten Ursachen des Personalüberhangs ab (▶ Abschn. 5.1). Wird beispielsweise lediglich von einer vorübergehenden Personalüberdeckung ausgegangen, erscheint es wenig sinnvoll und unangemessen, sich dauerhaft und endgültig von Mitarbeitern zu trennen.

Arbeitgeberseitige Kündigungen von Arbeitsverhältnissen dürfen gemäß Arbeitsrecht stets allenfalls „ultima ratio" sein – also das letzte zu ergreifende Mittel, wenn dem Arbeitgeber ansonsten keine alternativen Möglichkeiten des Personalabbaus mehr zur Verfügung stehen. Die Reduzierung der personellen Kapazitäten erfolgt also keineswegs stets über Kündigungen, vielmehr stehen Unternehmen eine Vielzahl an Maßnahmen zu Verfügung (z. B. Nichtverlängerung befristeter Arbeitsverträge oder Kurzarbeit), die zunächst hinsichtlich ihrer Möglichkeit und ihrer Wirksamkeit zu prüfen sind.

Da arbeitgeberseitige Kündigungen gravierende ökonomische, soziale und psychologische Folgen für die betroffenen Mitarbeiter haben (Jahoda et al. 1933) und daher ein hohes Schutzbedürfnis seitens der Arbeitnehmer besteht, ist die arbeitsrechtliche Regelungsdichte in diesem personalwirtschaftlichen Gebiet besonders hoch. Neben den einschlägigen Beteiligungsrechten des Betriebsrats, ist der Gestaltungsspielraum der Arbeitgeber durch gesetzliche Kündigungsbeschränkungen erheblich begrenzt.

Während Arbeitnehmer jederzeit ohne Angabe von Gründen ihr Arbeitsverhältnis unter Einhaltung der Kündigungsfrist aufkündigen können, müssen Arbeitgeber die gesetzlichen Vorgaben des Kündigungsschutzes beachten. Der *allgemeine Kündigungsschutz* gilt hierbei für Mitarbeiter mit einer ununterbrochenen Betriebszugehörigkeit von mindestens sechs Monaten und ist nur in Betrieben mit mehr als zehn beschäftigten Arbeitnehmern einschlägig. Neben dem allgemeinen Kündigungsschutz besteht ein *besonderer Kündigungsschutz* für besonders schutzbedürftige Mitarbeitergruppen, wie beispielsweise Schwerbehinderte, Auszubildende, Schwangere und Mütter, Eltern im Erziehungsurlaub oder Betriebsratsmitglieder.

Greift das Kündigungsschutzgesetz, so können Arbeitgeber wirksam nur dann Arbeitnehmern kündigen, wenn die Kündigung *sozial gerechtfertigt* ist. Dies ist nach dem Gesetz der Fall, wenn die Gründe für die Kündigung erstens in der Person des Arbeitnehmers liegen (*personenbedingte Kündigung* – beispielsweise aufgrund einer Erkrankung des Mitarbeiters) oder zweitens im Verhalten des Arbeitnehmers zu suchen sind (*verhaltensbedingte Kündigung* – beispielsweise aufgrund von Leistungsverweigerung) oder drittens betrieblicher Natur sind (*betriebsbedingte Kündigung* – beispielsweise aufgrund eines erheblichen Umsatzrückgangs).

5.1 Betriebsbedingte Personalreduzierungen

Höchst unterschiedliche Ursachen können betriebsbedingte Personalreduzierungen erforderlich machen. *Saisonale Faktoren* sorgen beispielsweise in einigen Branchen (z. B. Bauwirtschaft oder Tourismus) für stark unterschiedliche Auslastungen im Jahresverlauf und somit für einen saisonal schwankenden Personalbedarf. Branchenübergreifende, gesamtwirtschaftliche Auswirkungen hat hingegen der zyklische Konjunkturverlauf in Marktwirtschaften. Makroökonomische Aufschwungs- und Boomphasen sowie Abschwungs- und Rezensionsphasen bedingen unterschiedliche Personalbedarfe in den Unternehmen. Solchermaßen *konjunkturelle Faktoren* können daher ursächlich für einen Personalüberhang sein. Marktwirtschaften sind zudem nicht nur durch konjunkturelle Zyklen, sondern auch durch dauerhaft wirkende, strukturelle Entwicklungen geprägt. Langfristige Gewichtsverschiebungen zwischen volkswirtschaftlichen Sektoren (z. B. zwischen Agrarsektor, industriellem Sektor und Dienstleistungssektor) oder technologische Veränderungen (z. B. Digitalisierung) wirken sich als *strukturelle Faktoren* auch auf den langfristigen Personalbedarf der Unternehmen aus und können strukturelle Personalüberdeckungen bedingen. Auch fehlerhafte unternehmensinterne *Managemententscheidungen und Planungsfehler* können ursächlich für einen Personalüberhang sein, wenn Unternehmen Absatzprobleme haben, weil Kundenbedürfnisse oder Marktentwicklungen nicht korrekt eingeschätzt wurden. Und nicht zuletzt können *Reorganisationen* (z. B. Produktionsverlagerungen) oder Unternehmenszusammenschlüsse (z. B. Fusionen) einen Personalüberhang bedingen.

Ob eine betriebsbedingte Personalüberdeckung lediglich ein vorübergehendes oder ein dauerhaftes Phänomen darstellt, hängt davon ab, welche Ursache hierfür maßgeblich ist. Zudem hängt es von der Art der Ursache ab, wie frühzeitig ein Personalüberhang absehbar ist, was wiederum Einfluss auf den Umfang des zur Verfügung stehenden Abbaumaßnahmenrepertoires hat. Angesichts der Differenziertheit der Ursachen ist daher auch ein differenziertes Instrumentarium hinsichtlich der Bewältigung des Personalüberhangs erforderlich, weshalb betriebsbedingte Personalreduzierungen keineswegs stets mit arbeitgeberseitigen Kündigungen verbunden sind. Personalreduzierungen können nämlich nicht nur durch eine zahlenmäßige

5.1 · Betriebsbedingte Personalreduzierungen

Verringerung des Personalbestands bewerkstelligt werden, sondern beispielsweise auch durch Versetzungen von Mitarbeiter in andere Unternehmensbereiche oder durch Umwandlung von Vollzeit- in Teilzeitarbeitsverhältnisse.

Eine **Personalreduktion ohne Entlassungen** kann zum einen durch *zeitliche Anpassungen* (wie Abbau von Überstunden, vorübergehende Verringerung der regelmäßigen Arbeitszeit und Beantragung von Kurzarbeitergeld bei der Bundesagentur für Arbeit („Kurzarbeit"), Gewährung von bezahltem oder unbezahltem Sonder-/Langfristurlaub („Sabbaticals") oder Umwandlung von Vollzeit- in Teilzeitarbeitsverhältnisse) erfolgen und zum anderen durch *quantitative Anpassungen* – wie Verhängung eines Einstellungsstopps, Nichtverlängerung befristeter Arbeitsverhältnisse, Nichtverlängerung bzw. Kündigung von Personalleasingverträgen, Versetzungen in Unternehmensbereiche mit Personalbedarf, Aufhebungsverträge (Beendigung des Arbeitsverhältnis im gegenseitigen Einvernehmen bei Gewährung einer finanziellen Abfindung) oder Frühpensionierungen bzw. Altersteilzeit.

> **Beispiel: Arbeitszeitreduzierung und Verzicht auf betriebsbedingte Kündigungen bei der ZF Friedrichshafen**
> In der COVID-19-Pandemie („Coronavirus-Pandemie") hat sich der Automobilzulieferer ZF Friedrichshafen 2020 nach wochenlangen Verhandlungen mit den Arbeitnehmervertretern auf eine Reduktion der Arbeitszeit um 20 Prozent verständigt und im Gegenzug auf Werkschließungen und betriebsbedingte Kündigungen verzichtet.

Falls die Maßnahmen der Personalreduktion ohne Entlassungen nicht zum erforderlichen Abbau der Personalkapazität führen, können sich Unternehmen veranlasst sehen, als „ultima ratio" zu betriebsbedingten Kündigungen zu greifen (**Personalreduktion mit Entlassungen**). Diese sind nach dem Kündigungsschutzgesetz (KSchG) zulässig, wenn dringende betriebliche Erfordernisse einer Weiterbeschäftigung des Arbeitnehmers entgegenstehen (z. B. Rationalisierung, Betriebsstilllegung, Outsourcing oder Auftragsmangel) (Hromadka und Maschmann 2018, S. 468–489).

> **Merke**
>
> Eine **Kündigung** ist eine einseitige, empfangsbedürftige Willenserklärung einer der beiden Arbeitsvertragsparteien, durch die das Arbeitsverhältnis beendet wird. Eine arbeitgeberseitige Kündigung wird als Entlassung bezeichnet, kündigt hingegen der Mitarbeiter, ist oftmals von Eigenkündigung die Rede.

Betriebsbedingte Kündigungen können sich auf Einzelfälle oder eine Personenmehrheit beziehen. Stets muss, gemäß KSchG, im Falle einer betriebsbedingten Kündigung eine **Sozialauswahl** erfolgen, die den Kriterien Alter, Betriebszugehörigkeit, Unterhaltspflichten und Schwerbehinderung Rechnung trägt. Hierdurch soll sichergestellt werde, dass zunächst diejenigen entlassen werden, die am wenigsten sozial schutzbedürftig sind. Von der Sozialauswahl können Leistungsträger ausgenommen werden, deren Weiterbeschäftigung im berechtigten Interesse des Unternehmens liegt.

Ist ein größerer Teil der Belegschaft von betriebsbedingten Kündigungen betroffen, liegt eine **Massenentlassung** vor, bei der eine Anzeigepflicht gegenüber der Bundesagentur für Arbeit besteht. Das KSchG definiert diesbezüglich Schwellenwerte, ab welcher Größenordnung der betriebsbedingten Kündigungen diese Anzeigepflicht besteht (z. B. wenn Unternehmen mit mindestens 500 Arbeitnehmern mindestens 30 Arbeitnehmer entlassen). Ferner ist in diesem Fall zu prüfen, ob eine Betriebsänderung im Sinne des Betriebsverfassungsgesetzes (BetrVG) vorliegt, die einen Interessensausgleich mit dem Betriebsrat erfordert und einen Sozialplan obligatorisch macht, der wirtschaftliche Nachteile der betroffenen Arbeitnehmer mildern soll.

Betriebsbedingte Kündigungen haben nicht nur gravierende Folgen für die betroffenen, ihren Arbeitsplatz verlierende, Mitarbeiter, sondern führen nicht selten auch zu Einstellungsveränderungen bei den verbleibenden Arbeitnehmern gegenüber ihrem Arbeitgeber. Bei diesen, auch als „Überlebende" („Survivors") des Personalabbaus bezeichneten Mitarbeitern ist oftmals eine Verringerung des Commitments und ein Absinken der Arbeitszufriedenheit zu beobachten, obwohl sie nicht direkt vom Personalabbau betroffen sind. Wissenschaftliche Untersuchungen zu dieser sog. „**Survivor Problematik**" verweisen darauf, dass die negativen Auswirkungen auf die verbleibenden Mitarbeiter umso gravierender sind, je mehr diese den Umfang und den Prozess des Personalabbaus als ungerecht erleben (Cotter und Fouad 2012).

5.2 Mitarbeiterbedingte Personalreduzierungen

Auch mitarbeiterindividuelle, in der Person des Mitarbeiters bzw. in seinem Verhalten liegende Gründe können Arbeitgeber dazu veranlassen, das Arbeitsverhältnis mit dem Arbeitnehmer aufzukündigen. Hierbei erfolgt die **ordentliche Kündigung** unter Einhaltung der gesetzlichen Kündigungsfristen, während die **außerordentliche Kündigung** in der Regel fristlos erfolgt. Letztere setzt jedoch voraus, dass dem Arbeitgeber eine Fortsetzung des Arbeitsverhältnisses bis zum Ablauf der Kündigungsfrist nicht zugemutet werden kann, z. B. bei Diebstahl, Arbeitszeitbetrug, sexueller Belästigung oder Tätlichkeiten.

Gemäß der Rechtsfigur des Kündigungsschutzgesetztes, wonach arbeitgeberseitige Kündigungen nur wirksam sind, soweit sie sozial gerechtfertigt sind, sind mitarbeiterbedingte Personalreduzierungen nur dann rechtens, wenn die Kündigungsgründe personen- oder verhaltensbedingt sind. Der *personenbedingten Kündigung* liegen persönliche Eigenschaften oder Fähigkeiten des Mitarbeiters zugrunde (juristische Faustregel: „Mitarbeiter will, kann aber nicht"). Dies ist beispielsweise der Fall, wenn krankheitsbedingt die Einsatzfähigkeit des Mitarbeiters erheblich eingeschränkt ist (Hromadka und Maschmann 2018, S. 457–468).

Einer *verhaltensbedingten Kündigung* hingegen geht in der Regel, zur Wahrung der Verhältnismäßigkeit, zunächst eine **Abmahnung** bzw. mehrere Abmahnungen voraus.

> **Merke**
>
> Eine **Abmahnung** ist eine arbeitgeberseitige Rüge vertragswidrigen Verhaltens. Sie ist Ausdruck der Missbilligung eines Verhaltens unter Androhung von arbeitsrechtlichen Sanktionen für die Zukunft, sofern das Verhalten nicht geändert wird.

Inhaltlich wird diese Art der Kündigung mit vertragswidrigem Verhalten des Arbeitnehmers begründet (juristische Faustregel: „Mitarbeiter kann, will aber nicht"), welches zu einer Störung des Arbeitsverhältnisses geführt hat und auch zukünftig erneut zu befürchten ist (Prognosefunktion). Beispielhaft können folgende Fehlverhaltensweisen genannt werden, die eine verhaltensbedingte Kündigung rechtfertigen: Vandalismus, Annahme von „Schmiergeld", Falschabrechnung von Spesen, Missbrauch der Arbeitszeiterfassung, Tätlichkeiten, Unpünktlichkeit, Urlaubsüberschreitungen, Arbeitsverweigerung oder private Internetnutzung während der Arbeitszeit.

Sowohl personen- wie verhaltensbedingte Kündigungen erfordern eine Interessenabwägung, bei der zu prüfen ist, ob der Arbeitgeber die eingetretene Störung des Arbeitsverhältnisses billigenderweise hinnehmen muss. Hierbei ist das Interesse des Arbeitnehmers am Erhalt seines Arbeitsplatzes dem Interesse des Arbeitgebers an der Auflösung des Beschäftigungsverhältnisses gegenüberzustellen.

5.3 Lern-Kontrolle

Kurz und bündig

Das Erfordernis, personelle Kapazitäten zu reduzieren, kann betriebliche (betriebsbedingte Personalreduzierung) oder mitarbeiterindividuelle, einzelfallbedingte Ursachen haben (mitarbeiterbedingte Personalreduzierung).

Die Reduzierung der personellen Kapazitäten erfolgt keineswegs stets über Kündigungen, vielmehr stehen Unternehmen eine Vielzahl an Maßnahmen zur Verfügung, die zunächst hinsichtlich ihrer Möglichkeit und ihrer Wirksamkeit zu prüfen sind (z. B. Nichtverlängerung befristeter Arbeitsverträge oder Kurzarbeit). Arbeitgeberseitige Kündigungen von Arbeitsverhältnissen dürfen nach deutschem Arbeitsrecht stets allenfalls „ultima ratio" sein – also das letzte zu ergreifende Mittel, wenn dem Arbeitgeber ansonsten keine alternativen Möglichkeiten des Personalabbaus mehr zur Verfügung stehen.

Sind die Voraussetzungen des Kündigungsschutzgesetzes erfüllt, können Arbeitgeber wirksam nur dann Arbeitnehmern kündigen, wenn die Kündigung *sozial gerechtfertigt* ist. Dies ist nach dem Gesetz der Fall, wenn die Gründe für die Kündigung in der Person des Arbeitnehmers liegen (*personenbedingte Kündigung*) oder im Verhalten des Arbeitnehmers zu suchen sind (*verhaltensbedingte Kündigung*) oder aber betrieblicher Natur sind (*betriebsbedingte Kündigung*).

❓ Let's check
1. Inwiefern unterscheiden sich mitarbeiter- und betriebsbedingte Personalreduzierungen?
2. An welche Voraussetzungen ist der „allgemeine Kündigungsschutz" geknüpft?
3. Welche Mitarbeitergruppen genießen „besonderen Kündigungsschutz"?
4. Welche Möglichkeiten stehen Unternehmen zur Verfügung, um eine „Personalreduktion ohne Entlassungen" vorzunehmen?
5. Wann sind Kündigungen gemäß Kündigungsschutzgesetz „sozial gerechtfertigt"?

❓ Vernetzende Aufgabe

Warum sieht der Gesetzgeber vor, dass Arbeitgeber umfangreiche gesetzliche Auflagen des Kündigungsschutzes beachten müssen, wenn sie ein Arbeitsverhältnis mit einem Mitarbeiter aufkündigen wollen, während Mitarbeiter jederzeit ohne Angabe von Gründen ihr Arbeitsverhältnis unter Einhaltung der Kündigungsfrist aufkündigen können? Was ist ursächlich für diese rechtliche Asymmetrie?

ⓘ Lesen und Vertiefen
- Berthel J, Becker FG (2022) Personal-Management. 12. Aufl. Schäffer Poeschel, Stuttgart
- Oechsler WA, Paul C (2019) Personal und Arbeit. Einführung in das Personalmanagement. 11. Aufl. De Gruyter Oldenbourg, Berlin u. a.

Entgeltgestaltung: Ausgestaltung der materiellen Arbeitsanreize

Inhaltsverzeichnis

6.1　Entgeltgerechtigkeit – 73

6.2　Entgeltdifferenzierung – 75
6.2.1　Anforderungsabhängige Entgeltgestaltung – 76
6.2.2　Leistungsabhängige Entgeltgestaltung – 79
6.2.3　Qualifikationsabhängige Entgeltgestaltung – 84
6.2.4　Sozialstatusabhängige Entgeltgestaltung – 84
6.2.5　Erfolgsabhängige Entgeltgestaltung – 85
6.2.6　Marktabhängige Entgeltgestaltung – 85

6.3　Lern-Kontrolle – 86

© Springer Fachmedien Wiesbaden GmbH, ein Teil von Springer Nature 2022
S. Huf, *Personalmanagement*, Studienwissen kompakt,
https://doi.org/10.1007/978-3-658-37538-6_6

> **Lern-Agenda**
> Das Kapitel
> - weist die Entgeltsgestaltung als zentrales Handlungsfeld des betrieblichen Personalmanagements aus
> - differenziert zwischen fixen und variablen Entgeltbestandteilen
> - erläutert die Selektions- und Motivationsfunktion des Entgelts
> - betrachtet das Entgelt aus der Perspektive der organisationalen Gerechtigkeitsforschung
> - zeigt Möglichkeiten der betrieblichen Differenzierung des Entgelts auf
> - erläutert, wie anforderungsabhängige, leistungsabhängige, qualifikationsabhängige, sozialstatusabhängige, erfolgsabhängige und marktabhängige Entgeltkomponenten gebildet werden können und welche Anreizwirkungen jeweils von ihnen ausgehen

Auch wenn in Unternehmen nur selten offen über das Entgelt gesprochen wird und es sich eher um ein organisationsintern tabuisiertes Thema handelt, kann das Arbeitsverhältnis aus ökonomischer Perspektive primär als Austauschbeziehung charakterisiert werden, bei dem Arbeitsleistung gegen Entgelt getauscht wird.

Berücksichtigt man zudem, dass einerseits das aus dem Arbeitsverhältnis resultierende Einkommen für die Mitarbeiter in der Regel die wichtigste Einnahmenquelle darstellt, die ihre materielle Existenz sichert und maßgeblich über die realisierbare Höhe des eigenen Lebensstandards entscheidet und andererseits, dass die Personalkosten in den meisten Unternehmen die wichtigste Kostenart sind (hinsichtlich ihres Anteils an den Gesamtkosten), wird verständlich, warum die Entgeltgestaltung sowohl aus Arbeitnehmer- wie Arbeitgeberperspektive ein zentrales personalwirtschaftliches Handlungsfeld darstellt.

> **Merke**
>
> Das **Entgelt** umfasst sämtliche materiellen Gegenleistungen, also Geldleistungen und geldwerte Leistungen (z. B. Dienstwagen zur privaten Nutzung oder verbilligtes Kantinenessen), die Mitarbeiter aufgrund eines Arbeitsverhältnisses vom Arbeitgeber erhalten.

Entgeltgestaltung: Ausgestaltung der materiellen...

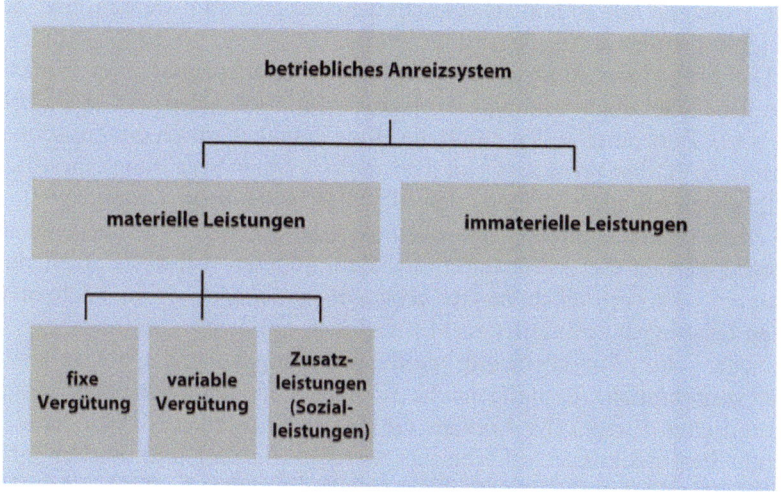

Abb. 6.1 Bestandteile des betrieblichen Anreizsystems

Im Zentrum der Entgeltgestaltung stehen die materiellen Leistungen, die Arbeitgeber in Form fixer und variabler Vergütungselemente sowie Zusatzleistungen (Sozialleistungen) gewähren. Unberücksichtigt bleiben hierbei die nicht weniger bedeutsamen immateriellen Leistungen (z. B. herausfordernde und interessante Tätigkeiten, eine hohe Arbeitsplatzsicherheit oder eine attraktive Karriereperspektive). Zusammengenommen bilden die materiellen und immateriellen Leistungen das **betriebliche Anreizsystem**, auch „**total rewards**" genannt (Abb. 6.1).

Fixe Entgeltkomponenten werden den Mitarbeitern dem Grunde und der Höhe nach im Vorhinein fest zugesagt (z. B. Grundvergütung), während **variable Entgeltkomponenten** dem Grunde nach zugesagt sind, in der Höhe jedoch im Vorhinein nicht festgelegt sind. Die Festlegung der Höhe erfolgt vielmehr im Nachhinein (ex post). Mit diesen Entgeltbestandteilen kann der Mitarbeiter also ex ante nicht fest rechnen. Wird beispielsweise eine leistungsabhängige Entgeltkomponente zugesagt, kann erst ex post, also nach erfolgter Leistungserbringung und -messung, die Höhe dieser Entgeltkomponente bestimmt werden. Ähnlich verhält es sich mit erfolgsabhängigen Entgeltkomponenten, bei denen den Mitarbeitern eine finanzielle Beteiligung am Unternehmenserfolg zugesagt wird. Wie hoch diese Entgeltkomponente ausfällt, kann erst mit Ablauf des Geschäftsjahres bestimmt werden, nachdem der Unternehmenserfolg festgestellt wurde.

Die Entgeltgestaltung erfüllt für Unternehmen primär zwei Funktionen: Eine Selektions- und eine Motivationsfunktion (Newman et al. 2017, S. 11–12). Zum einen sollen durch die Höhe und auch durch die Zusammensetzung (z. B. das Verhältnis von fixer und variabler Vergütung) spezifische Zielgruppen animiert werden, sich als Mitarbeiter beim Unternehmen zu bewerben (Eintrittsanreiz) – es sollen also die „richtigen" Mitarbeiter angezogen werden (Selektionsfunktion). Zum anderen soll das Entgelt dazu beitragen, die vertraglich bereits gebundenen Mitarbeiter zu höchstmöglichen Leistungen zu animieren (Motivationsfunktion).

Neben der Anreizwirkung gerät das Entgelt aus Unternehmenssicht vornehmlich als maßgebliche Kostenart in den Blick. Aus kostentheoretischer Perspektive können die Personalkosten in direkte und indirekte Personalkosten differenziert werden (Berthel und Becker 2022, S. 693). Die direkten Personalkosten sind die Entgelte, die für die geleistete Arbeit gewährt werden, wie Löhne und Gehälter, Leistungs- und Erfolgszulagen sowie Zuschläge (z. B. für Mehrarbeit, Nachtarbeit oder Sonn- und Feiertagsarbeit). Die indirekten Personalkosten, auch Personalzusatzkosten, Sozialkosten oder Lohnnebenkosten genannt, resultieren hingegen aus gesetzlichen (z. B. Sozialversicherungsbeiträge) oder tarifvertraglichen (z. B. Einmalzahlungen) Vorgaben bzw. aufgrund freiwilliger betrieblicher Zusagen (◘ Tab. 6.1)

◘ **Tab. 6.1** Zusammensetzung der Personalzusatzkosten

gesetzliche und tarifliche Personalzusatzkosten	Sozialversicherungsbeiträge (Arbeitgeberanteil), Unfallversicherung, bezahlte Ausfallzeiten (Urlaub, Krankheit), betriebliche Altersversorgung, vermögenswirksame Leistungen, Kosten für die Mitbestimmung, werkärztlicher Dienst, Arbeitssicherheit, Einmalzahlungen (z. B. Urlaubsgeld)
Personalzusatzkosten aufgrund freiwilliger betrieblicher Zusagen	Aus-/Fort-/Weiterbildung, betriebliche Altersversorgung, Versicherungen und Zuschüsse (z. B. ÖPNV), soziale Fürsorge, Verpflegung, Fahrtkostenübernahme, Umzugsunterstützung, Arbeitskleidung, Betriebsfeiern, Kinderbetreuung, Haustierbetreuung, Betriebswohnungen, Betriebssport, Gesundheitsvorsorge, Arbeitgeberdarlehen, betriebsinterner Warenverkauf, Mitarbeiterrabatte, Dienstwagen, Fahrradleasing, Reinigungs- und Wäscheservice u. ä.

6.1 Entgeltgerechtigkeit

Während Arbeitgeber das Entgelt vorrangig unter Kostenaspekten betrachten, nehmen Mitarbeiter nicht selten eine Gerechtigkeitsperspektive ein. Die innerhalb der Belegschaft existierenden Entgeltunterschiede werden von den Mitarbeitern häufig danach beurteilt, ob diese Ungleichheit fair und angemessen ist. Die organisationale Gerechtigkeitsforschung (Cropanzano und Ambrose 2015) geht daher der Frage nach, anhand welcher Kriterien Mitarbeiter organisationsinterne Ungleichheit hinsichtlich der realisierten Gerechtigkeit bewerten. Bezogen auf das Entgelt: Woran machen Mitarbeiter fest, ob sie die betriebliche Entgeltpolitik als fair oder unfair erachten?

Das Urteil hinsichtlich des Ausmaßes der organisationsintern realisierten Gerechtigkeit beeinflusst in erheblichem Maße nicht nur die Arbeitszufriedenheit der Mitarbeiter, sondern auch ihr Commitment gegenüber dem Arbeitgeber sowie ihre Fluktuationsneigung und auch ihr Leistungsverhalten, weshalb Unternehmen aufgefordert sind, ein Höchstmaß an **organisationaler Gerechtigkeit** sicherzustellen (Colquitt et al. 2001).

Beispiel: Entgeltgestaltung als gerechtigkeitssensitives Handlungsfeld des Personalmanagements – Gender Pay Gap und Top Management Vergütung
Die seit Jahren intensiv geführte Diskussion um geschlechtsspezifische Verdienstunterschiede (**Gender Pay Gap**) zeigt beispielhaft die Gerechtigkeitssensitivität der betrieblichen Entgeltgestaltung auf. Für die Berechnung des *unbereinigten Gender Pay Gaps* werden die Bruttostundenverdienste von Frauen und Männern durch das Statistische Bundesamt ermittelt und ins Verhältnis gesetzt. Dieser Verdienstunterschied betrug 2020 in Deutschland 18 % – der durchschnittliche Bruttostundenverdienst von Frauen war also mit 18,62 € um 18 % niedriger als der von Männern (22,78 €) (vgl. ▶ http://www.destatis.de).

Der ebenfalls vom Statistischen Bundesamt auf Basis der vierjährlichen Verdienststrukturerhebung ermittelte *bereinigte Gender Pay Gap*, versucht jenen Teil des Verdienstunterschieds herauszurechnen, der auf Unterschiede aufgrund unterschiedlicher Berufe, Beschäftigungsumfänge, Bildungsstände oder Berufserfahrung zwischen den Geschlechtern zurückzuführen ist. Dieser bereinigte Gender Pay Gap lag 2018 bundesweit bei 6 %. M. a. W.: Frauen verdienten 2018 bei vergleichbarer Qualifikation und vergleichbarer Tätigkeit pro Stunde 6 % weniger als Männer (vgl. ▶ http://www.destatis.de).

Mit dem *Entgelttransparenzgesetz* hat der Gesetzgeber hierauf reagiert. Dieses soll durch eine Erhöhung der Transparenz der betrieblichen Entgeltstrukturen und Entgeltfindungsprozesse das Gebot eines gleichen Entgelts für Frauen und Männer bei gleicher bzw. gleichwertiger Arbeit sicherstellen (Diskriminierungsfreiheit). Im Kern gewährt dieses Gesetz Mitarbeitern (in Betrieben mit mehr als 200 Beschäftigten) einen Auskunftsanspruch hinsichtlich der Höhe des Entgelts von Kollegen des anderen Geschlechts, die einer vergleichbaren Tätigkeit nachgehen.

Auch die hitzig geführte, öffentliche Diskussion über die Angemessenheit der Top-Managementvergütung verweist auf die Gerechtigkeitssensitivität des Themas. Die sogenannte „Manager to Worker Pay Ratio" setzt beispielsweise die Vorstandsvergütung in Aktiengesellschaften ins Verhältnis zu den durchschnittlichen Personalkosten pro Mitarbeiter und gibt somit an, das Wievielfache ein Vorstandsmitglied gegenüber einem Mitarbeiter im Durchschnitt verdient. Auf Basis der veröffentlichen Geschäftsberichten der DAX-30-Unternehmen ermittelt das gewerkschaftsnahe Institut für Mitbestimmung und Unternehmensführung (I.M.U.) regelmäßig diese Kennzahl. Lag die durchschnittliche Manager to Worker Pay Ration 2005 noch bei 42, erhöhte sie sich bis 2017 auf 71. M. a. W.: Im Durchschnitt verdienten 2017 Mitglieder des Vorstands von DAX-30-Unternehmen also das 71fache eines durchschnittlichen Mitarbeiterentgelts (vgl. Mitbestimmungsreport Nr. 44 des I.M.U., 07/2018).

Hierbei hat die organisationspsychologische Gerechtigkeitsforschung drei Dimensionen organisationaler Gerechtigkeit ermittelt (◘ Tab. 6.2). Demnach bewerten Mitarbeiter zum einen die Höhe des Entgelts hinsichtlich seiner Angemessenheit (**distributive Entgeltgerechtigkeit**). Einschlägige Normen distributiver Gerechtigkeit sind beispielsweise die Anforderungsgerechtigkeit (spiegelt die Höhe des Entgelts den Schwierigkeitsgrad der Stelle?), die Leistungsgerechtigkeit (spiegelt die Höhe des Entgelts die Leistungen, die der Stelleninhaber auf der Stelle erbringt?), die Qualifikationsgerechtigkeit (spiegelt die Höhe des Entgelts das Qualifikationsniveau des Stelleninhabers?), die Sozialgerechtigkeit (entspricht die Höhe des Entgelt dem sozialen Status des Stelleninhabers (z. B. hinsichtlich Lebensalter, Betriebszugehörigkeit, Familienstand, Unterhaltspflichten)?) und die Marktgerechtigkeit (spiegelt die Höhe des Entgelts die Knappheit des Berufsbildes auf dem externen Arbeitsmarkt?).

Aber nicht nur die Höhe des Entgelts ist Gegenstand der Gerechtigkeitsbewertung, auch die Wahrnehmung des Prozesses der Entgeltfindung (**prozedurale Entgeltgerechtigkeit**) und die erlebte Behandlung während Entgeltverhandlungen (**interaktionale Entgeltgerechtigkeit**) fließt in das mitarbeiterseitige Urteil über das realisierte Ausmaß organisationsinterner Entgeltgerechtigkeit ein. Prozedurale Gerechtigkeit bezieht sich auf die er-

◘ **Tab. 6.2** Normen der Entgeltgerechtigkeit

distributive Gerechtigkeit	prozedurale Gerechtigkeit	interaktionale Gerechtigkeit
Anforderungsgerechtigkeit	Transparenz	Höflichkeit
Leistungsgerechtigkeit	Nachvollziehbarkeit	Respekt
Qualifikationsgerechtigkeit	Konsistenz	Ehrlichkeit
Sozialgerechtigkeit	Korrektheit	Zugänglichkeit
Marktgerechtigkeit	Korrigierbarkeit	

lebte Angemessenheit und Fairness des Verfahrens der Entgeltfestlegung. Ist dieser Prozess beispielsweise transparent, werden die Bestimmungsfaktoren des Entgelts offengelegt und sind mithin nachvollziehbar, wird das Verfahren personenübergreifend einheitlich, konsistent angewendet, sind die der Entgeltermittlung zugrunde gelegten Daten korrekt und gibt es etablierte Verfahren zum Umgang mit mitarbeiterseitigen Beschwerden?

Und schließlich ist der erlebte Umgang mit den Entscheidern (z. B. Vorgesetzten und Vertretern des Personalbereichs) während des Prozesses der Entgeltfindung beispielsweise in der Recruitingphase oder im Rahmen von Engeltverhandlungen Gegenstand des Urteils hinsichtlich der interaktionalen Gerechtigkeit. Werden die Mitarbeiter beispielsweise höflich und respektvoll in Entgeltverhandlungen behandelt, werden sie aufrichtig und ehrlich informiert und sind die Entscheider zugänglich, wenn man sich mit einem entgeltbezogenen Anliegen an sie wenden möchte?

6.2 Entgeltdifferenzierung

Das Entgelt der Mitarbeiter kann auf Basis unterschiedlicher Bestimmungsfaktoren (Bemessungsgrundlagen) festgelegt werden (◘ Tab. 6.3), wobei je nach Bemessungsgrundlage unterschiedliche Anreizwirkungen von der

◘ Tab. 6.3 Möglichkeiten der Entgeltdifferenzierung

Entgeltkomponente	Bemessungsgrundlage	Ermittlung
anforderungsabhängig	Anforderungsgrad der Stelle	Arbeitsbewertung
leistungsabhängig	Arbeitsergebnisse und -verhalten des Mitarbeiters	Leistungsbemessung oder -beurteilung
qualifikationsabhängig	formale Qualifikation des Mitarbeiters	Schul-, Hochschul-, Ausbildungsabschlüsse und Zusatzqualifikationen
sozialstatusabhängig	sozialer Status des Mitarbeiters	Lebensalter, Betriebszugehörigkeit, Familienstand
erfolgsabhängig	wirtschaftlicher Erfolg des Unternehmens	Gewinn- oder Kapitalbeteiligung
marktabhängig	unternehmensexterne Arbeitsmarktsituation	Knappheit des Berufsbilds auf dem externen Arbeitsmarkt

Vergütung ausgehen. Wird beispielsweise primär die Qualifikation des Mitarbeiters vergütet, wird den Arbeitnehmern damit ein Anreiz zur Fort- und Weiterbildung gesetzt. Honoriert man hingegen vorrangig die Leistung des Mitarbeiters, besteht ein Anreiz für eine Verbesserung des Arbeitsverhaltens und der Arbeitsergebnisse. Werden die Mitarbeiter am Unternehmenserfolg beteiligt (z. B. über eine Gewinnbeteiligung) werden Anreize für unternehmerisches Handeln, z. B. durch ein erhöhtes Kostenbewusstsein, gesetzt. Und wird der Anforderungsgrad der Stelle vorrangig honoriert, besteht ein Anreiz höherwertige Aufgaben zu übernehmen. Diese Anreizwirkungen kann das Entgelt jedoch nur entfalten, wenn den Mitarbeitern die Bestimmungsfaktoren des Entgelts bekannt sind und das Vergütungssystem eine entsprechende Transparenz aufweist.

Beispiel: Intransparente betriebliche Vergütungspraxis
Studien von Unternehmens- und Personalberatungen zeigen in schöner Regelmäßigkeit auf, dass vielen Mitarbeitern die Faktoren nicht bekannt sind, die maßgeblich die Höhe ihres Entgelts bestimmen. Nach der „Gehaltsstudie 2018" der Unternehmensberatung und Wirtschaftsprüfungsgesellschaft EY, sind lediglich 29 % der Befragten die Faktoren bekannt, die die Höhe ihres Entgelts bestimmen und lediglich 26 % wissen, wie die jährlichen Entgeltanpassungen festgelegt werden (Curti und Wenzel 2018).

Nach der „Global Workforce Studie" der Personalberatung Willis Towers Watson aus dem Jahr 2016 können sich 61 % der Befragten die unterschiedliche Höhe des eigenen Entgelts im Vergleich zur Höhe des Entgelts ihrer Kollegen nicht erklären und 35 % der Befragten geben an, die Faktoren, die die Höhe ihres Entgelts maßgeblich bestimmen, nicht zu kennen (vgl. ▶ http://www.willistowerswatson.com).

6.2.1 Anforderungsabhängige Entgeltgestaltung

Die **anforderungsabhängige Entgeltkomponente**, die in der betrieblichen Praxis in der Regel den größten Teil der Vergütung ausmacht, soll den Schwierigkeitsgrad der Stelle, die ein Mitarbeiter innehat, abbilden. Je höher die Anforderungen, denen ein Mitarbeiter ausgesetzt ist, desto höher soll das Entgelt ausfallen. Und zugleich: Weisen Stellen ähnliche Anforderungsgrade auf, soll auch das Entgelt der Stelleninhaber dieselbe Höhe haben. Eine anforderungsabhängige Entgeltgestaltung setzt hierbei voraus, dass die im Unternehmen vorhanden Stellen hinsichtlich ihres Anforderungsgrades, beispielsweise auf Basis von Stellenbeschreibungen, bewertet werden. Dies erfolgt durch **Arbeitsbewertungen**.

6.2 · Entgeltdifferenzierung

> **Merke**
>
> Die **Arbeitsbewertung** ist ein Instrument der anforderungsbezogenen Entgeltdifferenzierung zur Ermittlung der Höhe der Anforderungen (Anforderungsgrad) von Stellen. Hierdurch erfolgt eine Ermittlung der anforderungsorientierten Wertigkeit von Stellen. Als Ergebnis der Arbeitsbewertung ergibt sich der Arbeitswert.

Persönliche Merkmale des Mitarbeiters bleiben bei der anforderungsabhängigen Entgeltgestaltung gänzlich unberücksichtigt. So mag beispielsweise die für die Stelle erforderliche Qualifikation als Anforderungsmerkmal bei der Arbeitsbewertung berücksichtigt werden, die tatsächliche Qualifikation des Mitarbeiters spielt jedoch bei der Festlegung der Höhe der anforderungsabhängigen Entgeltkomponente keine Rolle. Auch inwiefern Mitarbeiter ihre Stellen ausfüllen, welche Leistungen sie also auf der Stelle erbringen, bleibt unberücksichtigt. Gleiches gilt für das Alter oder die Betriebszugehörigkeit des Mitarbeiters. Auch diese sind für die anforderungsabhängige Entgeltkomponente gänzlich unerheblich. Gegenstand der Bewertung ist ausschließlich die Stelle, nicht die Person des Stelleninhabers. Arbeitsbewertungen evaluieren Stellen und bewerten nicht Personen.

Für die Ermittlung des Schwierigkeitsgrads von Stellen stehen summarische oder analytische Verfahren der Arbeitsbewertung zur Verfügung. **Summarische Arbeitsbewertungsverfahren** evaluieren pauschal die Anforderungen einer Stelle als Ganzes, während **analytische Arbeitsbewertungsverfahren** differenzierter einzelne Anforderungsarten bewerten (◘ Tab. 6.4). Die analytischen Verfahren zeichnen sich gegenüber den summarischen Verfahren durch eine größere Genauigkeit und größere Nachvollziehbarkeit aus.

◘ **Tab. 6.4** Verfahren der Arbeitsbewertung

	summarisch	analytisch
Reihung	Rangfolgeverfahren	Rangreihenverfahren
Stufung	Entgeltgruppenverfahren	Stufenwertzahlverfahren

Im *Rangfolgeverfahren* werden alle im Unternehmen vorhandenen Stellen durch Paarvergleiche in eine Reihenfolge entsprechend ihrer jeweils eingeschätzten Schwierigkeitsgraden gebracht (Reihung). Im Ergebnis ergibt sich eine Reihenfolge der Stellen mit der anspruchsvollsten Stelle an der Spitze und der Stelle mit den geringsten Anforderungen am Ende.

Um das *Entgeltgruppenverfahren* anwenden zu können, müssen zunächst Entgeltgruppen, die den Schwierigkeitsgrad von Stellen zum Ausdruck bringen, festgelegt werden (z. B. Entgeltgruppe 1 umfasst Tätigkeiten einfacher, schematischer, gleichbleibender Art, für die Ablauf und Ausführung festgelegt sind, während Entgeltgruppe 2 Tätigkeiten schwieriger Art umfasst, die nach allgemeinen Anweisungen in beachtlichem Umfang selbstständig ausgeführt werden). Sodann werden die im Unternehmen vorhandenen Stellen jeweils einer Entgeltgruppe zugeordnet. Vielen Tarifverträgen liegen Entgeltgruppenverfahren zugrunde.

Die analytischen Verfahren der Arbeitsbewertung erfordern eine Differenzierung verschiedener Anforderungsarten (z. B. zwischen geistigen, körperlichen und sozialen Anforderungen sowie Verantwortung). Sodann wird bei analytischen Verfahren jede Stelle hinsichtlich jeder Anforderungsart bewertet. Beim *Rangreihenverfahren* werden die Stellen mittels Paarvergleich pro Anforderungsart jeweils in eine Reihenfolge gebracht. Es ergeben sich mithin so viele Rangreihen, wie vorab Anforderungsarten unterschieden wurden.

Das *Stufenwertzahlverfahren* sieht für jedes Anforderungsmerkmal verschiedene Bewertungsstufen vor (z. B. niedrig, mittel, hoch), um die jeweilige Beanspruchung auszudrücken. Die Bewertung erfolgt, indem jede Stelle pro Anforderungsmerkmal einer Bewertungsstufe zugeordnet wird (z. B. hohe geistige Anforderungen, geringe körperliche Anforderungen und hohe kommunikative Anforderungen).

Beispiel: Arbeitsbewertung nach dem Entgeltrahmenabkommen (ERA) der Metall- und Elektroindustrie nach dem Stufenwertzahlverfahren
Mit dem 2003 zwischen der IG Metall als Gewerkschaft und Südwestmetall als Arbeitgeberverband für die Metall- und Elektroindustrie in Baden-Württemberg geschlossenen ERA-Tarifvertrag wurde nicht nur die Unterscheidung zwischen Arbeitern und Angestellten aufgegeben, sondern auch erstmals ein Tarifvertrag geschlossen, dem hinsichtlich der Ermittlung der anforderungsabhängigen Entgeltkomponente ein Stufenwertzahlverfahren zugrunde liegt. Dieser Tarifvertrag sieht vor, dass im Rahmen der Arbeitsbewertung die Stellen hinsichtlich der Anforderungen „Wissen und Können", „Denken", „Handlungsspielraum", „Kommunikation" sowie „Mitarbeiterführung" bewertet werden, wobei für jede dieser Anforderungsarten zugleich Bewertungsstufen mit Punktwerten festgelegt sind.
(Vgl. ▶ http://www.suedwestmetall.de/tarif/meilensteine/era, ▶ http://www.era.igm.de)

6.2.2 Leistungsabhängige Entgeltgestaltung

Leistungsabhängige Entgeltkomponenten haben den Anspruch, das Leistungsverhalten der Mitarbeiter, wie diese also eine Stelle ausfüllen, zu erfassen und entsprechend soll die Höhe des Entgelts das Ausmaß der gezeigten Leistung widerspiegeln. Mitarbeiterleistung umfasst hierbei das gezeigte Arbeits*verhalten* sowie die hierdurch erzielten Arbeits*ergebnisse*.

> **Merke**
>
> Die **Arbeitsleistung** eines Mitarbeiters manifestiert sich im Arbeitsverhalten und in den erzielten Arbeitsergebnissen. Leistung bringt zum Ausdruck, wie die Arbeit mit welchen Ergebnissen verrichtet wird.

Nur in seltenen Fällen ist es in Unternehmen möglich, die Mitarbeiterleistung mittels objektiver Leistungsdaten zu messen. Objektivität ist gegeben, wenn das Ergebnis der Leistungsfeststellung unabhängig davon ist, wer die Leistungsmessung durchführt. Objektive Leistungsdaten sind beispielsweise die produzierte Stückzahl in der Produktion, die getätigten Verkäufe im Vertrieb, die Anzahl der verbuchten Geschäftsvorfälle im Rechnungswesen oder die Anzahl der geführten Telefonate im Kundenservice.

Die im gewerblichen Bereich von Industrieunternehmen anzutreffenden Entgeltformen Akkord- und Prämienlohn stehen beispielhaft für eine Leistungsmessung auf Basis objektiver Leistungsdaten. Kennzeichnend für den *Akkordlohn* ist, dass die Lohnhöhe proportional zur erzielten Mengenleistung ausfällt, entweder indem die Mitarbeiter eine Zeitvorgabe pro herzustellendem Stück (Zeitakkord) erhalten, die es zu unterschreiten gilt, oder indem ihnen ein Geldbetrag je Stück (Geldakkord, Stücklohn) zugesagt wird. Akkordentlohnung setzt voraus, dass die Mengenleistung vollumfänglich durch die Mitarbeiter beeinflussbar ist. Ein gravierender Nachteil des Akkordlohns besteht darin, dass Mitarbeiter hierdurch dazu verleitet werden, ihr Augenmerk ausschließlich auf die produzierte Arbeitsmenge zu richten und beispielsweise nicht auf die Qualität des hergestellten Outputs. Daher knüpft der *Prämienlohn* nicht nur an der Leistungsmenge, sondern an weiteren Faktoren an, denen gemeinsam ist, dass sie objektiv ermittelt werden können müssen (wie beispielsweise Qualitäts-, Nutzungsgrad-, Ersparnis- oder Arbeitssicherheitsprämien).

In Ermangelung objektiver Leistungsdaten erfolgt die Festlegung der leistungsabhängigen Entgeltkomponente in der betrieblichen Praxis weit überwiegend auf Basis von *Leistungsbeurteilungen*. Beurteilungen werden von Beurteilern vorgenommen und sind im Unterschied zu objektiven Leistungsmessungen stets (mehr oder minder) subjektiv (Murphy et al. 2018). Die unterschiedlichen zur Verfügung stehenden Verfahren der Leistungsbeurteilung unterscheiden sich zum einen darin, wer die Beurteilung vornimmt und zum anderen welche Beurteilungsmethode zum Einsatz kommt.

Als Beurteiler kommen die Mitarbeiter selbst (Selbstbeurteilung), Vorgesetzte (Abwärtsbeurteilung), Kollegen (Gleichgestelltenbeurteilung), Unterstellte (Aufwärtsbeurteilung) oder mehrere Personen zugleich, wie bei der 360-Grad-Beurteilung, bei der der Mitarbeiter aus unterschiedlichen Perspektiven (Vorgesetzte, Kollegen, Unterstellte, Kunden) ein Leistungsfeedback erhält, in Frage. In der betrieblichen Praxis erfolgt die Leistungsbeurteilung zumeist durch den Vorgesetzten.

Hinsichtlich der eingesetzten Methode zur Beurteilung der Leistung können freie Eindrucksschilderung, Rangordnung, Einstufung und Zielvereinbarung als Verfahren unterschieden werden (■ Abb. 6.2).

Erfolgt die Beurteilung durch eine *freie Eindrucksschilderung*, werden Beurteilern keine Beurteilungskriterien oder Bewertungsskalen vorgegeben, sondern die Beurteilung erfolgt formlos auf einem „weißen Blatt Papier" ohne Einengung des Beurteilers („Essay-Format"). Dadurch sind Beurteiler aufgefordert, die Beurteilungskriterien selbst zu entwickeln und es kann auf die Spezifika des jeweiligen Arbeitsplatzes eingegangen werden. Als Nachteil

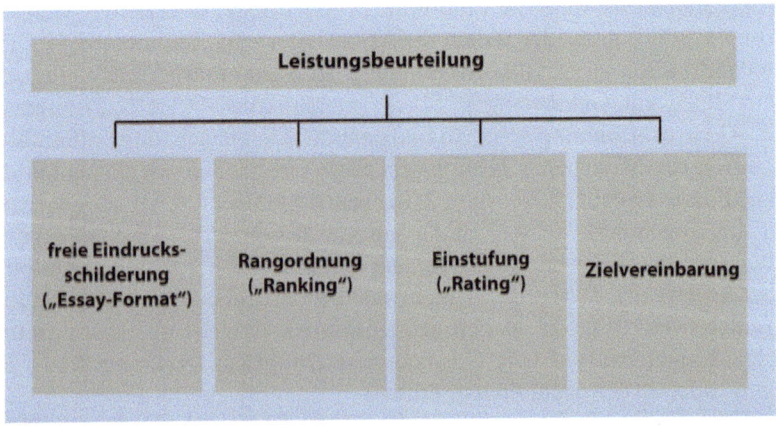

■ Abb. 6.2 Methoden der Leistungsbeurteilung

6.2 · Entgeltdifferenzierung

ergibt sich jedoch eine geringe Vergleichbarkeit der Beurteilungen von unterschiedlichen Beurteilern.

Die Methode der *Rangordnung* sieht vor, dass der Beurteiler die zu beurteilenden Mitarbeiter miteinander vergleicht und in eine Reihenfolge bringt („Ranking"). Die Beurteilten können hierbei gesamthaft (summarisch) miteinander verglichen werden oder getrennt nach einzelnen Beurteilungskriterien (analytisch). Bei der summarischen Rangordnung entsteht im Ergebnis also eine Rangfolge mit dem Mitarbeiter mit der besten Leistung an der Spitze und dem Mitarbeiter mit der schlechtesten Leistung am Ende. Bei der analytischen Variante der Rangordnung entsteht hingegen pro Leistungskriterium eine Beurteiltenrangfolge. Neben dem summarischen und analytischen Vorgehen kann auch das Verfahren der „erzwungenen Verteilung" („forced Ranking") als Rangordnungsmethode eingesetzt werden. Hierbei werden vorab Leistungsklassen gebildet (z. B. sehr hohe Leistung, hohe Leistung, befriedigende Leistung, ausreichende Leistung, unzureichende Leistung) und jeder Mitarbeiter wird einer dieser Leistungsklassen zugeordnet. Die Beurteiler sind jedoch nicht frei dahingehend, wie viele Beurteilte einer Leistungsklasse zuordnet werden, sondern die Verteilung ist vorab festgelegt (Quotenvorgabe). Dieser vorgegebenen Verteilung liegt die Annahme zugrunde, dass in jeder hinreichend großen Arbeitsgruppe, das Leistungsverhalten „normalverteilt" ist (◘ Abb. 6.3). Ziel dieses Verfahrens ist es primär, die Konkurrenz zwischen den Mitarbeitern zu erhöhen.

Im Rahmen von *Einstufungsverfahren* als einer weiteren Methode der Leistungsbeurteilung ist es die Aufgabe des Beurteilers, die Ausprägung vorab allgemein festgelegter Beurteilungsmerkmale (z. B. Arbeitseffizienz, Arbeitsqualität oder Verantwortungsübernahme) beim Beurteilten festzu-

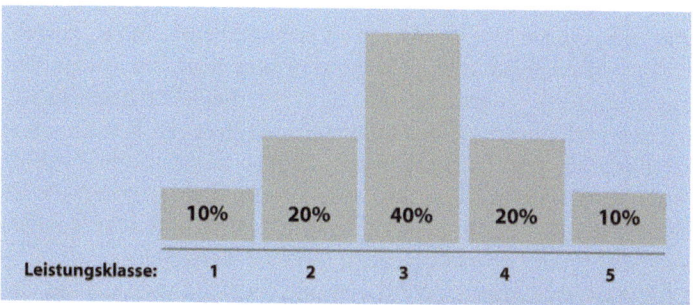

◘ **Abb. 6.3** Die Methode der erzwungenen Verteilung als Rangordnungsverfahren der Leistungsbeurteilung

	Bezogen auf die Anforderungen der Stelle, lag bzw. entsprach die erbrachte Leistung …				
	immer unter	teilweise unter	in vollem Umfang	häufig über	weit über
			den Erwartungen		
Arbeitseffizienz: Aufgaben durch wirksames Ordnen und zeitliches Planen rationell und termingerecht erledigen					
Arbeitsqualität: Aufgaben sorgfältig durchführen					
Belastbarkeit: Aufgaben auch unter erschwerten Bedingungen erledigen					
Initiative: Aufgaben aus eigenem Antrieb durchführen					
Kreativität: Neue Problemlösungen erkennen, anregen und erarbeiten					
Überzeugungsfähigkeit: Andere für eigene Ideen, Problemlösungen oder Initiativen gewinnen					
Kooperation: Mit anderen Stellen wirksam zusammenarbeiten					
Verantwortungsübernahme: Ergebnisse gegenüber anderen vertreten					
Überblick: Entwicklungen und deren Auswirkungen auch auf andere Bereiche berücksichtigen					
Flexibilität: Wechselnde Aufgaben und veränderte Arbeitsbedingungen bewältigen					

Abb. 6.4 Beispielhaftes Einstufungsverfahren als Methode der Leistungsbeurteilung

legen. Dieses in der betrieblichen Praxis besonders häufig eingesetzte Verfahren der Leistungsbeurteilung gibt dem Beurteiler die Kriterien vor, woran die Leistung zu beurteilen ist und auch eine Skalierung, um die Ausprägung festlegen zu können. In der Regel erfolgt die Beurteilung ein- bis zweimal jährlich im Rahmen eines formellen Mitarbeitergesprächs anhand von 5–10 Leistungskriterien und einer Vierer- bzw. Fünferskala (Abb. 6.4). Größtes Problem dieses Verfahrens ist die Schwierigkeit, bei sämtlichen Beurteilern ein einheitliches Verständnis der Beurteilungskriterien und der Bewertungsskala sicherzustellen.

Zielvereinbarungen nehmen die Leistungsbeurteilung mittels einer Zielerreichungskontrolle vor. Dieser Methode liegt ein outputbezogenes Leistungsverständnis zugrunde, wonach sich die Mitarbeiterleistung vorrangig in den erzielten Arbeitsergebnissen manifestiert. Kennzeichnend für diese Methode ist, dass zu Beginn der Beurteilungsperiode Ziele mit dem Mitarbeiter vereinbart werden und sodann am Ende der Periode in einem Beurteilungsgespräch bewertet wird, inwiefern und in welchem Ausmaß die Ziele vom Mitarbeiter erreicht wurden (Soll/Ist-Vergleich).

Der subjektive Charakter von Leistungsbeurteilungen schlägt sich nicht selten in *Beurteilungsfehlern* nieder. *Stimmungen* und *Vorurteile* beeinflussen

6.2 · Entgeltdifferenzierung

das Urteil des Beurteilers ebenso wie verspürte *Sympathie* oder *Antipathie* gegenüber dem Beurteilten. Erfolgt die Beurteilung mittels Skalen (z. B. im Rahmen von Einstufungsverfahren) ist bei einigen Beurteilern eine *Tendenz zur Mitte* (Bevorzugung mittlere Urteile) oder bei anderen sind *Extremwerttendenzen* (Strenge- oder Mildefehler) zu beobachten. Wahrnehmungsverzerrungen können zudem aus dem *Überstahleffekt* (*Halo-Effekt*) resultieren, bei dem die Beurteilung eines Merkmals die Beurteilung eines anderen Merkmals beeinflusst, oder aus dem *Recency-Effekt*, bei dem kürzlich aufgetretene Ereignisse einen stärkeren Einfluss auf die Urteilsbildung nehmen als länger zurückliegende, und schließlich dem *Kleber-Effekt*, wonach Beurteilungen früherer Perioden aktuelle Beurteilungen beeinflussen. Beurteiler verfügen darüber hinaus stets über eine *limitierte Informationsverarbeitungskapazität* und nehmen *selektiv* das Arbeitsverhalten des Beurteilten innerhalb der Beurteilungsperiode wahr. Nicht zuletzt nehmen Beurteiler auch *bewusste Fehlbeurteilungen* vor, geben also wissentlich ein verfälschtes Urteil ab (z. B. weil Budgetbegrenzungen ein korrektes Urteil verhindern oder die berufliche Entwicklung des Beurteilten positiv oder negativ beeinflusst werden soll).

Über ihren unvermeidlich subjektiven Charakter hinaus, ist an Leistungsbeurteilungen zu kritisieren, dass diesen die Prämisse zugrunde liegt, Arbeitsverhalten und Arbeitsergebnisse unterlägen der vollständigen Kontrolle der Mitarbeiter. Leistungsbeurteilungen suggerieren, dass es einzig dem mitarbeiterseitigen Engagement geschuldet ist, welche Arbeitsergebnisse erzielt werden. Unberücksichtigt bleiben hierbei externe, situative Einflüsse auf das Arbeitsverhalten und die Arbeitsergebnisse, die vom einzelnen Mitarbeiter nicht zu beeinflussen sind (z. B. konjunkturelle Entwicklungen, Marktentwicklungen oder Kollegen- und Kundenverhalten).

Beispiel: Leistungsabhängige Vergütung und Leistungsbeurteilungen auf dem Rückzug

Unübersehbar reformieren seit einigen Jahren zahlreiche renommierte Unternehmen wie Accenture, Deloitte, PwC, General Electric, Gap, Dell, Microsoft, IBM oder SAP ihr Instrumentarium der Leistungsbeurteilung und leistungsabhängigen Vergütung (Kinley 2016). Die Veränderungen weisen hierbei alle in dieselbe Richtung: Zum einen wird das formalisierte, einmal jährlich durchgeführte Beurteilungsgespräch durch häufigere und informeller gestaltete Gesprächsformate abgelöst und zum anderen wird oftmals eine Entkopplung dieser Feedbackgespräche vom Entgelt vorgenommen.

In Deutschland hat insbesondere SAP Aufmerksamkeit durch die Entscheidung erregt, formalisierte Leistungsbeurteilungen abzuschaffen und stattdessen den informelleren „SAP Talk" zu institutionalisieren (vgl. Interview mit Bärbel Ostertag (Head of Global Total Rewards bei SAP), im Harvard Business Manager, 02/2019, S. 8).

6.2.3 Qualifikationsabhängige Entgeltgestaltung

Für die Höhe der **qualifikationsabhängigen Entgeltkomponente** ist es unerheblich, welche Stellen Mitarbeiter im Unternehmen bekleiden und ebenso ist es unerheblich, welche Leistungen auf der Stelle erbracht werden. Entscheidend sind vielmehr alleine die berufsrelevanten Qualifikationen, über die Mitarbeiter verfügen.

Qualifikationen können verstanden werden als die berufsrelevante Ressourcenbasis und machen somit das Humankapital der Mitarbeiter aus. Die qualifikationsabhängige Vergütung ist daher eine ressourcenorientierte Form der Entgeltgestaltung, die die formale Qualifikation der Mitarbeiter honoriert und einen permanenten Anreiz für Fort- und Weiterbildungen setzt. Gemessen wird das berufsrelevante Qualifikationsniveau des Mitarbeiters hierbei üblicherweise anhand bescheinigter Qualifikationsnachweise (z. B. Zeugnisse, Urkunden, Zertifikate). So mag beispielsweise eine erfolgreich abgeschlossene, dreijährige Berufsausbildung mit einem monatlichen Bruttoentgeltbaustein in Höhe von 1250,- €, ein Bachelorabschluss mit 1500,- € und ein Masterabschluss mit 1750,- € honoriert werden. Zusätzlich können Bausteine für IT-Kenntnisse, Sprachkenntnisse oder andere Qualifikationsbereiche gewährt werden.

6.2.4 Sozialstatusabhängige Entgeltgestaltung

Mit der **sozialstatusabhängigen Entgeltkomponente** soll der soziale Status von Mitarbeitern finanziell abgebildet werden, wobei der soziale Status an individuellen beruflichen oder lebensweltlich-privaten Kriterien festgemacht wird. Status meint hierbei die soziale Position innerhalb einer Gruppe.

So kann die Betriebszugehörigkeit oder das Lebensalter (senioritätsabhängige Vergütung) in Form einer sozialstatusabhängigen Entgeltkomponente vergütet werden und mithin die Betriebstreue bzw. die Erfahrung des Mitarbeiters honoriert werden. Ferner kann die hierarchische Position eines Mitarbeiters Gegenstand dieser Entgeltkomponente sein. Nicht zuletzt können Familienstand, Unterhaltspflichten oder Wohnort von Mitarbeitern in einer sozialstatusabhängigen Entgeltkomponente abgebildet werden, wodurch eine bedarfsgerechte Vergütung erreicht werden soll.

6.2.5 Erfolgsabhängige Entgeltgestaltung

Mit der erfolgsabhängigen Entgeltkomponente sollen die Mitarbeiter am betriebswirtschaftlichen Unternehmenserfolg partizipieren. In Jahren, in denen das Unternehmen wirtschaftlich erfolgreich ist und hohe Gewinne erzielt, sollen die Mitarbeiter hieran beteiligt werden. Hierdurch soll das unternehmerische Denken und Handeln innerhalb der Belegschaft gefördert werden. Dies kann durch eine *Gewinn-* oder eine *Kapitalbeteiligung* der Mitarbeiter erfolgen.

Gewinnbeteiligung heißt, dass derjenige Anteil des Gewinns, der nicht im Unternehmen thesauriert und nicht an die Eigentümer des Unternehmens ausgeschüttet wird, den Mitarbeitern zufällt. Und zugleich: Erzielt das Unternehmen keinen Gewinn, erhalten die Mitarbeiter auch keine erfolgsabhängige Einmalzahlung.

Beispiel: Gewinnbeteiligung bei Liqui Moly
2018 gewährte das auf Schmierstoffe spezialisierte Unternehmen Liqui Moly jedem Mitarbeiter eine Gewinnbeteiligung in Höhe von 11.000,- €. Der Geschäftsführer des Unternehmens, Ernst Prost, spricht statt von Mitarbeitern auch gerne von „Mitunternehmern". In einer Pressemitteilung führt er aus, dass das überdurchschnittlich positive Unternehmensergebnis maßgeblich auf das Engagement der Mitarbeiter zurückzuführen sei und es daher an der Zeit sei, die „fette Beute" zu verteilen (▶ http://www.augsburger-allgemeine.de. Zugegriffen am 14.02.2019).

Grundsätzlich kann eine *Kapitalbeteiligung* der Mitarbeiter über eine Beteiligung am Eigen- oder Fremdkapital erfolgen. Praxisrelevant ist insbesondere bei Aktiengesellschaft die Beteiligung der Mitarbeiter am Eigenkapital über Belegschaftsaktien. Die Erfolgsbeteiligung erfolgt hierbei zum einen durch die Dividende als Gewinnausschüttung an die Aktionäre und zum anderen bei börsennotierten Aktiengesellschaften über den Kurs der Aktie, der die wirtschaftliche Situation des Unternehmens widerspiegeln sollte. Eine Beteiligung der Mitarbeiter am Fremdkapital ist beispielsweise über variabel verzinste Darlehen denkbar, die Mitarbeiter ihrem Arbeitgeber gewähren.

6.2.6 Marktabhängige Entgeltgestaltung

Die **marktabhängige Entgeltkomponente** soll der relativen Knappheit eines bestimmten Berufsbildes auf dem externen Arbeitsmarkt Rechnung tragen. Je gefragter das Berufsbild auf dem Arbeitsmarkt, desto höher fällt diese Entgeltkomponente aus. Ziel ist eine marktgerechte Vergütung, so dass für die Mitarbeiter kein Anreiz besteht, den Arbeitgeber aus finanziellen Gründen zu wechseln. Über die Bindung der bereits beschäftigten Mitarbeiter hinaus, ist die Wahrung der Arbeitgeberattraktivität bei potenziellen Mitarbeitern auf dem Arbeitsmarkt ein weiteres Ziel der marktgerechten Vergütung.

Besondere Schwierigkeit bei der Festlegung der marktabhängigen Entgeltkomponente bereitet die Abgrenzung des relevanten Arbeitsmarktes. Zum einen stellt sich die Frage nach der regionalen Abgrenzung des Marktes und zum anderen, welche Branchen und Unternehmensgrößen innerhalb dieses geografischen Raums berücksichtigt werden sollten. Nicht zuletzt stellt sich nach der erfolgten Marktabgrenzung die Frage nach validen Daten hinsichtlich der Höhe und Zusammensetzung der gewährten Entgelte im als relevant erachteten Marktsegment. Die Datenqualität der von einschlägigen Internetportalen gebotenen Entgeltvergleiche und der von zahlreichen Personalberatungen feilgebotenen Entgeltvergleichsstudien ist stets kritisch zu prüfen und zu hinterfragen.

6.3 Lern-Kontrolle

Kurz und bündig

Das Arbeitsverhältnis kann als Austauschbeziehung charakterisiert werden, bei dem Arbeit gegen Entgelt getauscht wird. Das Entgelt umfasst hierbei sämtliche materiellen Gegenleistungen, die Mitarbeiter aufgrund eines Arbeitsverhältnisses vom Arbeitgeber erhalten.

Fixe Entgeltkomponenten werden den Mitarbeitern dem Grunde und der Höhe nach im Vorhinein fest zugesagt (z. B. Grundvergütung), während variable Entgeltkomponenten dem Grunde nach zugesagt sind, in der Höhe jedoch im Vorhinein nicht festgelegt sind (z. B. leistungs- oder erfolgsabhängige Vergütungsbestandteile).

Vornehmlich erfüllt die Entgeltgestaltung zwei personalwirtschaftliche Funktionen: Zum einen sollen durch die Höhe und auch die Zusammensetzung spezifische Zielgruppen animiert werden, sich als Mitarbeiter beim Unternehmen zu bewerben (Selektionsfunktion) und zum anderen soll das Entgelt dazu beitragen, die vertraglich bereits gebundenen Mitarbeiter zu höchstmöglichen Leistungen zu animieren (Motivationsfunktion).

Während Arbeitgeber das Entgelt vorrangig unter Kostenaspekten betrachten, nehmen Mitarbeiter nicht selten eine Gerechtigkeitsperspektive ein. Die innerhalb der Belegschaft existierenden Entgeltunterschiede werden von den Mitarbeitern häufig danach beurteilt, ob diese Ungleichheit fair und an-

6.3 · Lern-Kontrolle

gemessen ist. Mitarbeiter bewerten hierbei die Höhe des Entgelts hinsichtlich seiner Angemessenheit (distributive Gerechtigkeit), aber auch die Angemessenheit des Prozesses der Entgeltfindung (prozedurale Gerechtigkeit) und auch die Angemessenheit der erlebten Behandlung im Rahmen von Entgeltverhandlungen (interaktionale Gerechtigkeit).

Das Entgelt der Mitarbeiter kann auf Basis unterschiedlicher Bestimmungsfaktoren (Bemessungsgrundlagen) festgelegt werden, wobei je nach Bemessungsgrundlage unterschiedliche Anreizwirkungen von der Vergütung ausgehen. Die anforderungsabhängige Entgeltkomponente vergütet den Schwierigkeitsgrad von Stellen, die leistungsabhängige Entgeltkomponente honoriert das Arbeitsverhalten und die erzielten Arbeitsergebnisse des Mitarbeiters, die qualifikationsabhängige Entgeltkomponente hingegen bildet die formale Qualifikation ab, über die Mitarbeiter verfügen, und die sozialstatusabhängige Entgeltkomponente die soziale Position von Mitarbeitern (z. B. aufgrund ihrer Betriebszugehörigkeit). Die erfolgsabhängige Entgeltkomponente hingegen hängt vom wirtschaftlichen Erfolg des Unternehmens ab, während schließlich die marktabhängige Entgeltkomponente die Knappheit von Berufsbildern auf dem externen Arbeitsmarkt erfasst.

❓ Let's check

1. Inwiefern unterscheiden sich fixe von variablen Entgeltkomponenten?
2. Was ist mit der Selektionsfunktion des Entgelts gemeint?
3. Benennen Sie drei Beispiele für freiwillige betriebliche Sozialleistungen.
4. Worin unterscheiden sich bereinigter und unbereinigter Gender Pay Gap?
5. Erläutern Sie „Transparenz" als Norm prozeduraler Entgeltgerechtigkeit.
6. Inwiefern unterscheiden sich summarische und analytische Verfahren der Arbeitsbewertung?
7. Was ist kennzeichnend für Rangordnungsverfahren als Methode der Leistungsbeurteilung?
8. Was ist kennzeichnend für Einstufungsverfahren als Methode der Leistungsbeurteilung?
9. Woran kann der soziale Status von Mitarbeitern im Rahmen der sozialstatusabhängigen Entgeltkomponente festgemacht werden?

❓ Vernetzende Aufgaben

1. Inwiefern besteht stets ein Spannungsverhältnis zwischen interner und externer Entgeltgerechtigkeit?
2. Inwiefern ist es problematisch, die Mitarbeiterqualifikation im Rahmen der qualifikationsabhängigen Entgeltgestaltung anhand bescheinigter Qualifikationsnachweise zu messen?

3. Die marktabhängige Entgeltkomponente erhebt den Anspruch, die relative Knappheit von Berufsbildern auf dem externen Arbeitsmarkt wiederzugeben. Wie kann diese relative Knappheit von Berufsbildern erhoben werden?

🛈 Lesen und Vertiefen

- Aguinis H (2014) Performance Management, 3. Aufl. Pearson, Harlow
- Berthel J, Becker FG (2022) Personal-Management. 12. Aufl. Schäffer Poeschel, Stuttgart
- Gupta N u. a. (2012) The many faces of pay variation. Human Resource Management Review 22: 100–115
- Martocchio JJ (2017) Strategic Compensation. A Human Resource Management Approach. 9. Aufl. Pearson, Hoboken
- Perkins SJ (Hrsg.) (2019) The Routledge Companion to Reward Management. Routledge, London/New York
- Rose M (2018) Reward Management. A practical introduction. 2. Aufl. Kogan Page, London

Personalentwicklung: Qualifizierung und Förderung der Mitarbeiter

Inhaltsverzeichnis

7.1 Personalentwicklung als Organisation von Lernprozessen – 90

7.2 Qualifizierung der Mitarbeiter im Rahmen der betrieblichen Bildung – 93
7.2.1 Gestaltung der Ausbildung – 93
7.2.2 Gestaltung der Fort-/Weiterbildung – 96

7.3 Förderung der Mitarbeiter im Rahmen des Talent Managements – 100
7.3.1 Methoden der Potenzialdiagnose – 101
7.3.2 Prozess des Talent Managements – 104
7.3.3 Karrieren als Ergebnis von Aushandlungsprozessen – 105

7.4 Lern-Kontrolle – 107

© Springer Fachmedien Wiesbaden GmbH, ein Teil von Springer Nature 2022
S. Huf, *Personalmanagement*, Studienwissen kompakt,
https://doi.org/10.1007/978-3-658-37538-6_7

> **Lern-Agenda**
> Das Kapitel
> — zeigt auf, dass im Mittelpunkt der Personalentwicklung das unternehmensseitige Offerieren von Lernmöglichkeiten steht
> — weist die Qualifizierung im Rahmen der betrieblichen Bildung und die Förderung der Mitarbeiter im Rahmen des Talent Managements als zentrale Funktionen der Personalentwicklung aus
> — erläutert die Gestaltungsmöglichkeiten der Ausbildung sowie der Fort-/Weiterbildung als Kernbereiche der betrieblichen Bildung
> — charakterisiert das Talent Management, indem die Methoden der Potenzialdiagnose und der Prozess des Talent Managements dargestellt werden

7.1 Personalentwicklung als Organisation von Lernprozessen

Wenn es das vornehmliche Ziel des Personalmanagements ist, die Voraussetzungen für einen höchstmöglichen Leistungsbeitrag der Mitarbeiter zu schaffen (▶ Abschn. 1.1), dann handelt es sich bei der Personalentwicklung zweifelsfrei um ein zentrales personalwirtschaftliches Handlungsfeld. Denn durch Personalentwicklung wird sichergestellt, dass die Fähigkeiten der Mitarbeiter mit den Anforderungen der Stellen übereinstimmen, was eine zentrale Voraussetzung für eine hohe Leistungsfähigkeit ist. Im Rahmen der Personalentwicklung werden den Mitarbeitern Lernangebote unterbreitet, um bestmöglich qualifikatorisch für ihre beruflichen Aufgaben gerüstet zu sein.

> **Merke**
> Im Rahmen der **Personalentwicklung** offerieren Arbeitgeber Lernmöglichkeiten, um die Leistungsfähigkeit der Mitarbeiter zu erhalten bzw. zu steigern.

Im Zentrum der Personalentwicklung steht also die arbeitgeberseitige Organisation von Lernprozessen. Es kann sich hierbei stets nur um unternehmensseitige Lern*angebote* handeln. Denn: Lernen können Mitarbeiter schließlich nur selbst, weshalb Personalentwicklung nur als Selbstentwicklung der Mitarbeiter erfolgen kann. Unternehmen können Mitarbeiter nicht zielgerichtet entwickeln, sondern ihnen lediglich Angebote zur Selbstentwicklung unterbreiten. Stets entscheiden die Mitarbeiter selbst, ob und inwiefern sie diese Lernangebote annehmen. Der Besuch eines mehrtägigen Seminars stößt beispielsweise längst nicht zwangsläufig einen Lernprozess beim Mitarbeiter an. Lernprozesse können nicht deterministisch von außen initiiert werden, sondern der Lernerfolg hängt stets von der Lern*bereitschaft* des Lernenden ab. Lernen hat schließlich stattgefunden, wenn Mitarbeiter sich neues Wissen angeeignet haben und hierdurch über neue Verhaltensdispositionen verfügen. „Letztlich geht es um die Organisation von Lernprozessen, denn Lernen „müssen" die Mitarbeiter selbst" (Berthel und Becker 2022, S. 581).

Unternehmen sind weder Schulen noch Hochschulen und widmen sich daher nicht per se der Wissensmehrung. Das Lernen der Mitarbeiter wird nur insofern unterstützt und gefördert als sich hierdurch die Leistungsfähigkeit der Mitarbeiter erhöht. Es geht nicht um das Lernen des Lernens willen, sondern Personalentwicklung dient primär der mitarbeiterseitigen Leistungsentwicklung. Organisationsinternes Lernen ist für Unternehmen Mittel, nicht Selbstzweck. Diese Leistungsentwicklung erfolgt hierbei durch die Vermittlung von *Fachwissen*, die Erweiterung von *Fähigkeiten* (z. B. analytischen, methodischen oder sozialen Fähigkeiten) und *Fertigkeiten* sowie die Einflussnahme auf mitarbeiterseitige *Einstellungen*.

Zugleich würde sich die betriebliche Personalentwicklung überschätzen, ginge sie davon aus, dass sämtliches organisationsinternes Lernen ausschließlich im Rahmen von hierfür entwickelten Personalentwicklungsmaßnahmen (z. B. Seminaren, e-Learning, Coaching oder Mentoring) erfolgt. Neben dem *formellen Lernen* findet in Organisationen stets auch *informelles Lernen* statt (Manuti et al. 2015). *Formelles Lernen* erfolgt in explizit fürs Lernen geschaffenen Situationen (z. B. innerhalb eines Seminars, im Rahmen eines Mentorengesprächs oder bei der Absolvierung eines Web Based Trainings), während *informelles Lernen* in nicht vorrangig fürs Lernen angelegten Situationen erfolgt – das Lernen ist hierbei eher eine unbeabsichtigte Nebenfolge. „Much of the learning that occurs in organizations happens outside formal training or learning events" (Swanson und Holton 2009, S. 239).

Die zentralen Funktionen der Personalentwicklung bestehen zum einen in der Qualifizierung und zum anderen der Förderung der Mitarbeiter. Die Qualifizierung erfolgt im Bereich der betrieblichen Bildung und die Förderung im Rahmen des Talent Managements (◘ Abb. 7.1). Die **betriebliche Bildung** (▶ Abschn. 7.2) als Teilgebiet der Personalentwicklung stellt die höchst-

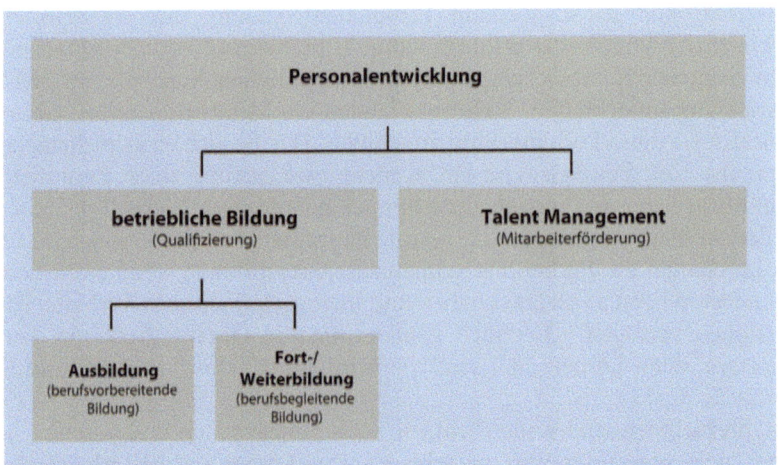

Abb. 7.1 Bereiche der betrieblichen Personalentwicklung

mögliche Übereinstimmung zwischen den Fähigkeiten der Mitarbeiter und den Anforderungen der Stellen zur Steigerung der aktuellen und zukünftigen Mitarbeiterleistung sicher, während im Rahmen der **Mitarbeiterförderung (Talent Management)**, als zweitem Bereich der Personalentwicklung, die Identifikation und Förderung derjenigen Mitarbeiter erfolgt, die auf höherwertige Funktionen vorbereitet werden sollen (▶ Abschn. 7.3). Im Zentrum der Mitarbeiterförderung steht mithin die Karriereplanung und -gestaltung der organisationsintern identifizierten Potenzialträger (Talente).

Sowohl bei der betrieblichen Bildung als auch bei der Mitarbeiterförderung steht das Lernen im Vordergrund. In der betrieblichen Bildung werden Lernvorgänge ausgelöst, damit die Mitarbeiter den Stellenanforderungen gerecht werden können, im Talent Management wird Lernen initiiert, um die als Potenzialträger identifizierten Mitarbeiter auf höherwertigere Stellen vorzubereiten.

Der Bereich der betrieblichen Bildung kann nochmals in **Ausbildung** (▶ Abschn. 7.2.1) und **Fort-/Weiterbildung** (▶ Abschn. 7.2.2) differenziert werden (◘ Abb. 7.1). Während die Ausbildung als berufsvorbereitende Bildung auf die erstmalige Ausübung einer beruflichen Tätigkeit (z. B. in Form einer Berufsausbildung, eines Dualen Studiums oder eines Traineeprogramms) vorbereitet, ist die Fort-/Weiterbildung als berufsbegleitende Bildung an bereits im Berufsbild tätige Mitarbeiter adressiert (z. B. durch Seminare, Methoden der Arbeitsstrukturierung oder Mentoring).

Während die Organisationsentwicklung auf Organisationseinheiten, wie Abteilungen, Bereiche oder Divisionen, ausgerichtet ist und den organisatorischen Wandel begleitet, ist die Personalentwicklung auf den einzelnen Mitarbeiter ausgerichtet. „The primary purpose of HRD is the development of the individual" (Swanson und Holton 2009, S. 140) und bezieht sich auf Mitarbeiter sämtlicher Funktionsbereiche sowie Hierarchieebenen und erstreckt sich über sämtliche berufliche Lebensphasen der Mitarbeiter hinweg. Schließlich bestehen Bildungsbedarfe in sämtlichen Funktionsbereichen, auf allen Hierarchieebenen und in jeder beruflichen Lebensphase und Potenzialträger (Talente) können in sämtlichen Funktionsbereichen, auf allen Hierarchieebenen und in jeder beruflichen Lebensphase ausgemacht werden.

7.2 Qualifizierung der Mitarbeiter im Rahmen der betrieblichen Bildung

Die betriebliche Bildung umfasst sämtliche betriebliche Aktivitäten auf dem Gebiet der Ausbildung (berufsvorbereitende Bildung) (▶ Abschn. 7.2.1) und der Fort-/Weiterbildung (berufsbegleitende Bildung) (▶ Abschn. 7.2.2), wobei die **Fach-, Methoden-, Sozial-** und **Selbstkompetenz** der Mitarbeiter die Gegenstandsbereiche des Lernens ausmachen.

Fachkompetenz umfasst hierbei das berufsspezifisches Know-how, also alle zur Erfüllung einer konkreten beruflichen Aufgabe notwendigen, professionsspezifischen Kenntnisse und Fähigkeiten. Methoden-, Sozial- und Selbstkompetenz sind hingegen stellen- und funktionsübergreifende Kompetenzbereiche (Schlüsselkompetenzen). Während die **Methodenkompetenz** die Fähigkeit zur Anwendung von Analyse-, Arbeits-, und Problemlösungstechniken umfasst (z. B. Projektmanagement oder vernetztes Denken), bezieht sich die **Sozialkompetenz** auf die Fähigkeit, wirkungsvoll mit Anderen zusammenzuarbeiten (z. B. Durchsetzungsfähigkeit, Konfliktfähigkeit oder aktives Zuhören) und **Selbstkompetenz** ist die Fähigkeit, sich selbst in beruflichen Situationen zu reflektieren (z. B. Kritikfähigkeit, Sensibilität für Abweichungen von Selbst- und Fremdbild) und für sich selbst Verantwortung zu übernehmen.

7.2.1 Gestaltung der Ausbildung

Im Rahmen der **Ausbildung** sollen Lernvorgänge ausgelöst werden, um Mitarbeiter auf die erstmalige Ausübung einer beruflichen Tätigkeit vorzubereiten (Einstiegsqualifizierung) (◘ Abb. 7.2).

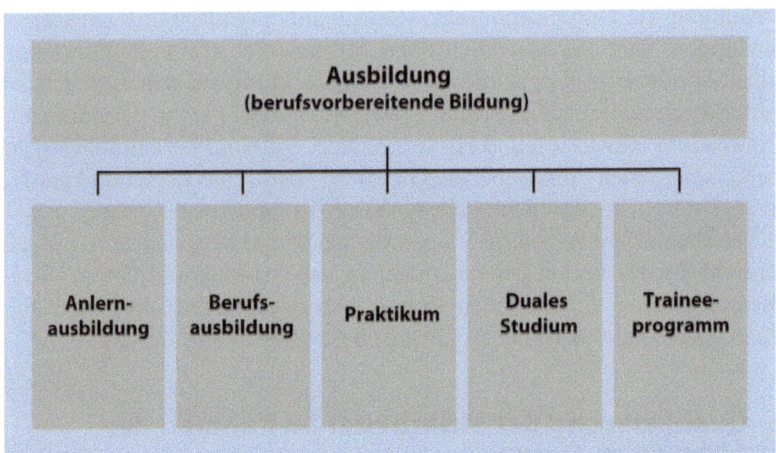

◘ **Abb. 7.2** Bereiche der betrieblichen Ausbildung

Die *Anlernausbildung* erfolgt für betriebliche Tätigkeiten, die keine formale Qualifikation, wie eine Berufsausbildung oder ein Studium, erfordern. Es handelt sich um einfache Tätigkeiten, die durch Unterweisung und Einübung erlernt werden können (z. B. Kommissionieren oder einfache Montagetätigkeiten). Die Anlernausbildung umfasst häufig nur wenige Tage und endet nicht mit einem staatlich anerkannten, formalen Abschluss.

Die *Berufsausbildung* hat hingegen eine Mindestdauer von zwei Jahren und erfolgt in Deutschland überwiegend im „dualen System", also in kooperativer Form. Die Dualität umfasst das Zusammenwirken der *staatlichen* Berufsausbildung im Rahmen berufsbildender Schulen und der *betrieblichen* Berufsausbildung in Unternehmen. Das für eine erfolgreiche Berufsausübung erforderliche Grundlagenwissen wird durch staatliche Berufsschulen und die berufspraktischen Kenntnisse und Fähigkeiten primär durch Unternehmen vermittelt. Vertraglich gebunden sind Unternehmen und Auszubildende über einen Ausbildungsvertrag und am Ende der Ausbildung erfolgt eine formelle Abschlussprüfung. Die zentrale Rechtsgrundlage für die Ausbildung bildet hierbei das Berufsbildungsgesetz (BBiG).

Auch das *Praktikum* dient der Berufsvorbereitung. Praktikanten sind ebenso wie Auszubildende gemäß Berufsbildungsgesetz (§ 26 BBiG) Arbeitnehmer, allerdings steht, ebenfalls wie bei Auszubildenden, nicht die Erbringung einer Arbeitsleistung im Vordergrund des Beschäftigungsverhältnisses, sondern der Erwerb beruflicher Kenntnisse, Fähigkeiten und Erfahrungen. Nach dem Mindestlohngesetz handelt es sich bei einem Praktikum um ein Beschäftigungsverhältnis, das für eine begrenzte Dauer geschlossen wird und dem Erwerb praktischer Kenntnisse und Erfahrungen zur Vorbereitung auf eine berufliche Tätigkeit dient (§ 22 MiLoG). Bei Praktikanten handelt es sich in der Regel um Schüler, die eine Berufsorientierung suchen oder um Studierende, die Praxiserfahrungen im Rahmen ihrer Hochschulausbildung sammeln.

Beispiel: „Fair Companies"
Um den Ausbildungscharakter von Praktika zu betonen, haben 2004 rund 40 Unternehmen die Arbeitgeberinitiative „Fair Company" begründet, der sich zwischenzeitlich über 600 Unternehmen angeschlossen haben. Es handelt sich um eine freiwillige Selbstverpflichtung der Beteiligten, die Qualitätsstandards von Praktika umfasst. So lautet beispielsweise der erste Grundsatz des „Fair Company-Regelwerks": „Fair Companies bieten Studierenden Praktikumsplätze an, die der beruflichen Orientierung dienen." (▶ www.faircompany.de)

Das *Duale Studium* überträgt zentrale Strukturprinzipien der dualen Berufsausbildung auf die Hochschulausbildung. Die Studierenden werden von den Unternehmen ausgewählt und sind über einen Studienvertrag mit ihrem Arbeitgeber verbunden. Im Rahmen des Studiums wechseln sich Phasen an der Hochschule, in denen die Vermittlung akademischer Inhalte im Vordergrund stehen, mit Phasen im Unternehmen ab, in denen berufspraktische Kenntnisse und Fähigkeiten vermittelt werden. Duale Studiengänge werden sowohl auf Bachelor- wie Masterniveau angeboten. Der Ursprung des dualen Studiums liegt mit der Gründung der ersten Berufsakademie in Baden-Württemberg. Diese firmiert heute als Duale Hochschule Baden-Württemberg (DHBW) und hat sich zwischenzeitlich zur größten Hochschule des Bundeslandes entwickelt. Im gesamten Bundesgebiet stehen über 100.000 duale Studienplätze zur Verfügung, nicht nur an Dualen Hochschulen und Berufsakademien, die sich ausschließlich auf dieses Studienkonzept konzentrieren, sondern ebenfalls an Hochschulen für angewandte Wissenschaften und in geringem Umfang auch an Universitäten.

Traineeprogramme sind rechtlich nicht kodifiziert, weshalb in der betrieblichen Praxis zahlreiche Ausgestaltungsvarianten anzutreffen sind. Traineeprogramme richten sich in der Regel an Hochschulabsolventen ohne Berufserfahrung und weisen eine Programmdauer zwischen neun und 24 Monaten auf. Kennzeichnend ist insbesondere ein geplanter Arbeitsplatzwechsel (Job Rotation) während des Programms. Am Abschluss des Traineeprogramms steht keine formelle Prüfung. Überwiegend institutionalisieren Unternehmen Traineeprogramme als alternative Einstiegsoption zum Direkteinstieg mit dem Ziel, hierüber Führungsnachwuchskräfte zu gewinnen und die Arbeitgeberattraktivität des Unternehmens zu erhöhen. Während ressortbegrenzte

Traineeprogramme nur Stationen innerhalb eines Funktionsbereichs vorsehen (z. B. Traineeprogramm Marketing & Vertrieb), sehen bereichsübergreifende Traineeprogramme Stationen in unterschiedlichen Funktionsbereichen vor (z. B. kaufmännisches Traineeprogramm) (Huf 2004).

Beispiel: Traineeprogramm „Beyond Borders" bei Beiersdorf
Bereits seit mehreren Jahrzehnten bietet Beiersdorf das Traineeprogramm „Beyond Borders" an, das sich explizit an Führungsnachwuchskräfte richtet. Das 18-monatige Programm besteht aus vier Stationen, wovon eine in einer ausländischen Tochtergesellschaft des Konzerns absolviert wird. Jährlich werden rund 12 Trainees eingestellt, denen jeweils auch ein Mentor aus dem Top Management zur Seite gestellt wird. Seminare und Trainings sollen zudem die berufliche Entwicklung der Trainees unterstützen (▶ https://www.beiersdorf.de/karriere/studierende-und-absolvent-innen/trainee-programme/beyond-borders-program)

7.2.2 Gestaltung der Fort-/Weiterbildung

Während die Ausbildung als berufsvorbereitende Bildung auf die erstmalige Ausübung einer beruflichen Tätigkeit vorbereitet, ist die **Fort-/Weiterbildung** als berufsbegleitende Bildung an bereits im Beruf tätige Mitarbeiter adressiert. Hierdurch soll sichergestellt werden, dass die Fähigkeiten der Mitarbeiter an die sich ändernden Anforderungen der Stellen angepasst bleiben. Die Begriffe Fortbildung und Weiterbildung werden hierbei üblicherweise synonym verwendet.

Entsprechende Lernvorgänge können ausgelöst werden, indem die Mitarbeiter ein Lehrprogramm („off-the-job") absolvieren (z. B. ein Seminar besuchen oder ein e-Learning absolvieren) (**lehrbasierte Methoden**) oder ihnen reale Arbeitserfahrungen („on-the-job") als Lernchance geboten werden (z. B. durch eine Aufgabenfelderweiterung) (**erfahrungsbasierte Methoden**). Und schließlich können Lernvorgänge ausgelöst werden, indem die Mitarbeiter im Rahmen einer professionellen Beziehung Rückmeldungen und Hinweise von erfahrenen Personen (z. B. Mentor oder Coach) erhalten (**relationale Methoden**) (◘ Abb. 7.3).

Das populäre „**70-20-10-Konzept**" bescheinigt diesen drei Methoden eine höchst unterschiedliche Effektivität. Demnach weisen erfahrungsbasierte Methoden („Lernen durch Tun") die höchste Effektivität auf, gefolgt von den relationalen Methoden („Lernen durch Beziehungen"). Lehrbasierte Methoden gelten als am wenigsten effektiv, weshalb die Empfehlung ausgegeben wird, dass erfahrungsbasierte Methoden 70 % der Fort-/Weiterbildung ausmachen sollten, relationale Methoden 20 % und lehrbasierte Methoden lediglich 10 % (Johnson et al. 2018).

7.2 · Qualifizierung der Mitarbeiter im Rahmen der...

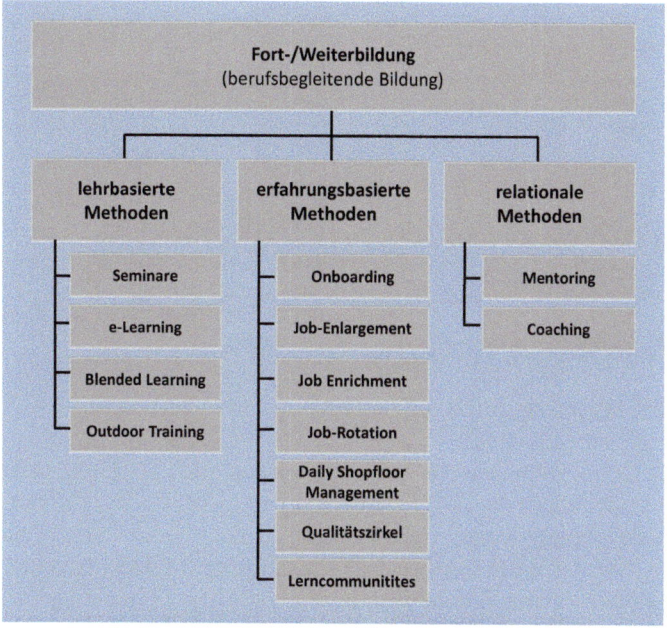

Abb. 7.3 Methoden der Fort-/Weiterbildung

In prozeduraler Hinsicht (Allen 2006) ist im Rahmen der Fort-/Weiterbildung zunächst der Bildungsbedarf durch eine Bildungsbedarfsanalyse zu ermitteln. Dieser kann sich aus unternehmensgesamthaften, organisatorischen Entwicklungen (*strategische Bedarfsanalyse*), aus stellenbezogenen Veränderungen (*operative Bedarfsanalyse*) oder aus personenbezogenen Veränderungen (*individuelle Bedarfsanalyse*) ergeben. Sodann sind geeignete Personalentwicklungsmaßnahmen zu konzipieren und im nächsten Schritt zu implementieren, um den Bildungsbedarf zielgerichtet zu decken. Und schließlich erfolgt im Rahmen der Evaluation die Überprüfung der Wirksamkeit und Effizienz der Maßnahmen (Abb. 7.4). Hinsichtlich der Evaluation kann gemäß dem „Kirkpatrick-Modell" zwischen Zufriedenheits-, Lern-, Transfer- und Geschäftserfolg unterschieden werden (Kirkpatrick und Kirkpatrick 2006). Der *Zufriedenheitserfolg* bringt das Ausmaß der Zufriedenheit der Teilnehmer mit der Personalentwicklungsmaßnahme zum Ausdruck, während der *Lernerfolg* die tatsächlichen Lernfortschritte erfasst. Der *Transfererfolg* sagt aus, inwiefern das Gelernte auch am Arbeitsplatz umgesetzt werden konnte und die Evaluation des *Geschäftserfolgs* überprüft

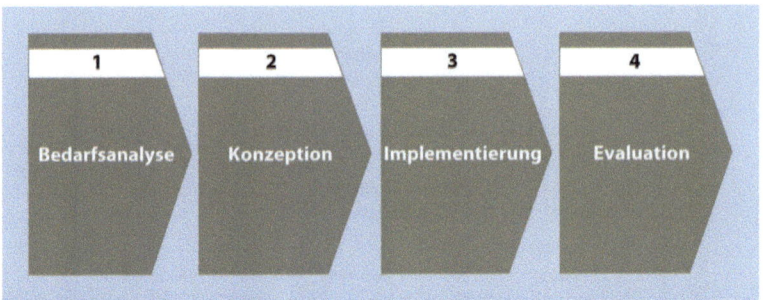

Abb. 7.4 Prozess der betrieblichen Fort-/Weiterbildung

schließlich, inwiefern durch die Umsetzung des Gelernten die Leistung des Mitarbeiters erhöht wurde.

Lehrbasierte Methoden (◘ Abb. 7.3) werden auch als Maßnahmen „off-the-job" bezeichnet, da das Lernen hierbei nicht durch Tätigkeiten am Arbeitsplatz erfolgt. Seminaristische Lernformate beinhalten *Lehrvorträge*, in denen Dozenten einer Gruppe von Teilnehmern ein Themengebiet in zeitlich kompakter Form bei weitgehender Passivität der Teilnehmer vermitteln. *Gruppendiskussionen* sind hingegen eine dialogorientierte Methode, wobei der Dozent lediglich als Moderator fungiert, der Diskussionen strukturiert, Denkanstöße gibt sowie die Ergebnissicherung sicherstellt. Während in *Rollenspielen* eine Nachstellung beruflicher Situationen erfolgt (z. B. Beurteilungsgespräche, Konfliktsituationen) und die Teilnehmer in eine Rolle schlüpfen, erhalten die Teilnehmer bei einer *Fallstudie* die Aufgabe, einen Lösungsvorschlag für eine konkrete Problem- und Entscheidungssituation aus der Unternehmenspraxis zu entwickeln. In einem *Planspiel* hingegen wird eine betriebliche Problem- und Entscheidungssituation simuliert, wobei oftmals eine Konkurrenzsituation zwischen den Teilnehmern erzeugt wird. *E-Learning* erlaubt dagegen selbstgesteuertes, ortsunabhängiges Lernen mithilfe elektronischer Medien (z. B. Computer Based Trainings (CBTs), Web Based Trainings (WBTs), Online-Tutorials, Massen-Online-Kurse (MOOCs) oder Computerspiele („Serious Games")). Charakteristisch für *Blended Learning* ist hingegen eine Kombination von E-Learning-Phasen und Präsenzphasen. Und schließlich wird in *Outdoor Trainings* die Natur als erlebnispädagogischer Lernort zur Vermittlung extrafunktionaler (Sozial-, Methoden- und Selbst-) Kompetenzen genutzt.

Die größte Herausforderung lehrbasierter Methoden der Fort-/Weiterbildung resultiert aus ihrem „off the job"-Charakter und besteht in der Sicherstellung, dass das Gelernte nach Abschluss der Maßnahme auch tatsächlich am Arbeitsplatz angewendet, dass das Gelernte in das reale Arbeitsfeld transferiert wird (**Transferproblem**) (Hochholdinger und Sonntag 2016).

Erfahrungsbasierte Methoden, auch „on-the-job"-Maßnahmen genannt, sollen Lernvorgänge durch konkrete Arbeitserfahrungen auslösen. Der Arbeitsplatz bildet hierbei also die Lernsituation – Personaleinsatz und -entwicklung stehen hierbei in einer Wechselbeziehung. Das Lernen erfolgt im Unterschied zu den lehrbasierten Methoden nicht losgelöst vom Arbeiten (◘ Abb. 7.3). Daher besteht bei diesen Maßnahmen auch kein Transferproblem.

Das **Onboarding** neuer Mitarbeiter, auch **organisationale Sozialisation** oder **Einarbeitung** genannt, ist ein planvoll gestalteter Lernprozess, durch den bislang Außenstehende in die Organisation integriert werden. „Organizational socialisation is the process of learning through which newcomers move from being outsiders to becoming effective insiders" (Perrot 2014, S. 248). Der Organisationseintritt ist in der Regel mit einem hohen Maß an Unsicherheit verbunden, weshalb die Mitarbeiter im Rahmen des Onboardings mit ihren stellenbezogenen Aufgaben (fachliche Dimension des Onboardings), mit Kollegen, Vorgesetzten und Kunden (soziale Dimension der Onboardings) und der Unternehmenskultur (kulturelle Dimension des Onboardings) vertraut gemacht werden sollen.

Erfahrungsbasiertes Lernen wird zudem durch Methoden der Arbeitsstrukturierung provoziert (Berthel und Becker 2022, S. 636–643). Beim **Job Enlargement** erfolgt hierbei eine quantitative Aufgabenerweiterung, es werden also zusätzliche, ranggleiche Aufgaben übertragen. Beispielsweise ist der bislang für den Postleitzahlbereich 74xxx zuständige Vertriebsmitarbeiter zukünftig zusätzlich auch für das Postleitzahlgebiet 75xxx verantwortlich. Beim **Job Enrichment** hingegen erfolgt eine qualitative Erweiterung der Arbeitsaufgabe – Mitarbeiter übernehmen also zusätzliche, ranghöhere und somit anspruchsvollere Aufgaben. Wurde beispielsweise von der Personalsachbearbeitung bislang lediglich die Bewerberkorrespondenz im Rahmen der Personalgewinnung vorgenommen, könnte eine qualitative Erweiterung dahingehend erfolgen, dass zukünftig auch die Bewerbervorauswahl von der Personalsachbearbeitung übernommen wird. Schließlich erfolgt beim **Job Rotation** ein zeitlich befristeter, systematischer und geplanter Arbeitsplatzwechsel. Über die Methoden des Arbeitsstrukturierung hinaus sind Daily Shopfloor Management, Qualitätszirkel und Lerncommunities weitere Personalentwicklungsmethoden, die erfahrungsbasiert Lernvorgänge auslösen sollen. Im Rahmen des **Daily Shopfloor Managements** erfolgt eine tägliche Zusammenkunft von Mitarbeitern und Führungskräften am „Hallenboden", um vor Ort, auf Basis von Visualisierungen, Soll-Ist-Abweichungen zu analysieren, Informationen auszutauschen, Probleme zu lösen und Verbesserungen anzustoßen. Ein **Qualitätszirkel** ist hingegen eine auf Dauer angelegt Kleingruppe von Mitarbeitern derselben hierarchischen Ebene, die regelmäßig unter Leitung eines Moderators Vorgehensweisen und Prozesse des eigenen Arbeitsbereichs analysiert und Verbesserungsvorschläge erarbeitet, umsetzt und evaluiert. Und **Lerncommunities** sind virtuelle, innerbetriebliche Lerngemeinschaften die sich vernetzen, um sich gemeinsam mit bestimmten Themen auseinanderzusetzen. Das gemeinsame Lernen und der Wissensaustausch unter den Mitgliedern stehen dabei im Vordergrund.

Relationale Methoden (◘ Abb. 7.3) konstituieren Paarbeziehungen (z. B. Mentor-Mentee oder Coach-Coachee), in denen durch intensive, persönliche Interaktionen Lernvorgänge ausgelöst werden sollen. Beim **Coaching** erfolgt eine beratende Begleitung des Mitarbeiters (Coachee) durch einen psychologisch geschulten, unternehmensexternen Berater (Coach) bei tätigkeits-, leistungsbezogenen oder zwischenmenschlichen Problemstellungen. Ziel des Coachings ist die Entwicklung einer individuellen Lösungskompetenz beim Coachee – der Coach leistet also primär Hilfe zur Selbsthilfe (Kauffeld und Gessnitzer 2018). **Mentoring** konstituiert eine Interaktionsbeziehung, in dem eine erfahrene Person (Mentor) den Mitarbeiter (Mentee oder Protégé) in berufsbezogenen und persönlichen Fragen über einen längeren Zeitraum hinweg berät und unterstützt. Typischerweise handelt es sich beim Mentor um eine herausgehobene Führungskraft, die mehrere Hierarchieebenen über dem Mentee in der Organisation angesiedelt ist. Hierbei gewährt der Mentor dem Mentee insbesondere eine karrierebezogene Unterstützung (Biemann und Weckmüller 2014).

7.3 Förderung der Mitarbeiter im Rahmen des Talent Managements

Talent Management, synonym **Mitarbeiterförderung** genannt, umfasst sämtliche unternehmensseitigen Maßnahmen, die auf den individuellen, beruflichen Aufstieg von Mitarbeitern ausgerichtet sind. Mithin handelt es sich im Kern um die mitarbeiterbezogene Karriereplanung und -gestaltung.

> **Merke**
>
> Als **Karriere** wird die Stellen- und Positionenfolge einer Person bezeichnet. Es handelt sich um den individuellen beruflichen Werdegang von Mitarbeitern.

Im Rahmen der Karriereplanung erfolgt die gedankliche Vorwegnahme der zukünftigen Stellenfolge sowie die Bestimmung der hierzu erforderlichen, qualifizierenden Maßnahmen. Die Adressaten des Talent Managements sind die Potenzialträger (Talente) des Unternehmens. Hierbei wird davon ausgegangen, dass nur eine begrenzte Anzahl der Mitarbeiter in der Lage ist, zukünftig höherwertigere Positionen als ihre gegenwärtige Stelle einzunehmen. Dem Talent Management liegt in der Regel also ein exklusives Talentverständnis zugrunde.

Mit **Potenzial** werden die, den Mitarbeitern zur Verfügung stehenden, Leistungsoptionen, ihre entwickelbare Leistungsfähigkeit, bezeichnet. „The construct of potential refers to the possibility that individuals can become something more than what they currently are" (Silzer und Church 2009, S. 379). Talenten wird also die Eignung für höherwertigere (Führungs-)Aufgaben zugesprochen.

> **Merke**
>
> **Talent Management** umfasst die systematische, unternehmensinterne Identifikation von Potenzialträgern (Talenten) und die planvolle Vorbereitung dieser Mitarbeiter auf höherwertige Aufgaben.

Während *Leistung* auf die in der Gegenwart bzw. in der Vergangenheit gezeigten Verhaltensweisen und die bereits erzielten Arbeitsergebnisse abzielt, verweist *Potenzial* auf die in der Person des Mitarbeiters angelegten Entwicklungsmöglichkeiten in der Zukunft. Leistung ist vergangenheitsbezogen, Potenzial zukunftsbezogen. Leistung und Potenzial sind voneinander unabhängige Dimensionen und es ist daher möglich, dass Mitarbeitern zwar eine hohe Leistung, aber ein geringes Potenzial bescheinigt wird. Ebenso gibt es Mitarbeiter, die zwar keine hohe Leistung zeigen, denen dennoch ein großes Potenzial bescheinigt werden kann. Die Erfassung der Leistung einerseits und die Erfassung des Potenzials andererseits bedarf daher auch unterschiedlicher Messverfahren. Leistungsbeurteilung ist daher nicht sogleich auch Potenzialbeurteilung, weshalb in der betrieblichen Praxis häufig Leistungs-Potenzial-Portfolios zum Einsatz kommen (◘ Abb. 7.5).

7.3.1 Methoden der Potenzialdiagnose

Da es sich beim **Potenzial**, im Unterschied zur Leistung, um eine latente Variable handelt, die nicht direkt beobachtet und gemessen werden kann,

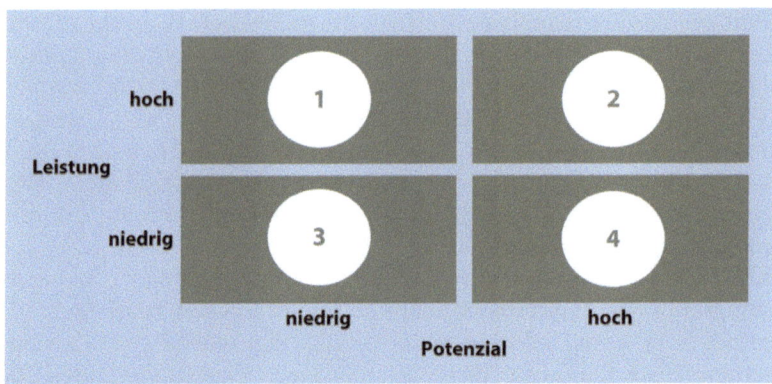

☐ **Abb. 7.5** Leistungs-Potenzial-Portfolio

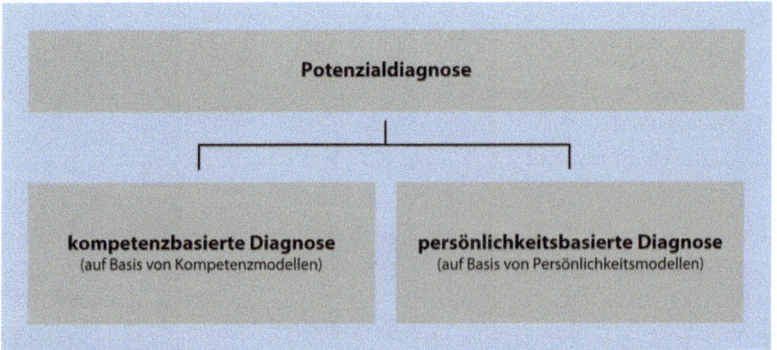

☐ **Abb. 7.6** Methoden der Potenzialdiagnose

bedarf es der Messbarmachung (Operationalisierung) durch Indikatoren. In der betrieblichen Praxis erfolgt die Potenzialdiagnose daher entweder auf Basis von Kompetenzmodellen (kompetenzbasierte Diagnose) oder auf Basis von Persönlichkeitsmodellen (persönlichkeitsbasierte Diagnose) (☐ Abb. 7.6).

Die **persönlichkeitsbasierte Potenzialdiagnose** geht davon aus, dass das Potenzial eines Mitarbeiters an seiner Persönlichkeit festgemacht werden kann. Sofern Führungskräfte über spezifische Persönlichkeitsmerkmale verfügen, kann demnach das Führungspotenzial von Mitarbeitern durch Persönlichkeitstests ermittelt werden. Persönlichkeit wird hierbei als menschliche Eigenschaft im Sinne einer zeitlich stabilen Disposition für bestimmte

Verhaltensweisen verstanden. Das populäre Fünf-Faktorenmodell macht die Persönlichkeit eines Menschen beispielsweise an den Merkmalen emotionale Stabilität, Extraversion, Offenheit für neue Erfahrungen, Verträglichkeit und Gewissenhaftigkeit fest (McGrae und Costa 1995). Das Kernproblem der persönlichkeitsbasierten Diagnose besteht jedoch darin, dass keineswegs eindeutig davon ausgegangen werden kann, dass erfolgreiche Führungskräfte jeweils dieselben Persönlichkeitsmerkmale aufweisen (Judge et al. 2002) (▶ Abschn. 8.3.1).

Die **kompetenzbasierte Potenzialdiagnose** wählt daher einen anderen Zugang. Ausgangspunkt ist hierbei stets ein Kompetenzmodell, das die zentralen Kompetenzen erfolgreicher Führungskraft ausweist. Auf dieser Basis kann das Potenzial von Mitarbeitern erfasst werden, indem geprüft wird, in welchem Ausmaß diese über die als erforderlich erachteten Kompetenzen verfügen.

Beispiel: Kompetenzmodell „LEaD"
Dem an der Universität Bielefeld entwickelten Kompetenzmodell „LEaD" liegt die Annahme zugrunde, dass erfolgreiche Führungskräfte unabhängig von Branche, Funktionsbereich oder Hierarchieebene, über fünf Kompetenzen verfügen müssen.
Demnach zeichnen sich erfolgreiche Führungskräfte über eine hohe *Strategieorientierung* aus, indem sie Marktchancen zu erkennen vermögen, Zukunftsperspektiven formulieren können und Innovationen vorantreiben können. Die Kompetenz der *Ergebniserreichung* ermöglicht es ihnen, wirksam Ziele zu vereinbaren, Probleme zu analysieren und Ergebnisse zu bewerten. Ihre Fähigkeit zur *Personalentwicklung* befähigt sie, Verantwortung zu übertragen, Mitarbeiter zu coachen, Feedback zu geben und andere Perspektiven einzunehmen. Die Kompetenz der *Umfeldgestaltung* lässt sie effektiv kommunizieren, befähigt sie, erforderliche Ressourcen bereitzustellen, Konflikte zu managen, Veränderungen umzusetzen und Arbeitsbeziehungen zu gestalten. Und schließlich erlaubt ihnen die Kompetenz der *personalen Einflussnahme*, Selbstvertrauen auszustrahlen, Authentizität zu vermitteln und Ambiguitäten zu managen (Dörr et al. 2016).

Da Kompetenzen stets verhaltensorientiert formuliert sind, bieten sich vor allem Assessment Center als verhaltensorientiertes eignungsdiagnostisches Verfahren für die Potenzialdiagnose an (Kanning 2018). Für die Potenzialdiagnose entwickelte Assessment Center werden auch als *Development Center* bezeichnet. Diese bieten die Möglichkeit, eine zukünftige berufliche Situation zu simulieren, um zu überprüfen, inwiefern Kandidaten die Anforderungen höherwertigerer Stellen erfüllen. Alternativ werden in der betrieblichen Praxis auch Einzel-Assessments, sogenannte *Management Audits*, eingesetzt, um die kompetenzorientierte Diagnose vorzunehmen. Diese werden in der Regel durch externe Experten mittels halbstrukturierter Interviews durchgeführt. Und schließlich kann die kompetenzorientierte Methode dadurch zum Einsatz kommen, dass der Vorgesetzte die Kompetenzen seiner Mitarbeiter beurteilt und in sich anschließenden Managementkonferenzen sodann eine Kalibrierung dieses Urteils erfolgt.

Beispiel: Peter Drucker – Über die Schwierigkeit einer korrekten Potenzialdiagnose
Potenzial zu diagnostizieren ist wie „fischen im drüben Gewässer". Es ist nicht möglich die Entwicklungsmöglichkeiten eines Menschen korrekt vorherzusagen. Entsprechend hoch ist die Irrtumswahrscheinlichkeit bei der Potenzialdiagnose und entsprechende Vorsicht ist bei der Formulierung von Potenzialaussagen geboten.

Bereits 1967 hat der Hochschullehrer, Berater und Pionier der modernen Managementlehre Peter Drucker auf die Schwierigkeit einer korrekten Potenzialdiagnose eindrücklich hingewiesen: „Wer Erfahrung hat, der weiß, dass sich das Potenzial eines Mitarbeiters für eine zukünftige, stark von seiner aktuellen Arbeit abweichende Tätigkeit nicht vorhersagen lässt. Das „Potenzial" ist im Endeffekt nichts weiter als das, was man sich von ihr verspricht. Dabei kann es durchaus sein, dass all unsere Erwartungen an eine Person unerfüllt bleiben, während jemand anders, von dem man sich nichts Derartiges versprochen hat, die fragliche Leistung tatsächlich erbringt. Alles, was man messen kann, und alles, was man messen sollte, ist Leistung."
(Drucker, P.: The Effective Executive, München: Franz Vahlen, 2014, S. 92 (erstmals 1967))

7.3.2 Prozess des Talent Managements

Betrachtet man die Mitarbeiterförderung im Rahmen des Talent Managements aus prozeduraler Perspektive, können vier Teilaktivitäten unterschieden werden (❐ Abb. 7.7). In der *Identifikationsphase* erfolgt zunächst die Nominierung des Talents. Die Benennung kann hierbei durch den Vorgesetzten, die Kollegen oder/und den Mitarbeiter selbst erfolgen. In der *Evaluationsphase* wird sodann die Potenzialdiagnose vorgenommen und über den Talentstatus des Nominierten entschieden. Die Potenzialdiagnose kann kompetenz- oder persönlichkeitsbasiert (▶ Abschn. 7.3.1) durch interne und/oder externe Beurteiler (wie Vorgesetzte, Vertretern des Personalbereichs, Top-Management oder externe Berater) erfolgen. In der Evaluationsphase ist die Entscheidung zu treffen, ob und in welchem Aus-

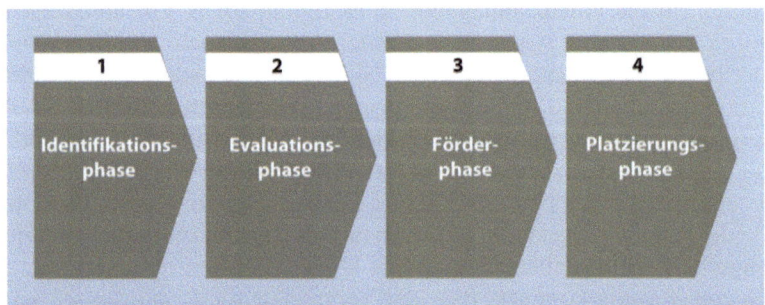

❐ **Abb. 7.7** Talent Management-Prozess

maß dem Nominierten Potenzial zu bescheinigen ist. Fällt das Urteil positiv aus, erfolgt die Aufnahme in einen **Talent Pool**, um auf höherwertigere Aufgaben vorbereitet zu werden. Diese Vorbereitung erfolgt in der dritten Phase des Talent Managements, der *Förderphase*. Gekennzeichnet ist diese Phase der Talent Pool-Zugehörigkeit durch die Partizipation an lehrbasierten, erfahrungsbasierten und relationalen Entwicklungsmaßnahmen auf Basis eines individuellen Entwicklungsplans. So absolvieren die Talent Pool-Mitglieder beispielsweise Führungsseminare, übernehmen Sonderaufgaben und Stellvertretungen, werden durch einen Mentor gefördert und erhalten ein Coaching. Das Förderziel wird schließlich in der letzten Phase des Talent Management-Prozesses, der *Platzierungsphase* erreicht, indem dem Talent Pool-Mitglied schließlich eine höherwertigere Stelle übertragen wird.

7.3.3 Karrieren als Ergebnis von Aushandlungsprozessen

Zentraler Gegenstandsbereich der Mitarbeiterförderung ist die Karriereplanung und -gestaltung. Mitarbeiter nehmen im Laufe ihrer Zugehörigkeit zum Unternehmen häufig unterschiedliche Positionen ein. Diese Stellenfolge wird als Karriere bezeichnet. Talenten schreiben Unternehmen das Potenzial zu, in Zukunft höherwertigere Positionen einzunehmen, weshalb im Rahmen des Talent Managements die möglichst korrekte Erfassung des Potenzials der Mitarbeiter und die zielgerichtete Vorbereitung der Talente auf höherwertige Stellen erfolgt. Die Karriere der Potenzialträger soll also geplant und aktiv begleitet werden.

Hierbei gilt es zu berücksichtigen, dass weder Mitarbeiter alleine Karriere „machen" können, noch, dass Unternehmen Mitarbeitern eine Karriere verordnen können. Vielmehr können Mitarbeiter stets nur die Positionen einnehmen, die ihnen unternehmensseitig geboten werden und Unternehmen können Stellen nur mit denjenigen Mitarbeitern besetzen, die auch bereit sind, diese zu übernehmen. Zudem haben Arbeitgeber und Arbeitnehmer nicht selten unterschiedliche Präferenzen und Interessen hinsichtlich der innerbetrieblichen Positionenfolge. Mitarbeiter betrachten ihre Karriere vorrangig aus der Perspektive ihrer persönlichen Neigungen und Interessen, die nicht mit den Vorstellungen und Zielen des Unternehmens übereinstimmen müssen.

Ob und welcher Stellenwechsel von Mitarbeitern gewünscht wird, hängt beispielsweise auch von ihrer privaten Lebenssituation ab. Zudem suchen sie möglicherweise mehr Verantwortung, streben nach einem höheren Entgelt oder größeren Einflussmöglichkeiten. Bestimmte Funktionsbereiche finden ihr Interesse, während sie andere zu vermeiden trachten. Ein geografischer Wechsel wird von einigen gesucht, von anderen hingegen gescheut.

Ob sich hierbei die mitarbeiterseitigen Karriereinteressen mit den Unternehmensinteressen decken, ist längst nicht per se sichergestellt. Denn unternehmensseitig geht es vorrangig um die Besetzung vakanter Positionen, unabhängig von den mitarbeiterseitigen Lebensplänen. Und zudem haben Unternehmen nicht selten klare Vorstellungen darüber, welche Art von Karrieren unterstützt und welche Stellenfolgen vermieden werden sollen. Die unternehmensseitige Vorstellung hinsichtlich einer gelungenen Karriere muss hierbei jedoch keineswegs mit den mitarbeiterseitigen Karrierevorstellungen übereinstimmen. So mögen Arbeitgeber beispielsweise Karrieren innerhalb eines Funktionsbereichs, sogenannte „Kaminaufstiege", für unangemessen erachten und möglichst verhindern. Zudem mag arbeitgeberseitig ein Auslandsaufenthalt oder eine Karrierestation in der Unternehmenszentrale ebenso wünschenswert sein, wie Funktionsbereichs- oder Geschäftsbereichswechsel. Diese unternehmensseitigen Vorstellungen hinsichtlich einer gelungenen Karriere machen das „betriebliche Karrieresystem" (Sonnenfeld und Peiperl 1988) aus.

Aufgrund der Divergenz der mitarbeiter- und unternehmensseitigen Karriereinteressen, sind Konflikte eher die Regel als die Ausnahme. Deshalb handelt es sich bei Karrieren um ein konfliktbeladenes personalwirtschaftliches Handlungsfeld und im Ergebnis entstehen Karrieren als Ergebnis von Aushandlungsprozessen zwischen Mitarbeitern und Unternehmen (Inkson und King 2011). In regelmäßigen Abständen treffen die mitarbeiter- und arbeitgeberseitigen Karriereinteressen aufeinander und die konkrete Stellenfolge ist sodann das Ergebnis diverser Aushandlungsprozesse.

Das **betriebliche Karrieresystem** enthält implizite oder explizite unternehmensseitige Karriereleitlinien hinsichtlich *Bewegungshäufigkeit*, *Bewegungsrichtungen* und *Laufbahnformen*. *Bewegungshäufigkeit* meint die Frequenz des Stellenwechsels und bringt damit zum Ausdruck, was unternehmensseitig als angemessene Dauer einer Stellenbesetzung erachtet wird. Unternehmen mögen beispielsweise der Ansicht sein, dass Stellen mindestens drei Jahre von Mitarbeitern einzunehmen sind, bevor ein Stellenwechsel sinnvoll ist. Ob neben dem vertikalen Aufstieg auch der horizontale Wechsel zwischen Funktionsbereichen (z. B. zwischen Einkauf und Vertrieb) und der radiale Wechsel von eher peripheren in eher zentrale Unternehmenseinheiten seitens des Unternehmens gewünscht und unterstützt wird, kommt in der *Bewegungsrichtung* als zweitem Element des betrieblichen Karrieresystems zum Ausdruck. Und schließlich bieten zunehmend Unternehmen im Rahmen ihres betrieblichen Karrieresystems alternative *Laufbahn-*

formen an. Diese machen das dritte Element betrieblicher Karrieresysteme aus. Neben der klassischen Führungslaufbahn, bei der die Positionenfolge stets mit größerer Budget- und Personalverantwortung verbunden ist (z. B. dem Aufstieg von der Gruppen-, zur Abteilungs-, zur Bereichs- und schließlich zur Geschäftsleitung), werden die Fach- und/oder Projektlaufbahn als Alternativen angeboten. Während in der Fachlaufbahn (Expertenlaufbahn) eine zunehmende fachliche Spezialisierung erfolgt, ist die Stellenfolge in der Projektlaufbahn mit der Übernahme umfangreicher werdender Projektleitungen verbunden.

In der Karriereforschung zeigt man sich davon überzeugt, dass Unternehmen immer weniger in der Lage sind, die Karrieren ihrer Mitarbeiter deterministisch zu planen, da diese zunehmend eine entgrenzte bzw. proteische Karriereorientierung aufweisen. Nach dem Konzept der „proteischen Karriereorientierung" (Hall 2004) nehmen Mitarbeiter immer stärker ihre Karriere selbst in die Hand und sind immer weniger bereit, den unternehmensseitig angebotenen Karrierepfaden blindlings zu folgen. Auch nach dem Konzept der „entgrenzten Karriere" (Arthur 2014) fühlen sich Mitarbeiter mit Blick auf ihre Karriere immer weniger an ihren Arbeitgeber gebunden, sondern es steigt die Bereitschaft, den Arbeitgeber zu wechseln, um persönliche Karriereziele zu erreichen. Beide Ansätze rücken somit die aktive, selbstverantwortliche Gestaltung der beruflichen Laufbahn durch die Mitarbeiter ins Zentrum der Betrachtung.

7.4 Lern-Kontrolle

Kurz und bündig

Im Rahmen der Personalentwicklung werden den Mitarbeitern Lernangebote unterbreitet, um ihre Leistungsfähigkeit zu erhalten bzw. zu steigern. Lernen hat stattgefunden, wenn Mitarbeiter sich neues Wissen angeeignet haben und hierdurch über neue Verhaltensdispositionen verfügen.

Die zentralen Funktionen der Personalentwicklung bestehen zum einen in der Qualifizierung und zum anderen der Förderung der Mitarbeiter. Die Qualifizierung erfolgt im Bereich der betrieblichen Bildung und die Förderung im Rahmen des Talent Managements.

Die betriebliche Bildung stellt die höchstmögliche Übereinstimmung zwischen den Fähigkeiten der Mitarbeiter und den Anforderungen der Stellen zur Steigerung aktueller und zukünftiger Leistung der Mitarbeiter sicher, während im Rahmen der Mitarbeiterförderung (Talent Management) die Identifikation und Förderung derjenigen Mitarbeiter erfolgt, die auf höherwertige Funktionen vorbereitet werden sollen.

Der Bereich der betrieblichen Bildung kann nochmals in Ausbildung und Fort-/Weiterbildung differenziert werden. Während die Ausbildung als berufsvorbereitende Bildung auf die erstmalige Ausübung einer beruflichen Tätigkeit (z. B. in Form einer Berufsausbildung) vorbereitet, ist die Fort-/Weiterbildung als berufsbegleitende Bildung an bereits im Berufsbild tätige Mitarbeiter adressiert (z. B. durch Seminare).

Lernvorgänge können in der Fort-/Weiterbildung ausgelöst werden, indem die Mitarbeiter ein Lehrprogramm („off-the-job") absolvieren (lehrbasierte Methoden) oder ihnen reale Arbeitserfahrungen („on-the-job") als Lernchance geboten werden (erfahrungsbasierte Methoden). Und schließlich können Lernvorgänge ausgelöst werden, indem sie Rückmeldungen und Hinweise von ausgewählten Personen (z. B. Mentor oder Coach) erhalten (relationale Methoden).

Das Talent Management umfasst die systematische, unternehmensinterne Identifikation von Potenzialträgern (Talente) und die planvolle Vorbereitung dieser Mitarbeiter für höherwertige Aufgaben im Rahmen von Talent Pools. Hierbei kann die Potenzialdiagnose kompetenz- oder persönlichkeitsorientiert erfolgen.

❓ Let's check

1. Inwiefern steht sowohl im Rahmen der betrieblichen Bildung als auch im Rahmen der Mitarbeiterförderung das Lernen der Mitarbeiter im Vordergrund?
2. Erläutern Sie den Unterschied zwischen formellem und informellem Lernen.
3. Differenzieren Sie zwischen Fach-, Methoden-, Sozial- und Selbstkompetenz als Gegenstandsbereiche der betrieblichen Bildung.
4. Kennzeichnen Sie Traineeprogramme als Instrument der Ausbildung.
5. Differenzieren Sie zwischen lehrbasierten, erfahrungsbasierten und relationalen Methoden der Fort-/Weiterbildung.
6. Worin unterscheiden sich persönlichkeitsbasierte von kompetenzbasierten Potenzialdiagnosen?
7. Was kommt im betrieblichen Karrieresystem zum Ausdruck?

❓ Vernetzende Aufgaben

1. Wodurch können Unternehmen das informelle Lernen der Mitarbeiter fördern?
2. Worin unterscheiden sich Mentoring und Coaching als relationale Methoden der Fort-/Weiterbildung?

3. Welche empirischen Phänomene sprechen für und welche gegen die Zeitdiagnose der Karriereforschung, wonach Mitarbeiter zunehmend eine „entgrenzte" bzw. „proteische" Karriereorientierung aufweisen?

ⓘ Lesen und Vertiefen
- Collings DG, Mellahi K (2009) Strategic Talent Management. Human Resource Management Review 19: 304–313
- Dries N (2013) The psychology of talent management: A review and research agenda. Human Resource Management Review 23: 272–285
- Gold J u.a. (2013) Human Resource Development. Theory and Practice. 2. Aufl. Palgrave, Basingstoke
- Kauffeld S (2016) Nachhaltige Personalentwicklung und Weiterbildung. 2. Aufl. Springer Gabler, Berlin/Heidelberg
- Kraiger K. u.a. (Hrsg.) (2020) The Wiley Blackwell Handbook of the Psychology of Training, Development, and Performance Improvement. Wiley, Hoboken
- Lewis RE, Heckman RJ (2006) Talent management: A critical review. Human Resource Management Review 16: 139–154
- Lindner-Lohmann D, Lohmann F, Schirmer U (2016) Personalmanagement. 3. Aufl. Springer Gabler, Berlin/Heidelberg

Mitarbeiterführung: Zielbezogene Verhaltensbeeinflussung

Inhaltsverzeichnis

8.1 Kennzeichen der Mitarbeiterführung – 113
8.1.1 Mitarbeiterführung als Machtphänomen – 114
8.1.2 Zielbezogenheit der Mitarbeiterführung – 115

8.2 Funktionale Äquivalente direkter Führung: Führungssubstitute, Selbstführung und geteilte Führung – 116

8.3 Führungstheorien: Erfolgsfaktoren der Führung – 118
8.3.1 Eigenschaftsansatz der Führung – 119
8.3.2 Theorie XY – 120
8.3.3 Ansatz der dienenden Führung – 122
8.3.4 LMX-Theorie – 123
8.3.5 Führungsstilansätze – 124
8.3.6 Ansatz der transformierenden Führung – 129
8.3.7 Ansatz der authentischen Führung – 131

© Springer Fachmedien Wiesbaden GmbH, ein Teil von Springer Nature 2022
S. Huf, *Personalmanagement*, Studienwissen kompakt,
https://doi.org/10.1007/978-3-658-37538-6_8

8.4	Destruktive Führung – 132	
8.5	Unterrepräsentanz von Frauen in Führungspositionen – 133	
8.6	Lern-Kontrolle – 135	

> **Lern-Agenda**
> Das Kapitel
> - zeigt die konstitutiven Merkmale der Mitarbeiterführung auf
> - fragt danach, ob die Wirkungen der Mitarbeiterführung auch durch funktionale Äquivalente zur direkten Einflussnahme durch Führungskräfte erzielt werden können
> - gewährt einen Überblick über maßgebliche Führungstheorien, die die Faktoren erfolgreicher Führung ergründen
> - erläutert das Phänomen der destruktiven Führung, bei der Vorgesetzte unethisch und missbräuchlich Einfluss auf die Mitarbeiter nehmen
> - geht der Frage nach, warum Frauen in Führungspositionen unterrepräsentiert sind

8.1 Kennzeichen der Mitarbeiterführung

Zweifellos hängt die Arbeitszufriedenheit und die Arbeitsleistung von Mitarbeitern auch von ihren Vorgesetzten ab. Daher bildet die Mitarbeiterführung einen Kernbereich des Personalmanagements.

Wenn zielorientiert der Versuch unternommen wird, Einfluss auf das Verhalten der Mitarbeiter zu nehmen, erfolgt **Mitarbeiterführung**. Wer Mitarbeiter führt, übt stets Einfluss auf diese aus – m. a. W.: Es handelt sich bei der Mitarbeiterführung immer auch um ein Machtphänomen (▶ Abschn. 8.1.1). Und diese Einflussnahme erfolgt nicht willkürlich, sondern zielorientiert: Im Rahmen der Führung wird nämlich eine höchstmögliche Mitarbeiterleistung sowie eine höchstmögliche Arbeitszufriedenheit angestrebt (▶ Abschn. 8.1.2).

Die Einflussnahme erfolgt hierbei durch eine hierarchisch höhergestellte Führungskraft, synonym auch als Vorgesetzte oder Vorgesetzter bezeichnet, und vollzieht sich in Interaktionen zwischen Mitarbeiter und Vorgesetztem.

> **Merke**
>
> Im Rahmen der **Mitarbeiterführung** nehmen Führungskräfte zur Erreichung der Organisationsziele Einfluss auf das Verhalten der Mitarbeiter.

8.1.1 Mitarbeiterführung als Machtphänomen

Die Vorgesetzten-Mitarbeiter-Beziehung ist eine hierarchische Beziehung. Es handelt sich um ein Über- bzw. Unterordnungsverhältnis. Führungskräfte sind befugt, Leitungsentscheidungen zu treffen und zur Durchsetzung dieser Entscheidungen Weisungen zu erteilen (Weisungsbefugnis). Zudem dürfen sie nachgelagerte Stellen kontrollieren. Unweigerlich impliziert die Führung von Mitarbeitern daher die Ausübung von **Macht**. Ob Führungskräfte wollen oder nicht: Sie verfügen stets über die Möglichkeit der Machtausübung. Macht ist mithin ein konstitutiver Bestandteil von Führung.

In Anlehnung an die klassische Begriffsbildung Max Webers kann Macht als Möglichkeit angesehen werden, den eigenen Willen innerhalb einer sozialen Beziehung auch im Falle von Widerstand durchsetzen zu können (Weber 1972, S. 28). Im Rahmen der Mitarbeiterführung vermag die Führungskraft ihren Willen durchzusetzen und lenkend auf das Mitarbeiterverhalten Einfluss zu nehmen, z. B. hinsichtlich der Priorisierung der vom Mitarbeiter zu erledigenden Aufgaben oder der Art und Weise der Aufgabenerfüllung. Und dies auch für den Fall, dass die Mitarbeiter hiervon nicht überzeugt sind und ein anderes Vorgehen als sinnvoller erachten. Selbstverständlich erfolgt Mitarbeiterführung keineswegs stets gegen den Willen, die Überzeugungen und Interessen der Mitarbeiter, aber für den Fall des mitarbeiterseitigen Widerstands vermag sich die Führungskraft durchzusetzen, da sie über die entsprechende Macht verfügt. Kurzum: Macht ist die Möglichkeit, Einfluss auf andere zu nehmen.

In seiner klassischen Begriffsbildung verweist Max Weber auch bereits darauf, dass Macht auf unterschiedlichen Grundlagen basieren kann. Machtgrundlagen, auch Machtbasen genannt, geben die Ursache dafür an, warum Machtunterlegene Gefolgschaft leisten. Bezogen auf die Mitarbeiterführung: Warum Mitarbeiter ihren Vorgesetzten Gefolgschaft leisten.

In Anlehnung an French und Raven (1959) können hierbei fünf mögliche Machtbasen von Führungskräften unterschieden werden. M. a. W.: Die Macht von Vorgesetzten kann auf einer oder mehrerer dieser fünf Faktoren gründen (◘ Tab. 8.1).

Zum einen sind Führungskräfte qua zugewiesener Position formal organisationsseitig legitimiert, Einfluss auf die Mitarbeiter auszuüben. Zum anderen können sie Mitarbeiter für erwünschte Verhaltensweisen belohnen (z. B. durch Entgelterhöhungen, Beförderungen oder das Einräumen von Privilegien), aber auch bei unerwünschten Verhaltensweisen bestrafen (z. B. durch Abmahnungen bei Verstößen gegen arbeitsvertragliche Pflichten). Ver-

Tab. 8.1 Mögliche Machtgrundlagen von Führungskräften

1	Formale Legitimation (Positionsmacht)
2	Belohnungen/Bestrafungen (Sanktionsmacht)
3	Persönlichkeit
4	Fachwissen
5	Information

fügen Führungskräfte über besondere Persönlichkeitsmerkmale (z. B. Charisma oder Extrovertiertheit) kann dies eine weitere Ursache für die Gefolgschaft von Mitarbeitern sein. Ferner kann fachliche Expertise eine Ursache für die Möglichkeit der erfolgreichen Einflussausübung sein. Und schließlich können Mitarbeiter Gefolgschaft leisten, weil sie davon ausgehen, dass die Führungskraft einen Informationsvorsprung besitzt und beispielsweise über vertrauliche Informationen verfügt.

8.1.2 Zielbezogenheit der Mitarbeiterführung

Die Einflussnahme der Führungskräfte auf das mitarbeiterseitige Verhalten erfolgt nicht willkürlich, sondern zielbezogen. Führungskräfte versuchen, durch die Einflussnahme spezifische Ziele zu erreichen. Primär zielt die Mitarbeiterführung hierbei auf eine höchstmögliche Mitarbeiterleistung einerseits und einer höchstmöglichen Arbeitszufriedenheit der Mitarbeiter andererseits. Erfolgreiche Mitarbeiterführung bewirkt sowohl eine hohe Arbeitsleistung als auch eine hohe Arbeitszufriedenheit. Hierbei genießt die Frage nach dem Zusammenhang zwischen der Arbeitszufriedenheit und der Mitarbeiterleistung seit Jahrzehnten besonders große Aufmerksamkeit in der organisationspsychologischen Forschung (Brayfield und Crockett 1955). Ungeachtet der noch immer nicht abschließend geklärten Kausalität, inwiefern Zufriedenheit die Leistung oder Leistung die Zufriedenheit erhöht (Judge et al. 2001), können hohe Mitarbeiterleistung und hohe Arbeitszufriedenheit als maßgebliche Ziele der Mitarbeiterführung herausgestellt werden (Hiller et al. 2011, Berthel und Becker 2022, S. 195–199).

8.2 Funktionale Äquivalente direkter Führung: Führungssubstitute, Selbstführung und geteilte Führung

Üblicherweise wird davon ausgegangen, dass Mitarbeiterführung stets durch eine Führungskraft, also in Form direkter Führung erfolgt, bei der eine hierarchisch überstellte Person, zielbezogenen Einfluss auf das Verhalten der unterstellten Mitarbeiter ausübt. Begibt man sich auf die Suche nach möglichen funktionalen Äquivalenten zur direkten Führung, so geht man der Frage nach, ob die von der Führungskraft beabsichtigte Verhaltensbeeinflussung nicht auch durch andere Faktoren erfolgen kann. Die Diskussion um die funktionalen Äquivalente direkter Führung rückt also die Frage in den Mittelpunkt, ob die Einflussnahme durch Führungskräfte durch etwas anderes ersetzt werden kann.

Der Ansatz der **Führungssubstitute** verweist diesbezüglich auf mitarbeiter-, aufgaben- und organisationsbezogenen Faktoren, die diese Rolle übernehmen und damit direkte Führung zumindest teilweise ersetzen können (Kerr und Jermier 1978). Weisen Mitarbeiter beispielsweise ein hohes Maß an Professionalität auf und verfügen umfangreich über Fachwissen und Erfahrung, so bedürfen sie kaum direkter Führung. Sind die Aufgaben der Mitarbeiter stark standardisiert oder ist der Arbeitsvollzug inhärent mit Feedback verbunden und bereitet die Erfüllung der Aufgaben intrinsische Befriedigung und Motivation, so wirken diese aufgabenbezogenen Faktoren ebenfalls als Führungssubstitute. Nicht zuletzt können organisationsbezogene Faktoren diese Wirkung entfalten, z. B. wenn sich die Organisation aus kohäsiven Arbeitsgruppen zusammensetzt oder eine starke Programmierung der Organisation durch umfangreiche Prozessstandardisierung erfolgt.

Auch der Ansatz der **Selbstführung** (Manz und Sims 1980), synonym auch ermächtigende Führung bezeichnet (Arnold et al. 2000), verweist auf ein funktionales Äquivalent zur direkten Führung. Demnach gilt es Mitarbeiter derart zu befähigen, dass sie ihre Arbeitsaufgaben autonom erfüllen und in die Lage zu versetzen, selbstständig ihr Aufgabengebiet betreffende Entscheidungen zu treffen. Die Kernaufgabe der Führungskräfte besteht dann darin, die Mitarbeiter entsprechend zu befähigen und zu ermächtigen, um sich schließlich selbst überflüssig zu machen.

8.2 · Funktionale Äquivalente direkter Führung:...

Beispiel: Selbstführung bei Morning Star und Sipgate
Was zunächst wie eine Utopie klingt, nämlich gänzlich auf Führungskräfte zu verzichten und auf die Selbstführung der Mitarbeiter zu setzen, praktizieren einige wenige Unternehmen bereits erfolgreich seit vielen Jahren.

Der kalifornische Nahrungsmittelhersteller Morning Star beispielsweise weist Selbstführung als zentrale Gründungsidee des Unternehmens aus:

> „We envision an organization of self-managing professionals who initiate communication and coordination of their activities with fellow colleagues, customers, suppliers and fellow industry participants, absent directives from others"
> (▶ http://morningstarco.com/index.cgi?Page=Self-Management).

Auch das Telekommunikationsunternehmen Sipgate setzt auf Selbstführung:

> „Wir sind lean und agil – mit ganzem Herzen. Keine Titel, keine Manager, keine Abteilungen, keine Gehaltsverhandlungen, keine Budgets, keine Angst, keine Überstunden. Stattdessen: Selbstverantwortung, Feedback, Lernen, Freiheit und Spaß – das ist es, was uns glücklich und gleichzeitig besser macht"
> (▶ https://www.sipgate.de/hacking-work).

Auch im Rahmen der **geteilten Führung**, auch **emergente Führung** bezeichnet, wird darauf verzichtet, die Führungsverantwortung nur einer Person, der Führungskraft, zuzuweisen, sondern vielmehr wird die Führungsverantwortung gesamthaft auf ein Team übertragen (Pearce 2004). Kollektive Führung ersetzt hierbei die Führung durch die Führungskraft. Dies impliziert jedoch nicht, dass Entscheidungen stets im Kollektiv (konsensual oder per Mehrheitsbeschluss) getroffen werden müssen. Vielmehr wird Führung dadurch zu einem emergenten Phänomen: Es wird darauf verzichtet, bereits im Vorhinein festzulegen, welches Teammitglied die Führungsrolle übernimmt, sondern Teamprozessen überlassen, welche Teammitglieder situativ und aufgabenbezogen Gefolgschaft finden.

Beispiel: Emergente Führung bei Gore
Das Technologieunternehmen Gore praktiziert bereits seit Jahrzehnten das Konzept der geteilten Führung, das Führung als emergentes Phänomen postuliert:

> „There are no traditional hierarchies at Gore, but we're not a completely flat organization. Our lattice structure guides how we operate and communicate; through this structure, Associates engage with whomever is needed to get our work done. (...) Leaders most often emerge based on skill, capability and followership – or their potential to build followership over time. (...) Gore's „lattice" structure is based on interconnection among Associates where direct communication is seen as critical to our success. If you need another Associate's input, you don't need to ask his or her leader; you can contact the Associate directly. This can make Gore feel much less formal than most workplaces. We are driven to uncover our full potential – as individuals, as teams and as an organization"
> (▶ https://www.gore.com/about/working-at-gore).

8.3 Führungstheorien: Erfolgsfaktoren der Führung

Führungstheorien gehen der Frage nach, was erfolgreiche Führung ausmacht. Hierbei liegt Führungserfolg vor, wenn es Führungskräften gelingt, eine hohe Arbeitszufriedenheit und eine hohe Arbeitsleistung zu erzeugen (Nerdinger 2019, S. 96) (▶ Abschn. 8.1.2).

Auch wenn alle Führungstheorien derselben Frage nachgehen, so fallen die Antworten höchst unterschiedlich aus. Erachten die einen Persönlichkeitsmerkmale des Vorgesetzten als maßgeblich („Eigenschaftsansatz") für den Führungserfolg, ist für andere das Menschenbild der Führungskraft ausschlaggebend („Theorie XY"). Andere Theorien rücken die Haltung der Führungskraft („dienende Führung") bzw. ihr Verhalten („Führungsstilansatz") oder ihre Authentizität („authentische Führung") in den Mittelpunkt. Die „LMX Theorie" hingegen betont die Bedeutung der Qualität der Beziehung zwischen Führungskräften und Mitarbeitern, für „Situationstheorien" hingegen sind in unterschiedlichen Führungssituationen unterschiedliche Führungsweisen angezeigt und nicht zuletzt erachtet es der Ansatz der „transformierenden Führung" als ausschlaggebend, inwiefern es den Vorgesetzten gelingt, Einstellungen der Mitarbeiter zu verändern.

Die Führungsforschung ist mithin durch einen großen Theorienpluralismus gekennzeichnet, also einem Nebeneinander einer Vielzahl von Ansätzen (Northouse 2022; Schirmer und Woydt 2016; Weibler 2016). Jeder Ansatz akzentuiert einen für den Führungserfolg wichtigen Faktor und liefert wichtige Einsichten für das Verständnis der Vorgesetzten-Mitarbeiter-Interaktion. Zugleich ist jede Theorie notwendigerweise unvollständig und einseitig, weil keine Theorie imstande ist, die Realität vollständig zu erfassen und abzubilden. Theorien nehmen stets eine Komplexitätsreduktion vor, wodurch sie einerseits in der Lage sind, Orientierung zu geben und den Blick zu fokussieren, aber andererseits auch notwendigerweise in Kauf nehmen müssen, die Realität nicht vollständig zu erfassen. Vielmehr beinhaltet eine Theorie stets nur ein abstrahiertes Modell der Wirklichkeit – es stellt wichtige Wirkdeterminanten heraus und übersieht zugleich andere Faktoren.

> Auf den Punkt gebracht: Theorien sind Erklärungsmodelle. Als Ursache-Wirkungs-Modelle erklären sie eine abhängige Variable (im Falle von Führungstheorien beispielsweise den Führungserfolg) durch eine oder mehrere unabhängige, also verursachende Faktoren (unabhängige Variable(n)).

8.3.1 Eigenschaftsansatz der Führung

Eigenschaftsansätze der Führung erachten stabile, die Führungskraft kennzeichnende Eigenschaften, insbesondere ihre Persönlichkeit, für ausschlaggebend hinsichtlich des Führungserfolgs. M. a. W.: Das Ausmaß in dem es der Führungskraft gelingt, eine hohe Arbeitsleistung und -zufriedenheit zu erzeugen, hängt demnach von personenspezifischen Kennzeichen ab. Frühe Studien, wie die von Stogdill (1948) oder Mann (1959), kamen beispielsweise zum Ergebnis, dass sich erfolgreiche Führungskräfte durch Faktoren wie Intelligenz, Belastbarkeit, Entschlossenheit, Integrität und Selbstvertrauen auszeichnen.

Besondere Aufmerksamkeit wird der **Persönlichkeit** der Führungskräfte häufig in Eigenschaftsansätzen zuteil. Hierbei wird davon ausgegangen, dass sich erfolgreiche Führungskräfte durch besondere Persönlichkeitsmerkmale auszeichnen. M. a. W.: Die Persönlichkeit des Führenden gilt demnach als zentrale Ursache des Führungserfolgs. Persönlichkeit wird hierbei als Eigenschaft verstanden, die die charakterlichen Merkmale von Menschen umfasst.

> **Merke**
>
> Persönlichkeitsmerkmale sind zeitlich stabile Dispositionen zu bestimmten Verhaltensweisen.

In wissenschaftlichen Untersuchungen wird hierbei zumeist auf das **Fünf-Faktoren-Modell** („Big Five"-Modell) der Persönlichkeit zurückgegriffen (Costa und McGrae 1992; McGrae und Costa 1995), um dem Einfluss der Persönlichkeit auf den Führungserfolg nachzugehen. Demnach kann die Persönlichkeit eines Menschen vollumfänglich durch fünf, voneinander unabhängige Persönlichkeitsmerkmale erfasst werden: Emotionale Stabilität (Neurotizismus), Extraversion, Offenheit für neue Erfahrungen, Verträglichkeit und Gewissenhaftigkeit (◘ Tab. 8.2).

In der Forschung besteht weitgehende Einigkeit, dass allenfalls den Persönlichkeitsmerkmalen Extraversion und Gewissenhaftigkeit Relevanz hinsichtlich des Führungserfolgs bescheinigt werden kann (Judge et al. 2002). Insgesamt ist der Einfluss der Persönlichkeit auf den Führungserfolg jedoch als moderat einzustufen. Persönlichkeit hat also Einfluss auf den Führungserfolg, kann diesen jedoch keinesfalls vollständig erklären. Über die Persönlichkeit des Führenden hinaus müssen also noch weitere Faktoren berücksichtigt werden. Denn schließlich weisen nicht alle erfolgreichen

◻ Tab. 8.2 Fünf-Faktoren-Modell der Persönlichkeit

Emotionale Stabilität (Neurotizismus)	Ausmaß in dem Menschen stabil und ruhig auf negative Emotionen oder Stress reagieren
Extraversion	Ausmaß in dem Menschen kontaktfreudig, aktiv und gesellig sind
Offenheit für Erfahrungen	Ausmaß in dem Menschen offen für neue Erfahrungen und wissbegierig sind
Verträglichkeit	Ausmaß in dem Menschen umgänglich, kooperativ und mitfühlend sind
Gewissenhaftigkeit	Ausmaß in dem Menschen diszipliniert, ehrgeizig und zuverlässig sind

Führungskräfte dieselben Persönlichkeitsmerkmale auf. Zudem erfordern unterschiedliche Führungssituationen möglicherweise unterschiedliche Persönlichkeitsmerkmale und schließlich wäre in letzter Konsequenz Führung nicht erlernbar, wenn man ausschließlich die Persönlichkeit des Führenden als Erfolgsfaktor erachtet.

Beispiel: Charismatische Führung als Eigenschaftsansatz der Führung
Auch der Ansatz der charismatischen Führung erachtet die Persönlichkeit des Führenden als ausschlaggebend hinsichtlich des Führungserfolgs. Demnach gelingt es vor allem denjenigen Führungskräften eine hohe Mitarbeiterleistung und -zufriedenheit zu erzeugen, die von ihren Mitarbeitern als „charismatisch" erlebt werden (Weibler 2016, S. 123–128).

Charismatische Menschen verfügen über eine außergewöhnliche, herausragende Persönlichkeit, von der eine starke Anziehungskraft ausgeht. Ihre besondere Ausstrahlung und Aura zieht Geführte in ihren Bann. Sie genießen außerordentliches Vertrauen und es wird ihnen oftmals unkritischer Respekt bis hin zu blinder Gefolgschaft zuteil. Daher besteht stets die Gefahr, dass als charismatisch geltende Führungskräfte ihre Einflussmöglichkeiten missbrauchen und ihr Charisma manipulativ einsetzen.

Da nur sehr wenige Menschen über Charisma verfügen, die Geführten zudem dazu neigen, die charismatische Führungskraft zu idealisieren, zu überhöhen und ihr unkritisch „blindlings" zu folgen sowie nicht zuletzt die Gefahr besteht, dass Charisma missbräuchlich und manipulativ eingesetzt wird, lässt bezweifeln, dass es sich bei der charismatischen Führung um ein Konzept handelt, das in der betrieblichen Praxis propagiert werden sollte.

8.3.2 Theorie XY

Die von McGregor (1960) grundgelegte Theorie XY erachtet das **Menschenbild** der Führungskräfte als ausschlaggebend hinsichtlich des Führungserfolgs. Zentral hierbei ist die Annahme, dass das Menschenbild der Führungskraft als sich selbsterfüllende Prophezeiung Wirkung entfaltet. Die Haltung der Führungskräfte bestimmt demnach das Verhalten der Mitarbeiter.

Mit dem Menschenbild der Führungskräfte sind die Grundannahmen der Vorgesetzten hinsichtlich des Wesens der Mitarbeiter gemeint. Es handelt sich um handlungsleitende, zumeist implizite, Vorstellungen der Führungskräfte hinsichtlich der „Natur" der Mitarbeiter. Diese prototypischen Vorstellungen fungieren als Schema der Führungskräfte im Sinne eines vereinfachenden Denkrahmens, mit dem die Vorgesetzten den Mitarbeitern begegnen.

Hierbei geht McGregor davon aus, dass Führungskräfte sich entweder eher von einem X-Menschenbild oder einem Y-Menschenbild leiten lassen. Wer ein *X-Menschenbild* hat, geht davon aus, dass Menschen grundsätzlich Arbeit als leidvolle Last erleben, die es möglichst zu vermeiden gilt. Menschen arbeiten demnach allenfalls aus finanziellen Gründen, vermeiden die Übernahme von Verantwortung, zeigen keinen Ehrgeiz und leisten von sich aus keine freiwilligen Beiträge zur Erreichung der Organisationsziele. Führungskräfte mit einem *Y-Menschenbild* sind hingegen davon überzeugt, dass Menschen grundsätzlich leistungsbereit sind und Arbeit durchaus auch als Quelle der Zufriedenheit erleben. Mitarbeiter können demnach Freude an der Arbeit entwickeln und sehen Arbeit auch als Möglichkeit der Selbstverwirklichung an. Sie bringen daher bereitwillig ihren Einfallsreichtum und Initiative in die Arbeit ein und sind bereit, Verantwortung zu übernehmen.

Die Pointe an McGregors Argumentation liegt darin, dass es sich bei beiden Menschenbildern möglicherweise um sich selbsterfüllende Prophezeiungen handelt (Ulich 2011, S. 469–470, Schreyögg und Geiger 2016, S. 131–135). Umgangssprachlich formuliert: Wie man in den Wald hineinruft, so schallt es auch wieder heraus. Die Theorie XY geht nämlich davon aus, dass Mitarbeiter tatsächlich ein geringes Arbeitsengagement an den Tag legen, wenn man ihnen mit einem X-Menschenbild begegnet und ein hohes Arbeitsengagement an den Tag legen, wenn Führungskräfte ein Y-Menschenbild aufweisen.

Vorgesetzte mit einem X-Menschenbild werden demnach nämlich eine „X-Organisation" schaffen, die den Mitarbeitern kaum Freiraum und Autonomie gewährt, sondern vielmehr auf strikte Vorgaben, permanente Überwachung und regelmäßige Kontrolle setzt. Unter diesen Bedingungen werden die Mitarbeiter tatsächlich keine Verantwortung übernehmen und sich nicht stark in die Arbeit einbringen, sondern eher durch Passivität und Desinteresse auffallen. Dieses unengagierte, desinteressierte Arbeitsverhalten bleibt auch den Führungskräften nicht verborgen, was sie wiederum in ihrem X-Menschenbild bestärkt und an der X-Organisation festhalten lässt.

Umgekehrt beim Y-Menschenbild: Gehen Führungskräfte davon aus, dass Mitarbeiter Freude an der Arbeit entwickeln können und gerne Verantwortung übernehmen, werden sie eine „Y-Organisation" ausbilden, die den Mitarbeitern Freiraum und Autonomie gewährt. Dies führt dazu, dass sich die Mitarbeiter in der Arbeit entfalten können und ein hohes Maß an Engagement und Eigeninitiative an den Tag legen werden. Die dieses Verhalten beobachtenden Führungskräfte werden dadurch wiederum in ihrem Y-Menschenbild bestärkt.

Erfolgreiche Führung setzt mithin ein Y-Menschenbild bei den Führungskräften voraus.

Beispiel: Y-Menschenbild bei Starbucks und Google
In einem Interview mit der New York Times führte Howard Schultz, langjähriger CEO der Kaffeehauskette Starbucks, eindrücklich sein Y-Menschenbild aus:

» „I think people want to do a good job, but if they are treated poorly they get beaten down."
  (Quelle: Witchel, A.: „Coffee talk with: Howard Schultz", in: New York Times, 14.12.1994, S. C00001)

» „Always believe in good intent" gilt als ein Kernelement der Unternehmenskultur von Google und bringt damit auch klar ein Y-Menschenbild zum Ausdruck.
  (Quelle: Winkler, B.: Good work, good culture – wie Google Mitarbeiterzentrierung lebt. Interview mit Frank Kohl-Boas, in: OrganisationsEntwicklung, Jg. 36, H. 4, 2017, S. 23–29)

An der Theorie XY kann kritisiert werden, dass sie zum einen möglicherweise zu idealistisch argumentiert und zum anderen sich einer empirischen Überprüfung weitgehend entzieht, da die unterstellte Ursache-Wirkungs-Beziehung schwerlich untersucht werden kann.

8.3.3 Ansatz der dienenden Führung

Für den Begründer des Ansatzes der dienenden Führung, Greenleaf (1977), gelingt es denjenigen Führungskräften am besten, eine hohe Mitarbeiterleistung und -zufriedenheit zu erzeugen, die eine dienende Grundhaltung gegenüber den Mitarbeitern einnehmen.

> Auf den Punkt gebracht: Die Leitmaxime der dienenden Führung lautet: „The servant leader is servant first" (Greenleaf 1977, S. 13).

Führungskräfte sollten sich demnach primär als Diener der Mitarbeiter verstehen. Ihr Hauptanliegen besteht darin, für die erforderlichen Bedingungen zu sorgen, die Mitarbeiter benötigen, um erfolgreich sein zu können. Sie setzen die Mitarbeiter an die oberste Stelle und schaffen ein Arbeitsklima, das der Zufriedenheit und der Leistung der Mitarbeiter zuträglich ist. Daher sollten Mitarbeitern, die Führungspositionen anstreben, vorrangig dadurch motiviert sein, anderen dienen zu wollen.

Dienende Führungskräfte zeichnen sich nach Dierendonck (2011) vor allem durch eine große Bescheidenheit und Demut aus. Ferner sind sie in der Lage, sich in die Mitarbeiter hineinzuversetzen (Empathie) und sind sehr glaubwürdig sowie authentisch. Sie fühlen sich zudem für das Wohlergehen der Mitarbeiter verantwortlich, vermögen den Mitarbeitern Orientierung zu geben und ermächtigen sowie fördern schließlich die ihnen unterstellten Mitarbeiter.

Hierdurch entsteht ein Arbeitsklima, das durch gegenseitiges Vertrauen gekennzeichnet ist und qualitativ hochwertige Beziehungen zwischen Führungskräften und Mitarbeitern begünstigt. Den Führungskräften wird sodann ein großes Vertrauen geschenkt und die Mitarbeiter erhalten Freiräume, um sich selbst zu entfalten. Im Ergebnis führt dies zu einem hohen Commitment, einer hohen Loyalität und einer hohen Zufriedenheit sowie einem hohen Engagement und einer hohen Leistung seitens der Mitarbeiter (Eva et al. 2019).

Das kontraintuitive Element dieses Führungsansatzes liegt darin, dass Führung hier nicht, wie üblich, mit Dominanz, Anweisung und Kontrolle assoziiert wird, sondern im Gegenteil mit Bescheidenheit, Empathie und Unterstützung.

Kritisch kann gegenüber dem Ansatz eingewendet werden, dass alltagssprachlich „Dienen" häufig auch mit Passivität und Unentschlossenheit assoziiert wird. Dienen wird umgangssprachlich eher damit assoziiert, jemandem zu folgen als jemanden zu führen. Zudem verlangt der Ansatz altruistisches Verhalten seitens der Führungskräfte, wenn von ihnen gefordert wird, die Mitarbeiter an die oberste Stelle zu setzen. Daher kann der Ansatz auch als utopisch und idealistisch kritisiert werden.

8.3.4 LMX-Theorie

Die LMX-Theorie betrachtet die Qualität der Beziehung zwischen Vorgesetzten und Mitarbeitern als zentralen Erfolgsfaktor der Mitarbeiterführung, wobei LMX für „Leader-Member-Exchange", also den Austauschprozess bzw. die Beziehung zwischen Führungskraft und Mitarbeiter, steht. Während sich die meisten Führungstheorien ausschließlich auf die Führungskräfte konzentrieren (z. B. Eigenschaften, Menschenbild, Haltung oder Verhalten der Führungskräfte), nimmt die LMX-Theorie die Beziehung zwischen Vorgesetztem und Mitarbeiter in den Blick – es handelt sich um eine Dyadentheorie der Führung. Maßgeblich entwickelt wurde sie von Graen und Uhl-Bien (1995) und ist eine der am häufigsten empirisch in der Führungsforschung überprüften Führungstheorien.

Die LMX-Theorie geht davon aus, dass Führungskräfte unterschiedliche Beziehungsqualitäten zu den ihnen unterstellten Mitarbeitern unterhalten. Hochqualitative Austauschbeziehungen sind durch gegenseitiges Vertrauen, gegenseitige Sympathie, gegenseitigen Respekt und gegenseitige Loyalität sowie gegenseitige Unterstützung gekennzeichnet. Diejenigen Mitarbeiter, zu denen Vorgesetzte eine hohe Beziehungsqualität haben, bilden die „In-Group", den „Inner Circle" der Führungskraft, während diejenigen Mitarbeiter, zu denen Vorgesetzte eher eine geringe Beziehungsqualität haben, die „Out-Group" bilden.

Die Arbeitszufriedenheit und -leistung der Mitarbeiter, so die Kernaussage der LMX-Theorie, wird maßgeblich durch die Beziehungsqualität und damit die Qualität der Austauschbeziehung zwischen Vorgesetzten und Mitarbeitern beeinflusst: Je höher die Beziehungsqualität, desto größer demnach der Führungserfolg – also die Mitarbeiterzufriedenheit und Mitarbeiterleistung. Dieses Postulat konnte in zahlreichen Einzelstudien und Meta-Analysen bestätigt werden (Martin et al. 2016).

Für die betriebliche Praxis der Mitarbeiterführung ergibt sich daraus die Konsequenz, dass Führungskräfte bestrebt sein sollten, möglichst zu allen ihnen unterstellten Mitarbeitern qualitativ hochwertige Arbeitsbeziehungen aufzubauen, was Zeit und regelmäßige Interaktionen erfordert.

8.3.5 Führungsstilansätze

Die besonders traditionsreichen Führungsstilansätze fokussieren das Verhalten von Führungskräften gegenüber den Mitarbeitern und erachten die Verhaltensweisen der Vorgesetzten als zentralen Erfolgsfaktor der Mitarbeiterführung. Konkret: Führungsstilansätze suchen nach dem Führungskräfteverhalten, das eine hohe Mitarbeiterleistung und -zufriedenheit bedingt.

Zeigen Führungskräfte wiederkehrend und über unterschiedlichste berufliche Situationen hinweg ein bestimmtes Verhalten, spricht man von einem **Führungsstil**.

> **Merke**
>
> Ein relativ stabiles, wiederkehrendes und situationsinvariantes Verhaltensmuster einer Führungskraft wird als **Führungsstil** bezeichnet.

Beispiel: Erfolgreiche Führung bei Google
Im Rahmen des sogenannten „Oxygen-Projekts" hat Google organisationsintern ermittelt, welche Verhaltensweisen erfolgreiche Führungskräfte des Unternehmens kennzeichnen.
„*The 10 Oxygen behaviors of Google's best managers (…):*
1. *Is a good coach*
2. *Empowers team and does not micromanage*
3. *Creates an inclusive team environment, showing concern for success and well-being*
4. *Is productive and results-oriented*
5. *Is a good communicator – listens and shares information*
6. *Supports career development and discusses performance*
7. *Has a clear vision/strategy for the team*
8. *Has key technical skills to help advise the team*
9. *Collaborates across Google*
10. *Is a strong decision maker*"

(Quelle: ▶ https://rework.withgoogle.com/blog/the-evolution-of-project-oxygen/)

Besonders prominent werden zwei Führungsstilkonzepte in der Führungsforschung diskutiert: Die Unterscheidung zwischen einem **autoritären** und einem **kooperativen Führungsstil** einerseits sowie zwischen einem **aufgaben-** und einem **mitarbeiterorientierten Führungsstil** andererseits.

8.3.5.1 Autoritäre und kooperative Führung

Die Unterscheidung zwischen einem autoritären und einem kooperativen Führungsstil, grundgelegt in Lewins Iowa Studien (Lewin et al. 1939), rekurriert auf das Entscheidungsverhalten von Führungskräften – inwiefern die unterstellten Mitarbeiter in die Entscheidungsfindung einbezogen werden.

Zweifellos müssen Führungskräfte tagtäglich Entscheidungen treffen. Werden die Mitarbeiter hierbei umfassend einbezogen, spricht man von einem **kooperativen Führungsstil**, unterbleibt die Einbeziehung bei der Entscheidungsfindung, handelt es sich um einen **autoritären Führungsstil**.

Bei dem autoritären und dem kooperativen Führungsstil handelt es sich um die Endpunkte eines Kontinuums zwischen denen es selbstverständlich auch Abstufungen gibt (Tannenbaum und Schmidt 1958). Während beim *autoritären Führungsstil* der Vorgesetzte ohne Konsultation der Mitarbeiter entscheidet und das Ergebnis seiner Entscheidung anordnet, trifft der Vorgesetzte beim *patriarchalischen Führungsstil* die Entscheidung zwar auch alleine, versucht jedoch die Mitarbeiter inhaltlich von seiner Entscheidung zu überzeugen bevor er anordnet, z. B. indem er Fragen der Mitarbeiter zulässt. Und während beim *kooperativen Führungsstil* die Führungskraft lediglich als Moderator fungiert, um eine Gruppenentscheidung der Mitarbeiter herbeizuführen, holt sich die Führungskraft beim *partizipativen Führungsstil* zunächst Vorschläge seitens der Mitarbeiter ein, bevor die Entscheidung durch den Vorgesetzten erfolgt (◘ Abb. 8.1).

Die Vorteile eines eher kooperativen Führungsstils liegen darin, dass derart getroffene Entscheidungen größere Akzeptanz bei den Mitarbeitern finden, die Umsetzung einer solchermaßen getroffenen Entscheidung reibungsloser erfolgt, da mit geringerem Widerstand seitens der Mitarbeiter gerechnet werden kann und die Entscheidungsqualität erhöht wird, weil die Erfahrungen und Fachkenntnisse der Mitarbeiter in die Entscheidungsfindung einfließen. Andererseits ist der Zeitbedarf für die Entscheidungsfindung bei einem eher autoritären Führungsstil geringer und die Konsistenz der Einzelentscheidungen oftmals höher.

Bereits Tannenbaum und Schmidt (1958) haben daher darauf hingewiesen, dass keine generelle Aussage getroffen werden kann, welcher Führungsstil vorzuziehen ist. Vielmehr hängt es von der Führungssituation ab, welches Entscheidungsverhalten erfolgversprechender ist. Bei einem sehr hohen Handlungsdruck ist beispielsweise aufgrund der geringen Zeit, die für die Entscheidungsfindung zur Verfügung steht, der autoritäre Führungsstil gegenüber dem kooperativen vorzuziehen. In ihrer „normativen Entscheidungstheorie" identifizieren Vroom und Yetton (1973) beispielsweise

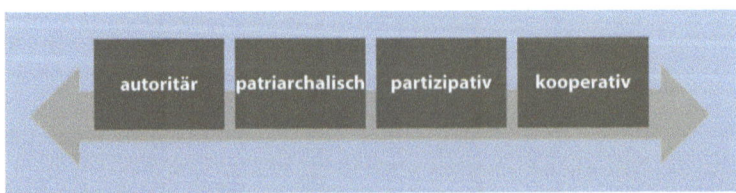

◘ **Abb. 8.1** Führungsstilkontinuum

den Grad der Strukturiertheit des Entscheidungsproblems, das Erfordernis der mitarbeiterseitigen Akzeptanz der Entscheidung für die erfolgreiche Umsetzung derselben, das Ausmaß der Differenz zwischen Mitarbeiter- und Organisationszielen oder den entscheidungsproblembezogenen Kenntnis- und Informationsstand der Führungskraft als ausschlaggebend hinsichtlich der Frage, ob in einer Entscheidungssituation eher ein kooperativer oder autoritärer Führungsstil vorzuziehen ist. Es kann nach dieser **Situationstheorie der Führung** also keinen idealen, sondern nur einen situationsadäquaten Führungsstil geben.

8.3.5.2 Aufgaben- und mitarbeiterorientierte Führung

Nicht weniger traditionsreich als die Unterscheidung zwischen autoritärer und kooperativer Führung ist die im Rahmen der Ohio Studien (Fleishman 1953) sowie Michigan Studien (Katz et al. 1950) grundgelegte Unterscheidung zwischen einem **aufgaben-** und einem **mitarbeiterorientierten Führungsstil**, um Verhaltensvarianten innerhalb der Personalführung zu erfassen.

Mitarbeiterorientierte Führungskräfte versuchen höchstmöglich, die persönlichen Bedürfnisse und die private Lebenssituation der Mitarbeiter im Arbeitsalltag zu berücksichtigen. Es handelt sich um einen Führungsstil, der durch Nähe, Vertrauen und Beziehungsorientierung gekennzeichnet ist.

Aufgabenorientierte Führungskräfte haben hingegen primär die Erreichung der Organisationsziele im Sinn, dem sich alles andere unterzuordnen hat. Sie sind davon überzeugt, dass durch eine hohe Sachlichkeit, ausschließliche Fokussierung auf die Arbeitsinhalte, Ausklammerung persönlicher Befindlichkeiten und eine effiziente Arbeitsorganisation, die Organisationsziele am ehesten erreicht werden können.

Während Blake und Mouton (1964) in ihrem „Verhaltensgitter" von Führungskräften einen Führungsstil fordern, der sowohl hoch aufgaben- als auch hoch mitarbeiterorientiert ist, verweisen in der Führungsforschung entwickelte **Situationstheorien**, wie beispielsweise das *Reifegradmodell* (Hersey und Blanchard 1969) oder die *Kontingenztheorie* (Fiedler 1967) darauf, dass es keinen für alle Führungssituationen gleichermaßen passenden Führungsstil gibt, sondern es von situativen Bedingungen abhängt, welches Führungsverhalten erfolgversprechend ist. So mag es Führungssituationen geben, in denen ein aufgabenorientierter Führungsstil angezeigt ist und ebenso Situationen, in denen ein mitarbeiterorientierter Führungsstil erfolgversprechend ist. Auch beides zugleich, eine hohe Aufgaben- und hohe Mitarbeiterorientierung, kann situativ angemessen sein, wie auch eine sowohl geringe Aufgaben- als auch geringe Mitarbeiterorientierung.

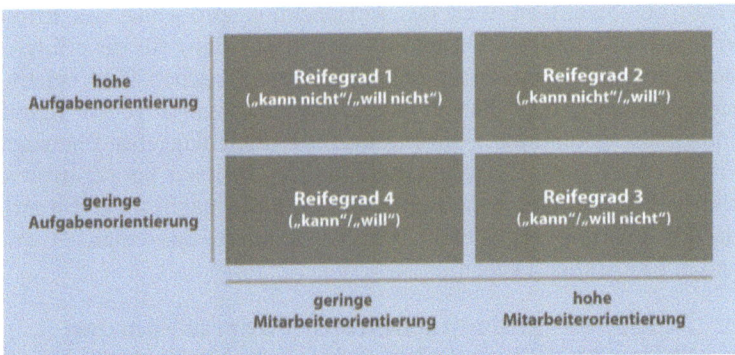

Abb. 8.2 Reifegradmodell der Führung (nach Hersey/Blanchard)

Nach Hersey und Blanchards *Reifegradmodell* (1969) hängt es vorrangig vom Reifegrad des Geführten ab, welcher Führungsstil erfolgreich ist. Je nach übertragener Aufgabe weisen die Mitarbeiter eine unterschiedliche psychologische Reife auf und müssen demnach unterschiedlich geführt werden (Abb. 8.2). Der aufgabenbezogene Reifegrad bestimmt sich hierbei durch die Fähigkeiten (das „Können") und die Motivation (das „Wollen") der Mitarbeiter. Je nach Aufgabe fällt das Können und Wollen unterschiedlich aus, weshalb je nach Aufgabe die Mitarbeiter auch unterschiedlich geführt werden müssen.

Will und kann ein Mitarbeiter beispielsweise eine Aufgabe erledigen (Reifegrad 4), sollte nach dem Reifegradmodell ein Führungsstil praktiziert werden, der sich sowohl durch eine geringe Aufgabenorientierung als auch eine geringe Mitarbeiterorientierung auszeichnet, da keine Unterstützung erforderlich ist. Ist ein Mitarbeiter zwar fachlich in der Lage, eine Aufgabe zu übernehmen, aber nicht willens dies zu tun (Reifegrad 3), ist ihm mit einer hohen Mitarbeiter-, aber geringen Aufgabenorientierung zu begegnen, um die Ursache für die geringe Motivation ermitteln zu können. Wenn eine hohe Motivation, aber geringe fachliche Expertise vorliegt (Reifegrad 2), ist eine hohe Aufgabenorientierung angezeigt, da fachliche Erläuterungen und Hilfestellungen erforderlich sind. Wenn mehr gewollt als gekonnt wird, ist zugleich die Gefahr des Scheiterns in der Aufgabe hoch, weshalb eine hohe Mitarbeiterorientierung die erforderliche persönliche Nähe sicherstellt. Sind Mitarbeiter weder willens noch fähig Aufgaben zu übernehmen (Reifegrad 1), empfiehlt das Reifegradmodell eine ausschließliche Aufgabenorientierung, um über eine Erläuterung und Strukturierung der Aufgabe

Leistungserfolge zu generieren, die sodann die intrinsische Motivation des Mitarbeiters stimulieren.

Erfolgreiche Führung setzt also voraus, dass Führungskräfte zunächst den aufgabenbezogenen Reifegrad der Mitarbeiter diagnostizieren und sodann einen adäquaten Führungsstil praktizieren. Führungsstilflexibilität ist demnach seitens der Führungskräfte erforderlich.

Auch Fiedler (1967) hat, basierend auf der Unterscheidung zwischen einem aufgaben- und einem mitarbeiterorientierten Führungsstil, eine viel beachtete Situationstheorie entwickelt. Sein *Kontingenzmodell* der Führung verneint jedoch die Möglichkeit der Führungsstilflexibilität seitens der Führungskräfte, sondern basiert vielmehr auf der Prämisse, dass Führungskräfte entweder aufgaben- oder mitarbeiterorientiert agieren. Welcher der beiden Führungsstile erfolgreicher ist hängt nach dem Kontingenzmodell von der Günstigkeit der Situation ab. Fiedlers empirische Studien haben ergeben, dass sowohl in sehr günstigen als auch in sehr ungünstigen Führungssituationen der aufgabenorientierte Führungsstil erfolgreicher ist, während der mitarbeiterorientierte Führungsstil in Situationen mittlerer Günstigkeit einen höheren Führungserfolg bewirkt.

Die Günstigkeit der Situation wird hierbei durch drei Faktoren bestimmt: Führer-Mitarbeiter-Beziehung, Aufgabenstruktur sowie Positionsmacht der Führungskraft. Die Situation gestaltet sich für den Führenden umso günstiger, je besser die Beziehung zu den Geführten ist, je höher der Strukturierungsgrad der von den Mitarbeitern zu erfüllenden Aufgaben ist und je mehr seine Position organisationsseitig mit formellen Befugnissen verbunden ist.

8.3.6 Ansatz der transformierenden Führung

Mitte der 80er-Jahre des letzten Jahrhunderts führte Bass (1985), bezugnehmend auf politikwissenschaftliche Untersuchungen, den Ansatz der transformierenden Führung in die Führungsforschung ein, der seither intensiv diskutiert und empirisch überprüft wird.

Um überdurchschnittliche, über den Erwartungen liegende Leistungen seitens der Mitarbeiter zu erzeugen, ist es demnach erforderlich, dass die Führungskräfte derart auf die Mitarbeiter einwirken, dass diese sich vorrangig an übergeordneten, kollektiven Zielen ausrichten, statt sich primär an ihrem individuellen Eigennutz zu orientieren.

Transformierende Führung wird hierbei von **transaktionaler Führung** abgegrenzt. Führen Vorgesetzte transaktional, wird Führung als rationale

Tauschbeziehung betrachtet, in der Mitarbeitern Belohnungen, wie Entgeltsteigerungen, Beförderungen oder herausfordernde Aufgaben, gegen Gefolgschaft angeboten werden. Führung appelliert somit an das Eigeninteresse der Geführten, die für ihre Gefolgschaft honoriert werden. Sollen Mitarbeiter zu Leistungen motiviert werden, so das Kalkül, muss ihnen im Gegenzug etwas geboten werden. Reziprozität wird daher von den Führungskräften angestrebt.

Transformierende Führung hingegen ist darauf ausgelegt, Gemeinschaft zu erzeugen. Die Geführten sollen sich primär als Teil eines Kollektivs (z. B. einer Arbeitsgruppe oder einer Abteilung) verstehen und bestrebt sein, zur Erreichung gemeinsamer Ziele beizutragen. Dies setzt voraus, dass sie sich mit den Organisationszielen identifizieren und ihren Arbeitsalltag als sinnerfüllt erleben. Identifikation und Sinnstiftung rücken somit in den Vordergrund und emotionale, symbolische sowie visionäre Aspekte der Führung werden betont. Mitarbeiter fragen sodann nicht mehr danach, welche Belohnungen sie für ihre Gefolgschaft erhalten, sondern inwiefern sie zur Erreichung der Organisationsziele beitragen können (Bass und Avolio 1994).

Diese Transformation gelingt, wenn Führungskräfte die vier Kennzeichen transformierender Führung, auch „4I's" genannt (Abb. 8.3), realisieren. Das erste „I", „Idealized Influence", verlangt Vorbildhaftigkeit von den Führungskräften, wodurch sie große Glaubwürdigkeit erlangen, ihnen Respekt zuteil und Vertrauen geschenkt wird. Durch das Vorleben vorbildlicher Verhaltensweise identifizieren sich die Mitarbeiter mit der Führungskraft, die damit als „Role Model" fungiert, an dem sich die Mitarbeiter orientieren.

Das zweite Kennzeichen transformierender Führung, „Inspirational Motivation", stellt den beruflichen Alltag der Mitarbeiter in einen über-

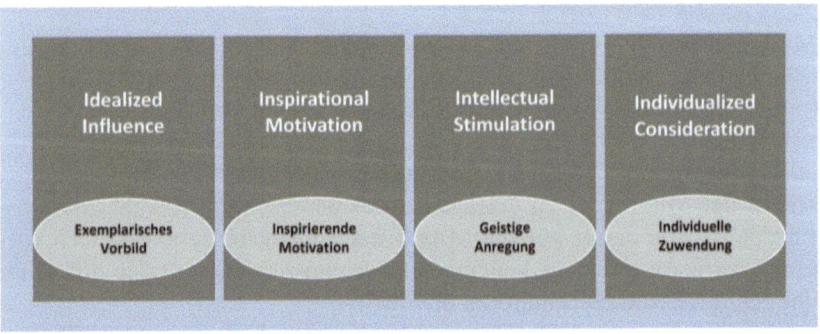

Abb. 8.3 Die 4 I's transformierender Führung (nach Bass)

geordneten Sinnzusammenhang. Es vermittelt den Mitarbeitern das „Big Picture", wodurch jeder zu erkennen vermag, inwiefern das eigene Tun zum Gelingen des Ganzen beiträgt. Zudem wird durch die Vermittlung einer attraktiven Vision ein Zukunftsbild aufgezeigt, für das sich die Mitarbeiter begeistern. Transformierende Führungskräfte sind also visionäre Führungskräfte.

Durch „Intellectual Stimulation", dem dritten Kennzeichen, werden die Mitarbeiter zu kreativem und eigenständigem Denken und Handeln angeregt. Statt den Führungskräften unkritisch, blindlings zu folgen, sind sie aufgefordert, tradierte Sichtweisen zu kritisieren und in Frage zu stellen. Unkonventionelle Ideen und unkonventionelles Verhalten sind demnach ausdrücklich erwünscht.

Und viertens fordert „Individualized Consideration" von den Führungskräften, sich den Mitarbeitern individuell zuzuwenden. Mitarbeiter verfügen über höchst unterschiedliche Eignungen und Neigungen sowie Karriereambitionen, benötigen unterschiedliche Rahmenbedingungen, um Höchstleistungen erbringen zu können und agieren in unterschiedlichen privaten Lebenskontexten. Diese Unterschiedlichkeiten machen eine individuelle Auseinandersetzung und Behandlung der Mitarbeiter durch die Führungskräfte und keine pauschalisierende Gleichbehandlung erforderlich.

Transformierende Führung schließt transaktionale Führung nicht aus. Vielmehr legt der Ansatz eine additive Verknüpfung nahe. Transaktionale Führung stellt sicher, dass sich Anreize und Beiträge aus Mitarbeitersicht im Gleichgewicht befinden und führen zu Arbeitsleistungen in erwartbarer Höhe. Wird transaktionale Führung durch transformierende Führung ergänzt, darf mit Leistungen, die über den Erwartungen liegen, gerechnet werden (Bass 1985). „Transactional and transformational leadership complement each other; they aren't opposing approaches to getting things done. The best leaders are transactional and transformational. Transformational leadership builds on transactional leadership and produces levels of follower effort and performance beyond what transactional leadership alone can do" (Robbins und Judge 2019, S. 474)

8.3.7 Ansatz der authentischen Führung

Der Ansatz der **authentischen Führung** (Gardner et al. 2011) basiert auf der Annahme, dass der Führungserfolg maßgeblich von der Glaubwürdigkeit der Führungskräfte abhängt. Und glaubwürdig sind Führungskräfte demnach, wenn sie von den Mitarbeitern als authentisch erlebt werden.

Authentizität impliziert, dass was man sagt und tut, übereinstimmt mit dem, was man denkt und fühlt – wenn man in Übereinstimmung mit seinem wahren Selbst agiert. Haben Mitarbeiter hingegen den Eindruck, dass Führungskräfte eine Rolle spielen, werden diese als unauthentisch erlebt.

Authentische Führungskräfte wissen, wer sie sind und kennen ihre grundlegenden Werte sowie Überzeugungen. Sie handeln gemäß ihren Werten und Überzeugungen und verstellen sich nicht, sondern verhalten sich in Interaktionen mit anderen transparent.

> **Merke**
>
> **Authentische Führung** liegt vor, wenn es Führungskräften gelingt, sich selbst im Arbeitsalltag treu zu bleiben und dies auch den ihnen unterstellten Mitarbeitern ermöglichen (Karam et al. 2017).

Authentische Führung setzt reflektierte Führungskräfte voraus, die sich ihrer grundlegenden Werte, Motive, Einstellungen und Emotionen bewusst sind. Führungskräften muss klar sein, wer sie sind und wofür sie stehen. Sodann manifestiert sich authentische Führung in authentischem Führungshandeln, also mitarbeiterbezogenen Verhaltensweisen in Übereinstimmung mit ihrem wahren Selbst. Dies erlaubt es ihnen, authentische, von gegenseitigem Vertrauen geprägte, Beziehungen zu den unterstellten Mitarbeitern aufzubauen, was im Ergebnis authentisches Mitarbeiterverhalten, hohes Engagement und hohe Mitarbeiterzufriedenheit zur Folge hat.

8.4 Destruktive Führung

Es gibt nicht nur „gute" und „schlechte" Führung und damit erfolgreiche und weniger erfolgreiche Führungskräfte, sondern auch **destruktive Führung**, auch unethische, missbräuchliche, tyrannische oder despotische Führung genannt (Krasikova et al. 2013). Es handelt sich hierbei um die „dunkle Seite" der Führung (Weibler 2016, S. 632–648).

In der Führungsforschung werden diesbezüglich zwei Formen unterschieden: *Destruktive Ziele* der Führungskraft einerseits und ein *destruktiver Führungsstil* andererseits. In beiden Fällen erfolgt die missbräuchliche Einflussnahme auf die Mitarbeiter absichtsvoll. Ineffektive Führung ist unbeabsichtigt schädlich, destruktive Führung hingegen erfolgt absichtsvoll schädigend.

Führungskräfte führen zum einen dann destruktiv, wenn die von ihnen verfolgten Ziele nicht mit den Organisationszielen übereinstimmen und sie die Mitarbeiter für die Erreichung ihrer persönlichen Ziele einsetzen. Den Mitarbeitern werden also destruktive Ziele gesetzt. Dies ist beispielsweise der Fall, wenn ein Bauleiter eines Bauunternehmens, die ihm unterstellten Mitarbeiter nicht auf Baustellen des Unternehmens einsetzt, sondern zur Renovierung seines Privathauses.

Zum anderen manifestiert sich destruktive Führung auch darin, dass Führungskräfte ein Verhalten an den Tag legen, dass die Mitarbeiter schädigt bzw. zumindest zu schädigen vermag (destruktiver Führungsstil). Die Führungskräfte nutzen also destruktive Methoden der Einflussnahme. Dies ist beispielsweise der Fall, wenn Mitarbeiter schikaniert, unter Druck gesetzt oder beleidigt werden.

Destruktiv geführte Mitarbeiter weisen, wenig überraschend, häufig eine geringe Arbeitszufriedenheit und eine geringe Verbundenheit mit der Organisation sowie eine geringe Arbeitsleistung und eine hohe Kündigungsabsicht auf. Ferner verursacht destruktive Führung nicht selten Stress bei den Mitarbeitern und lässt sie mitunter selbst ebenfalls zu kontraproduktiven Verhaltensweisen greifen (Schyns und Schilling 2013).

Da destruktive Führungskräfte erheblichen Schaden anrichten können, sind Organisationen nicht gut beraten, wenn organisationsintern weggeschaut oder das Phänomen tabuisiert wird. Vielmehr sollten betroffene Mitarbeiter die Möglichkeit haben, auf Missstände hinzuweisen. Zudem sollte destruktive Führung, wenn sie bekannt wird, nicht toleriert und betreffende Führungskräfte umgehend sanktioniert werden. Organisationale Bedingungen, die förderlich für destruktive Führung sind und diese begünstigen, gilt es ferner zu eliminieren. Nicht zuletzt ist bereits bei der Führungskräfteauswahl darauf zu achten, dass keinen Mitarbeitern Personalverantwortung übertragen wird, bei denen ein destruktives Führungsverhalten befürchtet werden muss (z. B. bei narzisstischen, amoralischen oder nicht empathiefähigen Persönlichkeiten).

8.5 Unterrepräsentanz von Frauen in Führungspositionen

Während die Bildungs- und Erwerbsbeteiligung von Frauen seit Jahrzehnten stark zunimmt, weist die vertikale Segregation des Arbeitsmarktes nach Geschlecht ein hohes Beharrungsvermögen auf. Weder hinsichtlich der Bildungs- noch hinsichtlich der Erwerbsbeteiligung stehen Frauen zwischenzeitlich Männern mehr nach. Und dennoch: Obwohl knapp die Hälfte der Beschäftigten weiblich ist, sind Männer und Frauen keineswegs paritätisch auf den unterschiedlichen betrieblichen Hierarchieebenen vertreten, vielmehr sind Frauen nach wie vor in Führungspositionen deutlich unterrepräsentiert. Weiterhin gilt: Je höher die betriebliche Hierarchieebene, desto abwesender sind Frauen.

Beispiel: Vertikale Segregation des Arbeitsmarktes
So waren beispielsweise nur rd. 15 % des Top-Managements der 200 umsatzstärksten Unternehmen in Deutschland 2021 weiblich. Von den Vorständen der Dax 40-Unternehmen waren es 2021 rd. 17,5 %. In den Vorstandsetagen der MDAX-Unternehmen lag der Frauenanteil 2021 bei knapp 12 % und bei den im SDAX notierten Unternehmen bei rd. 13 % (Kirsch et al. 2022).

Das Phänomen, dass Frauen obere Managementpositionen nur höchst selten erreichen, wird auch als „**gläserne Decke**" bezeichnet (Morrison et al. 1987). Demnach gibt es in Unternehmen unsichtbare Barrieren, die Frauen davon abhalten, obere Managementpositionen zu erreichen.

Hierbei sind nicht nur organisationsinterne Ursachen (z. B. die Unternehmenskultur, betriebliche Netzwerke oder die betriebliche Personalpolitik) verantwortlich dafür, dass Frauen seltener Spitzenpositionen erreichen, sondern die gläserne Decke ist auch durch die häusliche Arbeitsteilung mitverursacht (Huf 2020). Die nach wie vor gültige, historisch tief verwurzelte, traditionelle geschlechtsspezifische Teilung der Haus- und Sorgearbeit beeinflusst nicht nur das Geschlechterarrangement im Privatbereich, sondern hat auch Auswirkungen auf die Erwerbssphäre: Sie begründet schlechtere Karriereperspektiven von Frauen.

Die ungleiche Verteilung häuslicher Pflichten und die nach wie vor gültige klassische Rollenverteilung zwischen den Geschlechtern führt dazu, dass die Erwerbsbiografien von Frauen häufig Unterbrechungen aufweisen, wenn Kinder die Familie vergrößern oder Angehörige häuslich gepflegt werden. Familial gebundene Frauen weisen in der Konsequenz diskontinuierlichere Erwerbsbiografien als Männer auf. Nach einer oder mehrerer Familienpausen sind Frauen zudem häufig an einem beruflichen Wiedereinstieg in Teilzeit interessiert, um den überproportional von ihnen übernommenen häuslichen Pflichten nachkommen zu können. Im Vergleich zu Männern führt die traditionelle innerfamiliale Rollenverteilung also zu einer höheren Teilzeitpräferenz bei Frauen.

Durch die überproportional von Frauen übernommene Sorgearbeit für Kinder und Angehörige sind sie nicht nur zeitlich beansprucht, sondern auch in ihrer Mobilität eingeschränkt. Die häusliche Beanspruchung verlangt vielfach häusliche Anwesenheit und schränkt die Möglichkeiten hinsichtlich der zeitlichen Flexibilität und geografischen Mobilität in der Erwerbstätigkeit zwangsläufig ein. Ihre zeitliche Verfügbarkeit und geografische Flexibilität im Beruf ist stärker als bei Männern familial rückgebunden und limitiert. Und nicht zuletzt sind familial gebundene Frauen durch die traditionelle häusliche Arbeitsteilung stärker als Männer am Aufbau und der Pflege beruflicher Netzwerke gehindert. Netzwerkaktivitäten erfordern Zeit und Flexibilität. Übernommene familiäre Pflichten schränken die Networkingmöglichkeiten ein und führen dazu, dass die berufsrelevanten Netzwerke von Frauen kleiner und lokaler sind.

Zusammengenommen: Da unter den Vorzeichen der traditionellen häuslichen Arbeitsteilung nur Frauen ein Vereinbarkeitsproblem hinsichtlich Familie und Karriere haben, Männer hingegen friktionslos beides zugleich realisieren können, weisen Frauen diskontinuierlichere Erwerbsbiografien auf, sind eher an einer Erwerbsbeteiligung in Teilzeit interessiert, können weniger umfänglich Netzwerkaufbau und -pflege betreiben und sind in ihrer Mobilität eingeschränkt.

Da Arbeitgeber auf der anderen Seite insbesondere bei der Besetzung von Führungspositionen eher an einer dauerhaft kontinuierlichen Stellenbesetzung in Vollzeit mit Stelleninhabern interessiert sind, die zeitlich und geografisch möglichst flexibel sind und über ein weit verzweigtes Netzwerk verfügen, entsteht selbst bei gleicher Qualifikation, Motivation und Erfahrung ein Nachteil für Bewerberinnen. Für Neuberger ist es daher eine Form „rationaler Personalpolitik" (Neuberger 2002, S. 774), (tatsächlich oder potenziell) familial gebundenen Frauen, Führungspositionen vorzuenthalten und Männer, unabhängig ihrer familialen Situation, bei gleicher Qualifikation, Motivation und Erfahrung, den Vorzug zu geben.

8.6 Lern-Kontrolle

Kurz und bündig

Im Rahmen der Mitarbeiterführung nehmen Führungskräfte zur Erreichung der Organisationsziele Einfluss auf das Verhalten der Mitarbeiter. Hierbei impliziert die Führung von Mitarbeitern unweigerlich die Ausübung von Macht und die Einflussnahme erfolgt zielorientiert. Erreicht werden soll eine möglichst hohe Mitarbeiterleistung und eine möglichst hohe Mitarbeiterzufriedenheit.

Führungssubstitute, Selbstführung der Mitarbeiter und geteilte Führung können als funktionale Äquivalente zur direkten Einflussnahme auf die Mitarbeiter durch Führungskräfte betrachtet werden.

Führungstheorien stellen sich der Frage, was erfolgreiche Führung ausmacht. Hierbei ist die Führungsforschung durch Theorienpluralismus gekennzeichnet, also einem Nebeneinander einer Vielzahl von Ansätzen. Erachten die einen Persönlichkeitsmerkmale des Vorgesetzten als maßgeblich („Eigenschaftsansatz") für den Führungserfolg, ist für andere das Menschenbild der Führungskraft ausschlaggebend („Theorie XY"). Wieder andere Theorien rücken die Haltung der Führungskraft („dienende Führung") bzw. ihr Verhalten („Führungsstilansatz") oder ihre Authentizität („authentische Führung") in den Mittelpunkt. Die „LMX Theorie" hingegen betont die Bedeutung der Qualität der Beziehung zwischen Führungskräften und Mitarbeitern, für „Situationstheorien" hingegen sind in unterschiedlichen Führungssituationen unterschiedliche Führungsweisen angezeigt. Nicht zuletzt erachtet es der Ansatz der „transformierenden Führung" als ausschlaggebend, inwiefern es den Vorgesetzten gelingt, grundlegende Einstellungen der Mitarbeiter zu verändern.

Führung kann auch unethisch und missbräuchlich erfolgen. Diese dunkle Seite der Medaille wird „destruktive Führung" genannt. Führungskräfte führen zum einen dann destruktiv, wenn die von ihnen verfolgten Ziele nicht mit den Organisationszielen übereinstimmen und sie die Mitarbeiter für die Erreichung ihrer persönlichen Ziele einsetzen. Zum anderen manifestiert sich destruktive Führung auch darin, dass Führungskräfte ein Verhalten an den Tag legen, das die Mitarbeiter schädigt bzw. zumindest zu schädigen vermag.

Frauen sind in Führungspositionen deutlich unterrepräsentiert. Das Phänomen, dass Frauen obere Managementpositionen nur höchst selten erreichen, wird auch als „gläserne Decke" bezeichnet. Demnach gibt es in Unternehmen unsichtbare Barrieren, die Frauen davon abhalten, obere Managementpositionen zu erreichen.

? Let's check

1. Inwiefern handelt es sich bei der Mitarbeiterführung um ein Machtphänomen?
2. Welche möglichen Machtgrundlagen stehen Führungskräften zur Verfügung?
3. Was versteht man in der Führungsforschung unter Führungssubstituten?
4. Wann liegt Führungserfolg vor?
5. Was erachtet der Eigenschaftsansatz als ausschlaggebend für den Führungserfolg?
6. Wovon hängt gemäß der Theorie XY der Führungserfolg ab?
7. Wodurch ist dienende Führung gekennzeichnet?
8. Was bedingt nach der LMX-Theorie den Führungserfolg?
9. Inwiefern unterscheidet sich autoritäre von kooperativer Führung einerseits und aufgaben- von mitarbeiterorientierter Führung andererseits?

10. Welche Faktoren bedingen nach dem Reifegradmodell und dem Kontingenzmodell der Führung die Führungssituation?
11. Wodurch unterscheiden sich transaktionale und transformierende Führung?
12. In welchen beiden Formen kann sich destruktive Führung manifestieren?

❓ Vernetzende Aufgaben
1. Welche Faktoren können für die Unterrepräsentanz von Frauen in Führungspositionen ursächlich sein?
2. Welche Gemeinsamkeiten und Unterschiede weisen charismatische und transformierende Führung auf?
3. Was können Unternehmen tun, um destruktive Führung zu unterbinden?

❶ Lesen und Vertiefen
- Bratton J (2020) Organizational Leadership. Sage, Thousand Oaks
- Northouse PG (2022) Leadership. Theory and Practice. 9. Aufl. Sage, Thousand Oaks
- Weibler J (2016) Personalführung. 3. Aufl. Vahlen, München
- Yukl G, Gardner III WL (2020) Leadership in Organizations. 9. Aufl. Pearson, Harlow

Mitarbeiterbindung: Verhinderung unerwünschter Fluktuation

Inhaltsverzeichnis

9.1 Fluktuationstheorien: Ursachen mitarbeiterseitiger Kündigungen – 141

9.2 Retention Management: Mitarbeiter im Unternehmen halten – 144

9.3 Lern-Kontrolle – 147

© Springer Fachmedien Wiesbaden GmbH, ein Teil von Springer Nature 2022
S. Huf, *Personalmanagement*, Studienwissen kompakt,
https://doi.org/10.1007/978-3-658-37538-6_9

> **Lern-Agenda**
> Das Kapitel
> — zeigt das Erfordernis der Mitarbeiterbindung auf
> — benennt die Faktoren, die einschlägige Fluktuationstheorien als ursächlich für das mitarbeiterseitige Kündigungsverhalten erachten
> — erläutert, wie ein betriebliches Retention Management ausgestaltet werden kann

Unternehmen sind keine Zwangsinstitutionen, die organisationale Mitgliedschaft anordnen können. Vielmehr steht es den Mitarbeitern stets frei, nach alternativen Arbeitgebern Ausschau zu halten. Ihre Mitwirkungs- und Kooperationsbereitschaft kann daher nicht vorausgesetzt, sondern muss stets aufs Neue gewonnen werden. Dies ist Aufgabe des **Retention Managements**.

Beispiel: Mitarbeiterbindung als Führungsaufgabe bei SAS
Der Mitbegründer und CEO des Softwareunternehmens SAS, Jim Goodnight, bringt die Nichtselbstverständlichkeit des Verbleibs der Mitarbeiter treffend auf den Punkt:
„Ninety-five percent of my assets drive out the gate every evening. It's my job to maintain a work environment that keeps those people coming back every morning."
(aus: ▶ https://www.sas.com/de_de/company-information/leadership/jim-goodnight.html)

Die Kehrseite der Retention ist die **Fluktuation**. Diese umfasst sämtliche mitarbeiterinduzierten Personalabgänge in einer Periode. Fluktuation resultiert also aus der freiwilligen Entscheidung von Mitarbeitern ihre organisationale Mitgliedschaft aufzukündigen.

Jedes Arbeitsverhältnis wird formell begründet und endet irgendwann. Die Beendigung kann durch Zeitablauf (bei befristeten Arbeitsverträgen), durch Eintritt einer den Arbeitsvertrag auflösenden Bedingung (z. B. Erreichen des Renteneintrittsalters), durch eine einvernehmliche Aufhebung des Arbeitsverhältnisses oder durch eine arbeitgeberseitige bzw. eine arbeitnehmerseitige Kündigung erfolgen.

Fluktuation umfasst hierbei nicht sämtliche Personalabgänge einer Periode, sondern lediglich den sich aus den Eigenkündigungen der Mitarbeiter ergebenden, mitarbeiterinduzierten Personalabgang. Nur dieser ist Gegenstand des Retention Managements, welches die unternehmensseitigen Maßnahmen zur Senkung der Fluktuation umfasst. Dies setzt die Kenntnis über die maßgeblichen Fluktuationsursachen voraus. Daher ist es das zentrale Anliegen der Fluktuationsforschung, die Ursachen für mitarbeiterseitige Kündigungen zu identifizieren.

> **Merke**
>
> **Fluktuation** resultiert aus der freiwilligen Entscheidung der Mitarbeiter ihre organisationale Mitgliedschaft aufzukündigen (Eigenkündigungen der Mitarbeiter). **Retention** ist gegeben, wenn Mitarbeiter ihre organisationale Mitgliedschaft aufrechterhalten wollen.

9.1 Fluktuationstheorien: Ursachen mitarbeiterseitiger Kündigungen

Grundgelegt wurde die Fluktuationsforschung durch die *Anreiz-Beitrags-Theorie* (March und Simon 1958, S. 103–131), deren Kernaussage lautet: Wenn Mitarbeiter unzufrieden mit ihrer Arbeit sind und zudem über attraktivere Jobalternativen verfügen, kündigen sie ihr aktuelles Arbeitsverhältnis. Subjektiv erlebte Arbeitsunzufriedenheit veranlasst die Mitarbeiter demnach dazu, die Anreiz-Beitrags-Relation ihrer gegenwärtigen Stelle mit der erwarteten Anreiz-Beitrags-Relation alternativer Stellenangebote zu vergleichen und sich für die attraktiver erscheinende Alternative zu entscheiden. Als Variante der Anreiz-Beitrags-Theorie modelliert das Verkettungsmodell (Mobley 1977) dieses Kalkül als rationalen Entscheidungsprozess. Die Kündigung des Arbeitsverhältnisses durch den Mitarbeiter ist hierbei der finale Schritt eines sequenziellen, durch Arbeitsunzufriedenheit ausgelösten, Ablösungsprozesses.

Auf den Punkt gebracht: Gemäß der Anreiz-Beitrags-Theorie kündigen Mitarbeiter, weil sie mit ihrem bestehenden Arbeitsverhältnis unzufrieden sind und über eine attraktiver erscheinende Beschäftigungsalternative verfügen.

So naheliegend es ist, die mitarbeiterseitige Kündigungsentscheidung durch Arbeitsunzufriedenheit zu erklären, so zeigt sich in der betrieblichen Realität, dass Mitarbeiter auch kündigen, obwohl sie nicht unzufrieden mit ihrem Arbeitsverhältnis sind und es auch vorkommt, dass Mitarbeiter kündigen, ohne eine Jobalternative zu haben. Arbeitsunzufriedenheit und sich bietende Beschäftigungsalternativen erklären Fluktuation also nicht vollständig. Eine Vielzahl weiterer Faktoren kann ursächlich sein: Von der Persönlichkeit des Mitarbeiters über unternehmensbezogene Ursachen bis hin zu unternehmensexternen Ursachen (bspw. Geburt eines Kindes, berufliche Veränderung des Ehepartners, Hobbies, Krankheit u. a.).

Daher führten (Lee und Mitchell 1994) das *Pfadmodell der Fluktuation* als Erklärungsansatz in die Fluktuationsforschung ein. Dieser Ansatz zeichnet sich insbesondere dadurch aus, dass die Annahme aufgegeben wird, Arbeitsunzufriedenheit stets als Auslöser für den Ablösungsprozess zu betrachten. Als Fluktuationsparameter berücksichtigt das Pfadmodell über die bereits in der Anreiz-Beitrags-Theorie enthaltenen Faktoren „Arbeitsunzufriedenheit" und „Jobalternativen" auch die Parameter „Pläne" und „Schocks". Als Plan gilt ein vorgefasstes Handlungsmuster des Mitarbeiters im Sinne eines abrufbaren Handlungsskripts (Lee et al. 1999, S. 451), wie etwa die bereits seit längerem bestehende Absicht, ein weiterführendes Hochschulstudium zu absolvieren oder ein lang gehegter Wunsch, sich selbstständig zu machen. Und als Schock gilt ein als gravierend und erschütternd erlebtes Ereignis, das den Mitarbeiter eine Kündigung in Erwägung ziehen lässt.

Im Pfadmodell werden fünf Fluktuationspfade unterschieden (◘ Abb. 9.1): *Pfad 1* erfolgt als *schockinduzierte Planrealisierung*: Ein Schock lässt einen zuvor gefassten Plan aktualisieren. So mag beispielsweise eine Mitarbeiterin seit einiger Zeit erwägen, ihren Bachelor- um einen Masterabschluss zu ergänzen (Plan). Nachdem sie, wider Erwarten, nicht mit der vakanten Gruppenleitung betraut wurde (Schock), verlässt sie das Unternehmen, um das Hochschulstudium aufzunehmen. *Pfad 2* realisiert sich hingegen als *schockinduzierter Impuls*: Ausgelöst durch einen Schock erfolgt die Kündigung – ohne auf einen zuvor gefasst Plan zurückgreifen zu können. Als beispielsweise dem Arbeit-

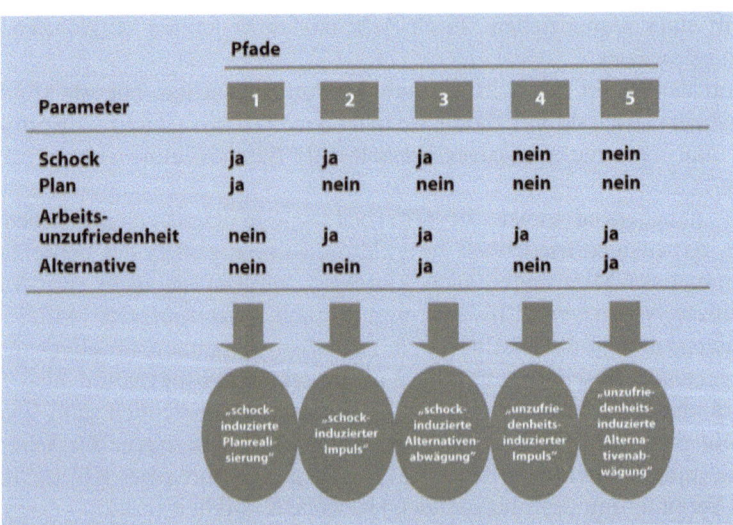

◘ Abb. 9.1 Pfadmodell der Fluktuation (nach Lee/Mitchell)

geber in den Massenmedien die Verwicklung in einen Korruptionsskandal vorgeworfen wird, kann sich die Public-Relations-Mitarbeiterin die Fortsetzung des Arbeitsverhältnisses nicht mehr länger vorstellen. Oder ein Gruppenleiter kündigt beispielsweise einen Tag nachdem die neue Abteilungsleiterin benannt wurde, weil diese in seinen Augen fachlich inkompetent und menschlich unangenehm ist. Bei der *schockinduzierten Alternativenabwägung* des *dritten Pfades* ist ebenfalls ein Schock der Auslöser. Allerdings erfolgt die Kündigung nicht wie bei Pfad 2 impulsiv, sondern nachdem eine vom Mitarbeiter als attraktiver bewertete Jobalternative vorliegt. Die Pfade 4 und 5 hingegen werden im Unterschied zu den vorgenannten Pfaden nicht durch einen Schock, sondern durch eine aufgestaute, kumulierte Arbeitsunzufriedenheit ausgelöst. Während aber im *vierten Pfad (unzufriedenheitsinduzierter Impuls)* die Arbeitsunzufriedenheit so bestimmend wird, dass eine Kündigung ohne Jobalternative erfolgt, kündigt der Mitarbeiter im *Pfad 5 (unzufriedenheitsinduzierte Alternativenabwägung)* erst nachdem er über eine attraktivere Arbeitgeberalternative verfügt. Dieser Pfad folgt mithin dem Kalkül der Anreiz-Beitrags-Theorie.

Die durch die Pfadtheorie gegenüber der Anreiz-Beitrags-Theorie vorgenommene Perspektivenweitung wird durch die *Theorie der Einbettung* (Mitchell et al. 2001) weiter vorangetrieben. Die Einbettungstheorie erklärt die mitarbeiterseitige Bindungsentscheidung einerseits durch soziale Faktoren, wie den Einfluss durch Vorgesetzte, Kollegen, Familienangehörige oder Freunde, und andererseits ebenso durch den Einfluss ökonomischer und psychologischer Faktoren. Metaphorisch kann Einbettung hierbei als Netz umschrieben werden, in das der Mitarbeiter verwoben ist (Mitchell et al. 2001, S. 1104). Im Unterschied zur Anreiz-Beitrags-Theorie und zum Pfadmodell werden also nicht die „push-Faktoren" analysiert, die den Ablösungsprozess der Mitarbeiter vorantreiben, sondern die „pull-Faktoren", die Mitarbeiter an ihren Arbeitgeber binden.

> **Merke**
>
> **Einbettung** bringt also zum Ausdruck, inwiefern psychologische, soziale und ökonomische Faktoren Mitarbeiter am bestehenden Arbeitsverhältnis festhalten lassen.

Präzisiert man die ökonomische, psychologische und soziale Dimension der Einbettung, können drei Einbettungsmechanismen als verantwortlich für das Ausmaß der Verwurzelung der Mitarbeiter angesehen werden: Erstens menschliche *Beziehungen*, zweitens die wahrgenommene *Passung* der eigenen

	on-the job Einbettung	off-the job Einbettung
Beziehungen	berufliche Beziehungen	private Beziehungen
Passung	Person-Job-Kompatibilität	Person-Lebenswelt-Kompatibilität
Opfer	unternehmensbezogener Verzicht	lebensweltbezogener Verzicht

Abb. 9.2 Einbettungsansatz der Fluktuation (nach Lee/Mitchell)

Persönlichkeit zur beruflichen Tätigkeit im Unternehmen sowie des eigenen Selbstkonzepts zur privaten Lebenssituation sowie drittens die finanziellen *Opfer*, die im Falle einer Kündigung in Kauf zu nehmen sind. Alle drei Einbettungsmechanismen beziehen sowohl unternehmensbezogene Faktoren (*on-the-job Einbettung*) als auch private Lebensumstände (*off-the-job Einbettung*) mit ein (Abb. 9.2). Denn schließlich bringt die Kündigung eines Arbeitsverhältnisses nicht nur berufliche Veränderungen mit sich, sondern hat auch Auswirkungen auf die private Lebensführung. Daher kann auch der Verbleib in der Organisation sowohl durch qualitativ hochwertige Beziehungen innerhalb wie außerhalb der Unternehmung bedingt sein. Auch die wahrgenommene Passung vermag aus einer hohen persönlichen Identifikation mit der eigenen Arbeit resultieren als auch aus einem Gefühl der Stimmigkeit von persönlichem Selbstkonzept und der privaten Lebensumständen. Und die mit der Kündigung verbundenen Opfer können einen unternehmensbezogenen Verzicht (z. B. hinsichtlich der betrieblichen Altersversorgung, Dienstwagen oder anderer Zusatzleistungen) oder einen privaten Verzicht mit sich bringen (z. B. Aufgabe einer geschätzten Wohnlage).

Zusammengenommen zeigt sich: Fluktuation ist ein vielgestaltiges Phänomen, es hat viele Gesichter. Nicht nur die Fluktuationsursachen können vielfältig sein, sondern die Mitarbeiter gelangen auch auf unterschiedlichen Wegen zu einer eventuellen Kündigungsentscheidung.

9.2 Retention Management: Mitarbeiter im Unternehmen halten

Retention Management umfasst die unternehmensseitigen Maßnahmen zur Senkung der Fluktuation. Hierbei ist jedoch zu beachten, dass Fluktuation nicht per se dysfunktional und Retention nicht generell funktional für Arbeitgeber ist.

Dysfunktionale Fluktuation liegt vor, wenn Mitarbeiter kündigen, die das Unternehmen gerne weiterbeschäftigt hätte. *Funktionale Fluktuation* ist hingegen gegeben, wenn Mitarbeiter kündigen, von denen sich der Arbeitgeber sowieso gerne getrennt hätte. *Funktionale Retention* wiederum liegt vor, wenn Mitarbeiter, die bleiben sollen, dem Unternehmen treu bleiben, während *dysfunktionale Retention* gegeben ist, wenn Mitarbeiter bleiben, von denen sich das Unternehmen gerne trennen würde, dies jedoch aus arbeitsrechtlichen Gründen nicht möglich ist.

> Auf den Punkt gebracht: **Retention Management** zielt nicht auf die generelle Vermeidung mitarbeiterseitiger Kündigungen, sondern auf die Vermeidung unerwünschter, dysfunktionaler Fluktuation.

Nicht jede mitarbeiterseitige Kündigung ist also aus Unternehmenssicht negativ zu bewerten. Fluktuation verursacht zwar einerseits Kosten und kann mit Nachteilen verbunden sein, andererseits kann aber auch der Nutzen überwiegen. Die Kosten der Fluktuation resultieren zum einen aus der Separation und zum anderen aus der Wiederbesetzung der Stelle. Entscheidend werden die Kosten dadurch beeinflusst, wie leicht die Wiederbesetzung fällt und wie die Entgelthöhe des neuen Mitarbeiters im Vergleich zum bisherigen Mitarbeiter ausfällt. Fluktuation kann zudem insofern negativ sein, dass Knowhow abfließt, Kundenbeziehungen möglicherweise beschädigt werden und eine schwer zu schließende Lücke entsteht. Andererseits kommt mit neuen Mitarbeitern auch neues Humankapital ins Unternehmen. Zudem können dadurch anderen Mitarbeitern eventuell neue Karriereoptionen offeriert werden, und die neu gewonnenen Mitarbeiter sind möglicherweise leistungsfähiger als die bisherigen. Auch eine möglicherweise ohnehin geplante Reorganisation ist eventuell aufgrund der Fluktuation leichter zu realisieren. Und schließlich kann auf eine Wiederbesetzung der Stelle möglicherweise gänzlich verzichtet werden. Nicht jeder wechselwillige Mitarbeiter sollte also durch das Retention Management zum Bleiben ermuntert werden.

Retention Management umfasst daher personalwirtschaftliche Maßnahmen zur Reduktion dysfunktionaler Fluktuation (Huf 2012). Die hierzu erforderlichen Maßnahmen können entlang der drei Einbettungsmechanismen des Einbettungsansatzes (▶ Abschn. 9.1) abgeleitet werden: Passung, Beziehungen und Opfer (◘ Abb. 9.2).

Hinsichtlich der der on-the-job und off-the-job *Passung*, kann eine Erhöhung der Person-Job-Kompatibilität an den gegenwärtigen Arbeitsinhalten und Arbeitsbedingungen (Entgelt, Arbeitszeit, Arbeitsort, Führung) als auch an der offerierten Karriereperspektive anknüpfen. Andererseits kann unternehmensseitig Einfluss auf die Person-Lebenswelt-Kompatibilität genommen werden: Beispielsweise durch Arbeitszeitpolitik, Formen der Telearbeit, Cafeteria-Systemen bei den betrieblichen Sozialleistungen, Kinderbetreuungsangeboten oder Unterstützung dualer Karrieren von Lebenspartnern.

Der zweite Einbettungsmechanismus betrifft die menschlichen *Beziehungen*. Die Qualität beruflicher Beziehungen kann durch Paten- oder Mentorensysteme ebenso wie durch Gemeinschaftsanlässe beeinflusst werden. Hinsichtlich der beruflichen Beziehungen kommt der Qualität der Beziehung zwischen Vorgesetzten und Mitarbeitern und zwischen den unmittelbaren Kollegen eine Schlüsselrolle zu. Auch wenn Unternehmen keinen unmittelbaren Einfluss auf die Intensität und Qualität privater, lebensweltlicher Kontakte haben, kann durch die Ermöglichung einer erlebten Work-Life-Balance und beispielsweise der Unterstützung von Sport- oder Musikgruppen innerhalb der Mitarbeiterschaft auch die private Lebenssphäre positiv beeinflusst werden.

Und schließlich können hinsichtlich des dritten Einbettungsmechanismus die unternehmens- und lebensweltbezogenen *Opfer*, die die Mitarbeiter im Falle einer Kündigung in Kauf nehmen müssten, erhöht werden. Unternehmensbezogene Opfer werden beispielsweise durch eine betriebliche Altersversorgung, ein marktüberdurchschnittliches Entgelt oder die Möglichkeit eines Sabbaticals nach mehrjähriger Unternehmenszugehörigkeit induziert. Lebensweltliche Opfer müssten erbracht werden, wenn Mitarbeitern beispielsweise Dienstwagen zur privaten Nutzung oder Dienstwohnungen gewährt werden oder Unterstützung bei der Kinderbetreuung erfahren.

Die Ableitung von Bindungsmaßnahme aus dem Einbettungsansatz sollte jedoch nicht suggerieren, Unternehmen könnten das Ausmaß der Mitarbeiterbindung beliebig steuern. Die begrenzten Möglichkeiten der unternehmensseitigen Einflussnahme auf die off-the-job Einbettung verdeutlichen hingegen, dass es unrealistisch ist, Fluktuation als generell vermeidbar anzusehen. Vielmehr muss zwischen vermeidbarer und unvermeidlicher Fluktuation unterschieden werden. Vermeidbare Eigenkündigungen der Mitarbeiter resultieren aus Gründen, die unternehmensseitig beeinflussbar sind, wie beispielsweise einer geringen Arbeitszufriedenheit oder einem branchenunterdurchschnittlichen Entgeltniveau. Mitarbeiter kündigen jedoch auch aus Gründen, die unternehmensseitig nicht beeinflussbar sind (unvermeidliche Fluktuation), wie beispielsweise aufgrund von Änderungen in den persönlichen Lebensumständen.

Mitarbeiter gehören zudem nicht mit „Haut und Haaren" Unternehmen an, weshalb Organisationen stets nur eingeschränkte Einwirkungsmöglichkeiten auf Einstellungen, Motive und Verhalten ihrer Mitglieder haben. Es untersteht daher nicht der vollständigen Kontrolle der Unternehmen, Mitarbeiter zu binden. Zu hochgespannte Erwartungen an das Retention Management müssen an der Unberechenbarkeit der Individuen scheitern. Organisationsseitig können allenfalls Bleibeangebote offeriert werden, es obliegt jedoch stets dem einzelnen Mitarbeiter, über deren Annahme zu entscheiden.

9.3 Lern-Kontrolle

Kurz und bündig

Unternehmen sind keine Zwangsinstitutionen, die organisationale Mitgliedschaft anordnen können. Vielmehr steht es den Mitarbeitern stets frei, nach alternativen Arbeitgebern Ausschau zu halten. Ihre Mitwirkungs- und Kooperationsbereitschaft kann daher nicht vorausgesetzt, sondern muss stets aufs Neue gewonnen werden.

Fluktuation resultiert aus der freiwilligen Entscheidung der Mitarbeiter, ihre organisationale Mitgliedschaft aufzukündigen (Eigenkündigungen der Mitarbeiter). Retention ist gegeben, wenn Mitarbeiter ihre organisationale Mitgliedschaft aufrechterhalten wollen.

Das zentrale Anliegen der Fluktuationsforschung besteht darin, die maßgeblichen Ursachen für mitarbeiterseitige Kündigungen zu identifizieren. Gemäß der Anreiz-Beitrags-Theorie kündigen Mitarbeiter, weil sie mit ihrem bestehenden Arbeitsverhältnis unzufrieden sind und über eine attraktiver erscheinende Beschäftigungsalternative verfügen. Das Pfadmodell der Fluktuation berücksichtigt über Arbeitszufriedenheit und Jobalternativen hinaus, Pläne und Schocks als Fluktuationsursachen. Die durch die Pfadtheorie gegenüber der Anreiz-Beitragstheorie vorgenommene Perspektivenerweiterung wird durch die Theorie der Einbettung weiter vorangetrieben. Demnach ist die mitarbeiterseitige Kündigung umso wahrscheinlicher, je weniger „eingebettet" Mitarbeiter sind. Hierbei hängt das Ausmaß der Einbettung von sozialen Faktoren (Beziehungen), psychologischen Faktoren (Passung) und ökonomischen Faktoren (Opfer) ab.

Retention Management umfasst die unternehmensseitigen Maßnahmen zur Senkung der Fluktuation. Allerdings ist Fluktuation für Unternehmen nicht per se dysfunktional (und somit unerwünscht) und Retention nicht generell funktional (und mithin erwünscht). Retention Management umfasst daher personalwirtschaftliche Maßnahmen zur Reduktion dysfunktionaler Fluktuation. Die hierzu erforderlichen Maßnahmen können entlang der drei Einbettungsmechanismen (Passung, Beziehungen und Opfer) abgeleitet werden.

❓ Let's check

1. Welche Personalabgänge werden der Fluktuation zugerechnet und welche nicht?
2. Was erachtet die Anreiz-Beitrags-Theorie (nach March/Simon) als ursächlich für die mitarbeiterseitige Aufkündigung des Arbeitsverhältnisses?
3. Was erachtet das Pfadmodell (nach Lee/Mitchell) als ursächlich für die mitarbeiterseitige Aufkündigung des Arbeitsverhältnisses?
4. Was erachtet der Einbettungsansatz (nach Lee/Mitchell) als ursächlich für die mitarbeiterseitige Aufkündigung des Arbeitsverhältnisses?

❓ Vernetzende Aufgaben

1. Warum ist Fluktuation aus Unternehmenssicht nicht per se dysfunktional, und daher nicht stets unerwünscht?
2. Warum ist Retention aus Unternehmenssicht nicht per se funktional, und daher nicht stets erwünscht?

ℹ️ Lesen und Vertiefen

- Felfe J (2020) Mitarbeiterbindung. 2. Aufl. Hogrefe, Göttingen
- Hom PW u.a. (2020) Employee Retention and Turnover. Why people stay or leave. Routledge, London
- Saridakis G, Cooper C (Hrsg.) (2017) Research handbook on employee turnover. Edward Elgar Publishing, Cheltenham

Organisation des Personalmanagements: Aufgaben- und Kompetenzverteilung

Inhaltsverzeichnis

10.1 Aufgaben- und Kompetenzverteilung zwischen Fachabteilungen und Personalabteilung – 150

10.2 Aufgaben- und Kompetenzverteilung innerhalb des Personalbereichs – 152
10.2.1 Funktionale Organisation des Personalbereichs: Aufgabenspezialistentum – 153
10.2.2 Objektorientierte Organisation des Personalbereichs: Personalreferentenmodell – 154
10.2.3 Rangorientierte Organisation des Personalbereichs: Business Partner-Modell – 155

10.3 Lern-Kontrolle – 156

© Springer Fachmedien Wiesbaden GmbH, ein Teil von Springer Nature 2022
S. Huf, *Personalmanagement*, Studienwissen kompakt,
https://doi.org/10.1007/978-3-658-37538-6_10

> **Lern-Agenda**
> Das Kapitel
> − zeigt den Organisationsbedarf des Personalmanagements auf
> − zeichnet den Wandel des Selbstverständnisses des Personalbereichs nach
> − erläutert die Alternativen hinsichtlich der aufbauorganisatorischen Ausgestaltung der Personalabteilung

10.1 Aufgaben- und Kompetenzverteilung zwischen Fachabteilungen und Personalabteilung

Das Personalmanagement wird keineswegs exklusiv von einer hierauf spezialisierten Personalabteilung (synonym auch als Personalbereich oder als Personalfunktion bezeichnet) betrieben, sondern liegt maßgeblich in den Händen der mit der Führung der Mitarbeiter betrauten Führungskräfte.

Zudem obliegen dem Betriebsrat, sofern vorhanden, nach dem Betriebsverfassungsgesetz (BetrVerfG) Mitwirkungs- und Mitbestimmungsrechte (bei sozialen, personellen und wirtschaftlichen Angelegenheiten) (Oechsler und Paul 2019, S. 122–127) und zahlreiche personalwirtschaftliche Aufgaben werden von externen Dienstleistern (z. B. wie Zeitarbeitsunternehmen, Personalberatungen oder Trainingsanbieter) (▶ Abb. 1.4) übernommen. Daher muss das Zusammenspiel dieser Akteure organisiert werden, insbesondere bedarf es der Festlegung, welche Aufgaben von welchem Akteur übernommen werden und welche Entscheidungsbefugnisse (Kompetenzen) die Akteure erhalten.

Hinsichtlich der personalwirtschaftlichen Aufgaben- und Kompetenzverteilung zwischen Fach- und Personalabteilung ist insbesondere festzulegen, ob sich der Personalbereich ausschließlich als interner Dienstleister und Berater der Fachabteilungen versteht oder auch als eigenständiger Entscheider mit Richtlinienkompetenz (Erstellung, Kontrolle und Anpassung personalpolitischer Richtlinien) und Vetofunktion (z. B. bei Entscheidungen über die Einstellung neuer Mitarbeiter, der Gewährung von Entgelterhöhungen oder der Beförderung von Mitarbeitern).

Hierbei hat sich das Selbstverständnis des Personalbereichs über die vergangenen Jahrzehnte grundlegend verändert (Gaugler 2004). Bis in die 70er-Jahre des letzten Jahrhunderts erfüllte der Personalbereich vorrangig administrative Funktionen (z. B. Arbeitszeiterfassung, Entgeltabrechnung,

Führen der Personalakten) und eine juristische Ordnungsfunktion. Mithin oblag es dem Personalbereich, sicherzustellen, dass die Betriebs- und Arbeitsordnung von den Mitarbeitern eingehalten wurde. Es galt, das Personal gefügig zu machen und an die organisatorischen Bedingungen anzupassen. Plakativ kann der Personalbereich in dieser Zeit als „Schreibbüro" (hinsichtlich der administrativen Funktionen) und „interner Polizist" (hinsichtlich der Ordnungsfunktion) bezeichnet werden (◘ Abb. 10.1).

In den 70er- und 80er-Jahren des letzten Jahrhunderts verordneten sich Personalabteilungen vielerorts eine stärkere Mitarbeiterorientierung. Einer umfassenden „Humanisierung der Arbeitswelt" wurde das Wort geredet. Demnach sollte das Personal nicht mehr länger den organisatorischen Bedingungen angepasst werden, vielmehr sollte sich umgekehrt die Unternehmensorganisation den Mitarbeiterbedürfnissen anpassen. Hierbei verstand sich der Personalbereich primär als Berater und Anwalt der Mitarbeiter – plakativ kann auch von einem Selbstverständnis der Personalabteilung als „Sozialstation" gesprochen werden (◘ Abb. 10.1).

Seit den 90er-Jahren des letzten Jahrhunderts versteht sich der Personalbereich vorrangig als „Business Partner". Nach dieser Wortschöpfung Ulrichs (1997, S. 37) zeichnet sich der Personalbereich insbesondere durch eine unternehmerische Orientierung aus und versteht sich vorrangig als Berater („strategischer Partner") der Führungskräfte (◘ Abb. 10.1).

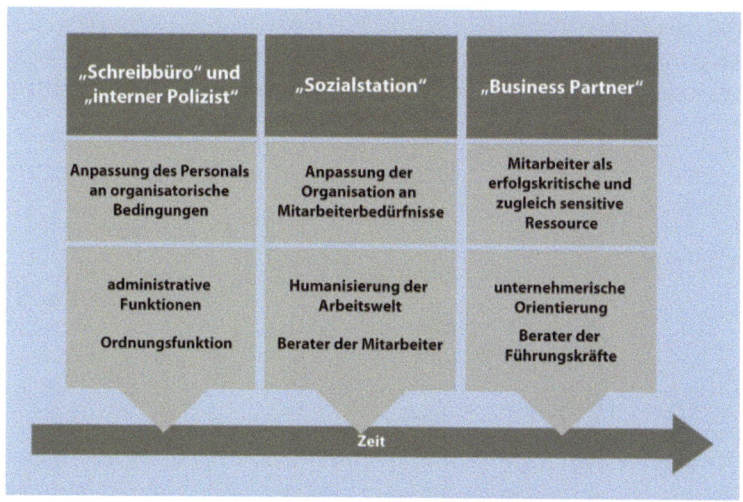

◘ **Abb. 10.1** Wandel des Selbstverständnisses des Personalbereichs

Aufschlussreich hinsichtlich der Stellung der Personalfunktion im Unternehmen ist auch die hierarchische Eingliederung des Bereichs in der gesamthaften Unternehmensorganisation (Abt und Knyphausen-Aufseß 2017). Wird der Personalbereich als eigenständiges Ressort auf der ersten Führungsebene (Unternehmensleitung) verankert? Oder wird der Personalbereich einem Mitglied der Geschäftsleitung unterstellt, wobei die Leitung des Personalbereichs nicht Mitglied der Unternehmensleitung ist, sondern auf der zweiten Führungsebene angesiedelt ist? Die schwächste Stellung kommt dem Personalbereich zu, wenn dieser einer Instanz unterhalb der Unternehmensleitung unterstellt wird. In diesem Fall verfügt die Personalleitung keinen unmittelbaren Kontakt mit der Unternehmensleitung.

10.2 Aufgaben- und Kompetenzverteilung innerhalb des Personalbereichs

Betrachtet man die Binnenorganisation des Personalbereichs, rückt die Frage der Arbeitsteilung und Leistungserbringung innerhalb dieses Bereichs in den Mittelpunkt (◐ Abb. 10.2). Hierbei kann die Stellenbildung primär funktional erfolgen, also eine Spezialisierung nach Verrichtungen (z. B. Personalbeschaffung, -vergütung und -entwicklung) vorgenommen werden (▶ Abschn. 10.2.1), oder die Stellenbildung kann objektorientiert erfolgen, also eine Spezialisierung nach Objekten (z. B. Abteilungen, Mitarbeitergruppen oder Standorten) vorgenommen werden, wie dies im **Personalreferenten-Modell** vorgesehen ist (▶ Abschn. 10.2.2). Und schließ-

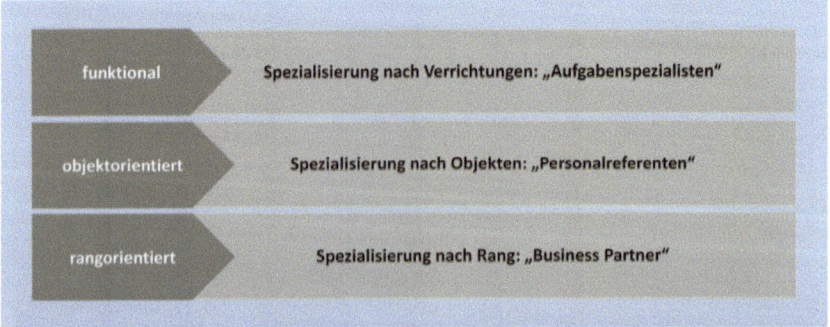

◐ **Abb. 10.2** Art der Arbeitsteilung und Leistungserbringung innerhalb des Personalbereichs

lich kann die Stellenbildung rangorientiert erfolgen, wobei die Spezialisierung nach der Ranghöhe der Aufgaben (z. B. Konzeption, Beratung, Administration) vorgenommen wird, was im **Business Partner-Modell** der Fall ist (▶ Abschn. 10.2.3) (Huf 2018).

10.2.1 Funktionale Organisation des Personalbereichs: Aufgabenspezialistentum

Bei der funktionalen Organisation der Personalabteilung erfolgt die Spezialisierung der Stellen unterhalb der Personalleitung nach Verrichtungen. Bei einer verrichtungsorientierten Aufgabenanalyse wird die Gesamtaufgabe in die einzelnen, zu ihrer Erfüllung notwendigen Verrichtungen zerlegt (Bea und Göbel 2019, S. 99–106, 242–244). Im Rahmen der Gesamtaufgabe des Personalmanagements ist beispielsweise Personal zu beschaffen, zu vergüten und zu entwickeln. Bezogen auf diese Tätigkeiten erfolgt sodann die Stellenbildung innerhalb des Personalbereichs (◘ Abb. 10.3).

Vorteilhaft an dieser Organisationsweise ist die überaus hohe Effizienz und Professionalität der Personalarbeit, da die Stelleninhaber hochgradig auf ihre personalwirtschaftliche Funktion spezialisiert sind. Zudem führt diese Organisationsform zu einer unternehmensweit einheitlichen Personalarbeit über die Unternehmensbereiche hinweg.

Nachteilig ist, dass sich die internen Kunden des Personalbereichs (Führungskräfte und Mitarbeiter) je nach thematischem Anliegen an unterschiedliche Ansprechpartner innerhalb der Personalabteilung wenden müssen. Die auf spezifische personalwirtschaftliche Funktionen ausgerichteten

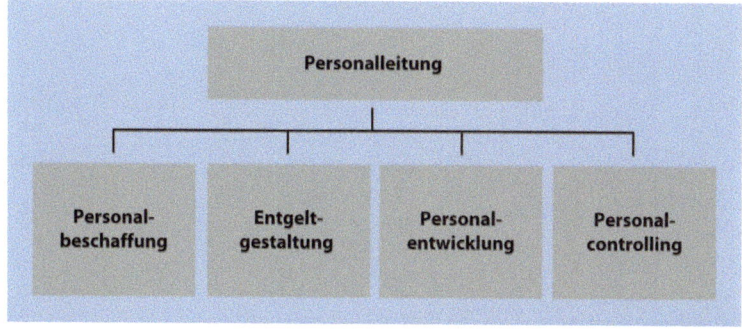

◘ **Abb. 10.3** Funktionale Organisation des Personalbereichs

Organisationseinheiten operieren jeweils unternehmensweit und tendieren hierbei dazu, die Spezifika der Unternehmensbereiche zu vernachlässigen. Nicht zuletzt führt die hochgradige Spezialisierung der Personalmitarbeiter zu einer hohen Gleichförmigkeit ihrer Arbeitsaufgaben.

10.2.2 Objektorientierte Organisation des Personalbereichs: Personalreferentenmodell

Bei der objektorientierten Organisation der Personalabteilung erfolgt die Spezialisierung der Stellen unterhalb der Personalleitung nach Objekten. Bei einer objektorientierten Aufgabenanalyse wird die Gesamtaufgabe nach den einzelnen Objekten, an denen sie erfolgt, gegliedert (Bea und Göbel 2019, S. 99–106, 242–244). Objekte können hierbei beispielsweise Mitarbeitergruppen (z. B. gewerbliche und nicht-gewerbliche Mitarbeiter), Abteilungen (z. B. Einkauf, Produktion, Vertrieb, Rechnungswesen, IT) oder Standorte/Filialen sein. Im Referentensystem besteht die Personalfunktion im Wesentlichen aus nebeneinander operierenden Referaten, die sämtliche personalwirtschaftliche Aufgaben bezogen auf einen Betreuungsbereich (z. B. Abteilungen, Mitarbeitergruppen, Standorte) übernehmen.

Der Betreuungsbereich bildet das Objekt und die Personalreferate sind aufgefordert den besonderen Betreuungserfordernissen des ihnen zugewiesenen Bereichs gerecht zu werden (◘ Abb. 10.4). Das jeweilige Referat ist für alle Mitarbeiter und Führungskräfte des Betreuungsbereichs in sämtlichen personalwirtschaftlichen Angelegenheiten – von der Personalplanung über die Personalbeschaffung und Entgeltgestaltung bis hin zur Personal-

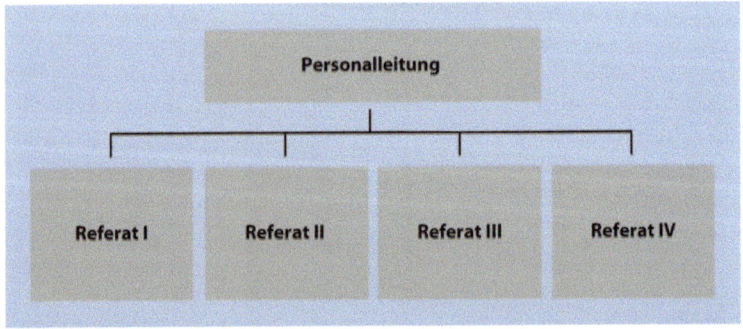

◘ Abb. 10.4 Objektorientierte Organisation des Personalbereichs

entwicklung – zuständig und steht sämtlichen Mitarbeitern als Ansprechpartner in jeglichen personalwirtschaftlichen Angelegenheiten zur Verfügung. Die Referate sind also nicht funktional auf personalwirtschaftliche Aufgaben wie Personalbeschaffung, Entgeltgestaltung, Personalcontrolling oder Personalentwicklung spezialisiert, sondern die Spezialisierung erfolgt hinsichtlich der Betreuungsbereiche als Objekte.

Vorteilhaft an dieser Organisationsweise ist die hohe Mitarbeiter- und Betreuungsbereichsorientierung, und somit Kundenorientierung, der Referate, die bereichsbezogene Entwicklungen schnell und flexibel berücksichtigen können. Den internen Kunden der Personalabteilung steht mit dem Personalreferenten ein Ansprechpartner für sämtliche personalwirtschaftlichen Anliegen zur Verfügung („one face to the customer"). Innerhalb der Referate ist zudem das gesamte Spektrum der personalwirtschaftlichen Aufgaben zu bearbeiten, wodurch sich eine hohe Aufgabenvielfalt für die Personalreferenten ergibt.

Nachteilig ist, dass die im Vergleich zur funktionalen Organisation geringere Spezialisierung der Referenten zwangsläufig zu Effizienzverlusten führt. Zudem ergibt sich ein hoher Koordinationsaufwand zwischen den Personalreferaten, wenn eine einheitliche Personalpolitik referatsübergreifend erbracht werden soll. Und nicht zuletzt überfordert die Aufgabenvielfalt auch möglicherweise die Personalreferenten, die Fachexperten im Recruiting, der Eignungsdiagnostik, dem Arbeitsrecht, der Entgeltgestaltung, der Personalentwicklung u. v. m. sein müssen.

10.2.3 Rangorientierte Organisation des Personalbereichs: Business Partner-Modell

Bei der rangorientierten Organisation der Personalabteilung erfolgt die Spezialisierung der Stellen unterhalb der Personalleitung nach der Ranghöhe der Aufgaben (Bea und Göbel 2019, S. 99–106, 242–244). Im Business Partner-Modell werden die personalwirtschaftlichen Aufgaben daher nach ihrer Ranghöhe in *konzeptionelle*, *beratende* und *administrative* Aufgaben differenziert und für jeden Rang werden getrennte aufbauorganisatorische Einheiten ausgebildet.

Als Ergebnis ergibt sich ein Dreiebenen-Modell (Gerpott 2015) der betrieblichen Personalarbeit: Die *Centers of Expertise* übernehmen hierbei konzeptionelle Aufgaben, wie die Weiterentwicklung der personalwirtschaftlichen Instrumente und die Zuständigkeit für personalwirtschaftliche Grundsatzaufgaben (z. B. Grundsätze der Entgeltgestaltung, Eignungsdiagnostik oder Personalentwicklung). Die *HR Shared Service Center* fungieren als separate Organisationseinheiten, die unternehmensbereichsübergreifend administrative HR-Aufgaben, wie beispielsweise die Entgeltabrechnung, die Arbeitszeiterfassung, die Bewerberkorrespondenz oder die Vertragserstellung, übernehmen. Und schließlich können sich die *HR Business Partner*, frei gespielt von administrativen und konzeptionellen Aufgaben, ganz auf ihre Rolle als Berater der Führungskräfte konzentrieren (Ulrich 2009, S. 69–70). Kernaufgaben der HR Business Partner sind die Beratung der Führungskräfte in personalwirtschaftlichen Fragen und die Unterstützung der Führungskräfte durch die personalwirtschaftliche Umsetzung der Geschäftsstrategie. Die Interessen und Bedürfnisse der Mitarbeiter stehen nicht im Mittelpunkt und die unmittelbare Interaktion zwischen Business Partner und Mitarbeiter ist eher die Ausnahme. Mitarbeiterseitige Anliegen sind vielmehr an das HR Shared Service Center zu richten.

Das Business Partner-Modell, maßgeblich popularisiert durch die Schriften Ulrichs (1997, 2005, 2009), zielt einerseits vor allem auf eine hohe personalwirtschaftliche Effizienz, insbesondere durch die Bündelung und Zentralisierung administrativer Aufgaben in HR Shared Service Centern, und andererseits auf eine hohe unternehmerische Orientierung der Personalfunktion in Form der HR Business Partner.

10.3 Lern-Kontrolle

Kurz und bündig

Da das Personalmanagement von unterschiedlichen Akteuren (Personalabteilung, Führungskräften, Betriebsrat und externen Dienstleistern) betrieben wird, ist in organisatorischer Hinsicht die Aufgaben- und Kompetenzverteilung zwischen diesen personalwirtschaftlichen Akteuren zu klären.

Ist die Aufgaben- und Kompetenzzuweisung der Personalabteilung erfolgt, ist zudem deren Binnenorganisation festzulegen. Hierbei stehen die funktionale (Aufgabenspezialistentum), objektorientierte (Personalreferentenmodell) und rangorientierte Organisation (Business Partner-Modell) als aufbauorganisatorische Alternativen zur Verfügung.

? Let's check
1. Welche Veränderungen hinsichtlich des Selbstverständnisses der Personalabteilung lassen sich über die letzten Jahrzehnte konstatieren?
2. Was ist kennzeichnend für eine funktionale Organisation der Personalabteilung?

3. Was ist kennzeichnend für eine objektorientierte Organisation der Personalabteilung?
4. Was ist kennzeichnend für eine rangorientierte Organisation der Personalabteilung?

Vernetzende Aufgaben
1. Inwiefern gibt die hierarchische Eingliederung des Personalbereichs in die gesamthafte Unternehmensorganisation Aufschluss über die Stellung der Personalfunktion im Unternehmen?
2. Welche Probleme ergeben sich aus einer rangorientierten Organisation der Personalabteilung in Form des Business Partner-Modells?

Lesen und Vertiefen
- Marchington M u. a. (2021) Human Resource Management at Work. 7. Aufl. CIPD Kogan Page, London
- Schrank V (2015) Das Ulrich-HR-Modell in Deutschland. Kritische Betrachtung und empirische Untersuchung. Springer Gabler, Wiesbaden

Strategisches Personalmanagement: HR-Beitrag zum Unternehmenserfolg

Inhaltsverzeichnis

11.1 Die strategische Relevanz des Personalmanagements – 160

11.2 Strategische Personalmanagementansätze – 161

11.2.1 Universalistischer Ansatz: „Best Practice School" – 163

11.2.2 Kontingenzansatz: „Best Vertical Fit School" – 164

11.2.3 Konsistenzansatz: „Best Horizontal Fit School" – 166

11.3 Lern-Kontrolle – 169

© Springer Fachmedien Wiesbaden GmbH, ein Teil von Springer Nature 2022
S. Huf, *Personalmanagement*, Studienwissen kompakt,
https://doi.org/10.1007/978-3-658-37538-6_11

> **Lern-Agenda**
> Das Kapitel
> - zeigt die Relevanz des Personalmanagements für das Strategische Management auf
> - weist die Gemeinsamkeiten der strategischen Personalmanagementansätze auf
> - erläutert die Unterschiede zwischen den strategischen Personalmanagementansätzen, indem der universalistische Ansatz sowie der Kontingenz- und der Konsistenzansatz dargestellt werden

11.1 Die strategische Relevanz des Personalmanagements

Als betriebswirtschaftliche Disziplin beschäftigt sich das Strategische Management mit der Frage, was den langfristigen Erfolg von Unternehmen bedingt. Ziel strategischer Entscheidungen ist es, den langfristigen Unternehmenserfolg zu sichern (Hungenberg 2014). Das Personalmanagement eines Unternehmens ist somit strategisch dann relevant, wenn es einen Beitrag zum langfristigen Unternehmenserfolg liefert.

Diese Perspektive ist insofern ungewöhnlich, als nur allzu oft das Personalmanagement vor allem als Kostenverursacher gesehen wird, das den Unternehmensgewinn schmälert. Aus der Perspektive des Strategischen Managements kann hingegen plausibilisiert werden, dass das betriebliche Personalmanagement auch als Ergebnisgenerator und Erfolgsverursacher gesehen werden kann. Aus diesem Blickwinkel betrachten die strategischen Personalmanagementansätze das betriebliche Personalmanagement. Die Verwendung des Adjektivs „strategisch" beinhaltet also die Überzeugung, dass das Personalmanagement einen positiven Einfluss auf den Unternehmenserfolg haben kann (Boxall und Purcell 2016). Der Produktionsfaktor Arbeit wird hierbei nicht als kostenverursachender Faktor, sondern primär als potenzieller Erfolgsfaktor thematisiert.

> **Merke**
>
> Das **Strategische Personalmanagement** geht der Frage nach, inwiefern das betriebliche Personalmanagement zum langfristigen Unternehmenserfolg beizutragen vermag.

Während der *marktorientierte Ansatz* des Strategischen Managements, prominent vertreten durch Porter (2013), den Unternehmenserfolg vorrangig durch Faktoren bedingt sieht, die außerhalb des Unternehmens, namentlich in der Branchenattraktivität, liegen, erachtet der *ressourcenorientierte Ansatz*, begründet durch Penrose (1959), die Qualität unternehmensinterner Ressourcen als Quelle des dauerhaften Unternehmenserfolgs. Dieser Ansatz basiert auf der Prämisse einer heterogenen Ressourcenausstattung von Unternehmen und erachtet nicht externe Marktfaktoren, sondern die unternehmensspezifische Ressourcenausstattung als Erfolgsgarant.

Für Barney (1991) kann hierbei nicht nur das *physische Kapital*, (wie Grundstücke, Gebäude, Maschinen oder IT) erfolgsbegründende Unternehmensressource sein, sondern ebenso das *organisationale Kapital* (z. B. Planungs-, Informations-, Führungs- und Kontrollsystem, Aufbau- und Ablauforganisation) und auch das *Humankapital* (Wissen, Erfahrungen, Fähigkeiten der Mitarbeiter). Als Ressourcen gelten also alle materiellen und immateriellen Vermögenswerte eines Unternehmens. Erfolgsrelevant sind diese Ressourcen dann, wenn Unternehmen hierdurch einen Wettbewerbsvorteil gegenüber der Konkurrenz erzielen können. Gemäß Barney (1991) ist das nur für solche Ressourcen der Fall, die erstens *wertvoll* sind, also dazu beitragen, die Unternehmensstrategie umzusetzen, zweitens *selten*, also nur für wenige Wettbewerber verfügbar sind, drittens nicht *substituierbar* sind, also nicht durch eine andere Ressourcenart ersetzt werden können, und schließlich, viertens, *nicht imitierbar* sind, also nicht leichterdings von Wettbewerbern nachgeahmt werden können.

Somit ist aus ressourcenorientierter Perspektive nicht die Belegschaft per se ein Erfolgsgarant von Unternehmen, sondern nur diejenigen Mitarbeiter, die über Leistungsvoraussetzungen verfügen, die wertvoll, selten, nicht substituierbar und nicht imitierbar sind.

> Auf den Punkt gebracht: Aus der *ressourcenorientierten Perspektive* des Strategischen Managements kann plausibilisiert werden, dass das Humankapital eines Unternehmens, mithin die Fähigkeiten der Mitarbeiter, Quelle dauerhafter Wettbewerbsvorteilen sein können, sofern diese Fähigkeiten wertvoll, selten, nicht substituierbar und nicht imitierbar sind.

11.2 Strategische Personalmanagementansätze

Den Ausgangspunkt nahm die fachwissenschaftliche Diskussion um das Strategische Personalmanagement in den 80er-Jahren des letzten Jahrhunderts, wobei dem „Michigan HR-Modell" die begriffliche Urheberschaft gebührt (Tichy et al. 1982).

Zwischenzeitlich haben sich drei Schulen innerhalb des Strategischen Personalmanagements herausgebildet. Trotz ihrer unübersehbaren Unterschiedlichkeit, weisen die drei Ansätze auch fundamentale Gemeinsamkeiten auf, die es rechtfertigen, sämtliche Ansätze als Strategische Personalmanagementansätze zu rubrizieren (Lengnick-Hall et al. 2009).

Die erste Gemeinsamkeit besteht darin, dass alle auf der ressourcenorientierten Sichtweise als theoretischer Basis gründen. Zweitens postulieren sie unisono die Erfolgswirksamkeit des Personalmanagements. Sie teilen also die Überzeugung, dass das betriebliche Personalmanagement einen zentralen Beitrag zum finanziellen Unternehmenserfolg beizusteuern vermag. Und drittens nehmen sie allesamt eine Makro-Analyse des Personalmanagements vor, d. h. sie nehmen eine ganzheitliche Betrachtung sämtlicher personalwirtschaftlicher Handlungsfelder vor und analysieren die Auswirkungen des Personalmanagements nicht auf den individuellen Mitarbeiter, sondern auf den Unternehmenserfolg auf der gesamthaften Organisationsebene.

> Auf den Punkt gebracht: Das einigende Band der strategischen Personalmanagementansätze besteht im Postulat der Erfolgswirksamkeit von HR, der ressourcenorientierten Sichtweise als Theoriefundament und der Vornahme einer Makroanalyse, bei der das betriebliche Personalmanagement gesamthaft betrachtet und hinsichtlich seiner Wirkung auf den Unternehmenserfolg analysiert wird.

Trotz dieser unverkennbaren Gemeinsamkeiten, müssen zugleich fundamentale Unterschiede zwischen den Ansätzen konzediert werden (Delery und Doty 1996): Der **universalistische Ansatz** zeigt sich davon überzeugt, dass es eine „best-practice" des Personalmanagements unabhängig von unternehmensspezifischen, situativen Bedingungen gibt („one size fits all") (▶ Abschn. 11.2.1). Der **Kontingenzansatz** hingegen fordert, das Personalmanagement müsse bestmöglich der Wettbewerbsstrategie des Unternehmens angepasst sein und sich als funktionale Strategie aus der Wettbewerbsstrategie ableiten („best-vertical-fit") (▶ Abschn. 11.2.2). Und der **Konsistenzansatz** stellt heraus, dass die interne Abgestimmtheit und Widerspruchsfreiheit der personalwirtschaftlichen Instrumente höchste Erfolgswirksamkeit verspricht. Aufeinander bezogene und abgestimmte personalwirtschaftliche Teilaktivitäten müssen sich demnach zu einem konsistenten Ganzen fügen und ergeben hierdurch eine Personalstrategie („best-horizontal-fit") (▶ Abschn. 11.2.3).

11.2.1 Universalistischer Ansatz: „Best Practice School"

Der **universalistische Ansatz** postuliert die Existenz einer bestmöglichen, für sämtliche Unternehmen passenden Ausgestaltung des Personalmanagements („best practice") – unabhängig von ihrer Branchenzugehörigkeit, ihrer Größe, der von ihnen verfolgten Wettbewerbsstrategie oder anderer unternehmensspezifischer, situativer Bedingungen. Ziel ist es vielmehr, diejenige Ausgestaltung des Personalmanagements zu identifizieren, die erfolgreiche von weniger erfolgreichen Unternehmen unterscheidet. Huselid (1995) hat hierfür in einer bahnbrechenden Studie die Begrifflichkeit der „High Performance Work Practices" (HWPW) geprägt.

Auch wenn, angeregt durch die wegweisenden Studien von Pfeffer (1994) und Huselid (1995), zwischenzeitlich eine kaum mehr zu überblickende Vielzahl an Untersuchungen durchgeführt wurde, zeigen einschlägige Meta-Analysen (z. B. Combs et al. 2006; Jiang et al. 2012; Posthuma et al. 2013) unübersehbar Gemeinsamkeiten diesbezüglich auf, wodurch sich ein „Best Practice-Personalmanagement" im Sinne eines „Hochleistungspersonalmangements" auszeichnet: Das unternehmensseitige Einstehen für höchstmögliche Beschäftigungssicherheit, die Akzentuierung interner gegenüber externer Personalbeschaffung (und entsprechende Instrumente der Personalplanung und Mitarbeiterförderung), ein Entgeltsystem, das nicht nur Stellenanforderungen und Mitarbeitqualifikationen berücksichtigt, sondern ebenso individuelle Mitarbeiterleistungen abbildet und die Belegschaft am Erfolg des Unternehmens teilhaben lässt (in Form von Gewinn- oder Kapitalbeteiligungen) sind beispielsweise Bestandteile einer „best practice". Ferner wird für die externe Personalbeschaffung eine hohe Selektivität durch den Einsatz elaborierter, valider Personalauswahlinstrumente empfohlen (z. B. Testverfahren, Assessment Center oder strukturierte Interviews). Weiterhin sollten Personalbeurteilungen durch outputbezogene Instrumente, die die Verhaltensergebnisse der Mitarbeiter zum Gegenstand haben, und Personalentwicklung extensiv „on-the-job" und „off-the-job" vorgenommen werden. Nicht zuletzt werden teamorientierten Formen der Arbeitsorganisation, einer umfangreichen Informationsteilung, einer höchstmöglichen Partizipation der Mitarbeiter sowie Verfahren und Instanzen zur innerbetrieblichen Konfliktvermeidung und -lösung als konstitutiv für die „best practice" des Personalmanagements erachtet.

Kritisch kann eingewendet werden, dass innerhalb des universalistischen Ansatzes keine Einigkeit besteht, wie viele personalwirtschaftliche Komponenten ein Hochleistungspersonalmanagement konstituieren. Zudem bleibt die Beziehung der Komponenten unklar – wirken sie untereinander additiv, synergetisch oder neutral hinsichtlich des Unternehmenserfolgs? Und schließlich bleibt trotz empirisch markant ermittelter Korrelation zwischen Hochleistungspersonalmanagement und Unternehmenserfolg unklar, ob eine kausale Verursachung vorliegt und worin diese Kausalität begründet liegt.

11.2.2 Kontingenzansatz: „Best Vertical Fit School"

Für den **Kontingenzansatz** gibt es im Unterschied zum universalistischen Ansatz keinen personalwirtschaftlichen „one best way", der situationsinvariant von allen Unternehmen, unabhängig von ihrer Größe, Branchenzugehörigkeit oder Wettbewerbsstrategie, zu verfolgen ist. Vielmehr muss die Art und Weise, wie das Personalmanagement betrieben wird, unternehmensspezifisch ausfallen.

Die vom Kontingenzansatz geforderte vertikale Passung verlangt eine Passung des Personalmanagements zur unternehmensindividuellen Wettbewerbsstrategie. Das Strategische Personalmanagement fügt sich demnach auf der betrieblichen Ebene in den Gesamtprozess des Strategischen Managements ein, da die Unternehmensstrategie für den Personalbereich als funktionale Strategie spezifiziert wird: Die Personalstrategie wird als Funktionalstrategie aus der ihr übergeordneten Unternehmensstrategie abgeleitet. Daher fordert der Kontingenzansatz, dass die Instrumente und Praktiken des Personalmanagements auf die jeweilige unternehmensspezifische Wettbewerbsstrategie hin abgestimmt sein müssen.

Gemäß Porter (2013) stehen die Alternativen Kostenführerschaft oder Differenzierung als Wettbewerbsstrategien zur Verfügung. Unternehmen, die Kostenführerschaft verfolgen, werden ein anderes Mitarbeiterverhalten als wünschenswert erachten als Unternehmen, die nach Differenzierung trachten und entsprechend unterschiedlich muss, dem Kontingenzansatz folgend, das Personalmanagement ausfallen (Schuler und Jackson 1987). Verfolgt ein Unternehmen beispielsweise die Wettbewerbsstrategie der Differenzierung durch innovative Produkte, ist kreatives, risikobereites Mitarbeiterverhalten erforderlich. Dieses wird durch eine Personalpolitik unterstützt, die bei der Rekrutierung entsprechende Auswahlkriterien berücksichtigt, vertrauens- statt kontrollorientiert den Mitarbeitern begegnet, Diversity innerhalb der Belegschaft wertschätzt und Anreizsysteme etabliert, die Experimentierfreude honorieren und Fehlertoleranz zulassen. Weitere Stützen sind eine partizipative Unternehmenskultur und ein Karrieresystem, das

11.2 · Strategische Personalmanagementansätze

neben der Führungs- auch eine Fach- sowie Projektlaufbahn vorsieht und die Querdurchlässigkeit der Funktionsbereiche bei der Personalentwicklung betont. Die Unternehmen werden bestrebt sein, die Mitarbeiter eng an das Unternehmen zu binden, durch sorgfältige Einführung neuer Mitarbeiter entsprechende Sozialisationsprozesse zu initiieren und institutionelle Vorkehrungen zur innerbetrieblichen Konflikthandhabung zu treffen (betriebliche Mitbestimmung) (Marchington et al. 2021, S. 88).

Im Gegensatz dazu wird das Personalmanagement innerhalb einer Strategie der Kostenführerschaft andere Prioritäten setzen, um diese Wettbewerbsstrategie zu unterstützen: Zur Reduktion und Variabilisierung der Personalkosten sind diese Unternehmen an einer hohen numerischen Flexibilität der Belegschaft interessiert. Um den möglichst kleinen Kern der Stammbelegschaft wird daher eine Randbelegschaft auf der Basis flexibler Beschäftigungsverhältnisse gruppiert (geringfügig Beschäftigte, Zeitarbeitskräfte, befristet Beschäftigte, freie Mitarbeiter etc.). Eine hoch standardisierte Arbeitsorganisation verkürzt die Einarbeitungszeit, erleichtert die Kontrolle und die Leistungsmessung der Beschäftigten und macht die Mitarbeiter leicht ersetzbar. Aufwändige Personalauswahlinstrumente kommen nicht zum Einsatz, Personalentwicklung erfolgt vorrangig „on the job" als Anlernausbildung, Gesundheitsschutz und Arbeitssicherheit beschränken sich auf das gesetzlich notwendige Maß und in der Entgeltgestaltung wird das fixe, anforderungsbezogene Grundentgelt niedrig gehalten und variable, leistungsabhängige Komponenten werden betont. Eine starke Unternehmenskultur gilt als entbehrlich, die Führungskräfte bevorzugen einen direktiven Führungsstil und die Abwesenheit von Betriebsräten und Gewerkschaften werden als Erfolg gewertet (Marchington et al. 2021, S. 88).

Kritisch kann gegen den Kontingenzansatz eingewendet werden, dass in der betrieblichen Realität, die konkrete Ausgestaltung des Personalmanagements nicht am Reißbrett entworfen und strikt deduktiv aus der übergeordneten Wettbewerbsstrategie abgeleitet wird, sondern von zahlreichen Stakeholdern (z. B. Unternehmensleitung, Führungskräfte, Personalbereich, Betriebsrat, Gewerkschaften, Arbeitgeberverbände etc.) beeinflusst wird. Und ferner existiert in der betrieblichen Realität keine einheitliche Personalpolitik über sämtliche Beschäftigtengruppen hinweg, oftmals bestehen vielmehr unterschiedliche Personalpolitiken für unterschiedliche Mitarbeitergruppen (z. B. Führungskräfte und Nicht-Führungskräfte), wie es beispielsweise die Ansätze der „Personalmanagement-Architektur" (Lepak und Snell 1999) und der „differenzierenden Personalstrategie" (Becker et al. 2009) fordern.

11.2.3 Konsistenzansatz: „Best Horizontal Fit School"

Auch für den **Konsistenzansatz**, der auch als **Konfigurationsansatz** bezeichnet wird (Delery und Doty 1996), gibt es keine, für sämtliche Unternehmen passende, optimale Ausgestaltung des betrieblichen Personalmanagements.

Im Unterschied zum Kontingenzansatz wird jedoch nicht die Notwendigkeit der Passung zur Wettbewerbsstrategie des Unternehmens in den Mittelpunkt gerückt, sondern die bestmögliche Abstimmung der personalwirtschaftlichen Einzelinstrumente untereinander. Hierdurch ergibt sich eine strategische Ausrichtung des Personalmanagements, da aufeinander bezogene und aufeinander abgestimmte Teilaktivitäten sich zu einem kohärenten Ganzen fügen („best-horizontal-fit") und gemeinsame Wirkkraft erzeugen. Für das Personalmanagement impliziert dies, dass die personalwirtschaftlichen Instrumente und Aktivitäten konsistent aufeinander abgestimmt sein müssen. Personalarbeit sollte demnach „aus einem Guss" erfolgen und keine Widersprüche beinhalten. Widersprüchlich ist eine Personalpolitik beispielsweise, wenn Teamfähigkeit zwar in der Personalauswahl und Personalentwicklung eine hohe Bedeutung beigemessen wird, in der Personalbeurteilungs- und Entgeltpraxis jedoch kaum eine Rolle spielt.

Interne Konsistenz ist keineswegs selbstverständlich. Die einzelnen Teilaktivitäten werden in der betrieblichen Praxis zu unterschiedlichen Zeitpunkten der Unternehmensentwicklung institutionalisiert und nur selten bei ihrer Einführung auf die Kompatibilität mit bereits etablierten Aktivitäten geprüft.

Ein elaboriertes Konsistenzmodell haben Bamberger et al. (2014) vorgelegt. Je nachdem, ob der primäre Fokus der innerorganisatorischen Koordination auf dem Output (Ergebnisstandardisierung) oder den Prozessen (Verhaltensstandardisierung) liegt und ob der externe oder der interne Arbeitsmarkt, z. B. hinsichtlich der Personalbeschaffung oder der Entgeltgestaltung, vorrangig im Fokus der Personalpolitik steht, können vier strategische Grundhaltungen des Personalmanagements identifiziert werden: „Bindung", „Bevormundung", „Selbstbestimmung" oder „Vernachlässigung" der Mitarbeiter (◘ Abb. 11.1).

Konsistenz impliziert, dass sich je nach strategischer Grundhaltung eine unterschiedliche Praxis für die personalwirtschaftlichen Handlungsfelder ergibt (◘ Tab. 11.1). Dies ist für die Personalstrategie der „Bindung" beispielsweise der Fall, wenn die externe Personalbeschaffung sehr selektiv mit validen Auswahlinstrumenten erfolgt, eine ausgeprägte Personalentwicklung und Mitarbeiterförderung betrieben wird, unternehmensinterne Gerechtigkeitsnormen die Entgeltpolitik dominieren und das Entgelt in hohem Maße

11.2 · Strategische Personalmanagementansätze

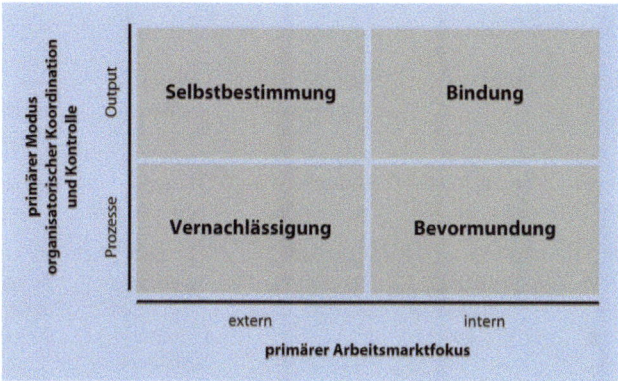

■ **Abb. 11.1** Strategische Grundhaltungen des Personalmanagements nach Bamberger et al. (2014)

■ **Tab. 11.1** Personalmanagement in idealtypischen Personalmanagementstrategien (nach Bamberger et al. (2014))

	Bindung	Selbstbestimmung	Bevormundung	Vernachlässigung
Personalbeschaffung	realistische Rekrutierung äußerst wichtig, sehr sorgfältige Personalauswahl	realistische Rekrutierung sehr wichtig, sorgfältige Personalauswahl	realistische Rekrutierung wichtig, sorgfältige Personalauswahl	realistische Rekrutierung unwichtig, wenig sorgfältige Personalauswahl
Personalentwicklung	extensive betriebliche Bildung, turniermäßiges Talentmanagement	beschränktes betriebliches Bildungsangebot, limitierte Mitarbeiterförderung	umfassende betriebliche Bildung, senioritätsbasierte Mitarbeiterförderung	äußerst beschränktes betriebliches Bildungsangebot, keine systematische Mitarbeiterförderung
Beschäftigungssicherheit	sehr hohe Priorität	betriebsbedingte Kündigungen, wenn erforderlich	hohe Priorität	betriebsbedingte Kündigungen, wenn erforderlich

(Fortsetzung)

◻ **Tab. 11.1** (Fortsetzung)

	Bindung	Selbst-bestimmung	Bevor-mundung	Ver-nachlässigung
zentrale Norm der Engeltgerechtigkeit	interne Entgeltgerechtigkeit	externe Entgeltgerechtigkeit	interne Entgeltgerechtigkeit	externe Entgeltgerechtigkeit
Anreizsystem	starke Betonung immaterieller Anreize	Betonung materieller Anreize	Betonung materieller ebenso wie immaterieller Anreize	starke Betonung materieller Anreize
Bemessungsgrundlagen des Entgelts	Kompetenzen, Leistung	Kompetenzen, Leistung	Anforderungsgrad der Stelle, Seniorität	Anforderungsgrad der Stelle, Leistung
soziale Unterstützung	umfassend	nicht existent	umfassend	nicht existent
Kultur	Kultur der Achtsamkeit	Kultur der eingeschränkten Bindung	Kultur der bevormundenden Fürsorge und Kontrolle	Kultur der Kontrolle und Fügsamkeit

leistungsabhängig ausfällt. Den Mitarbeitern wird versucht, ein Höchstmaß an Arbeitsplatzsicherheit zu gewähren und im Gegenzug eine hohe interne Mobilitäts- und Flexibilitätsbereitschaft abverlangt.

Im Gegensatz dazu ist es im Rahmen der Strategie der „Vernachlässigung" konsistent, wenn im Rahmen der externen Personalbeschaffung der Eignungsdiagnostik nur eine geringe Bedeutung beigemessen wird, ebenso wie der Personalentwicklung, weil die Mitarbeiter als austauschbar gelten. Vielmehr wird auf befristete und prekäre Beschäftigungsverhältnisse gesetzt und die Arbeitsorganisation ist gekennzeichnet durch hochgradige Spezialisierung und Standardisierung. Die Mitarbeiterführung erfolgt sehr eng durch die Vorgesetzten, die mit umfangreichen Kontrollinstrumenten ausgestattet werden. Externe Marktgerechtigkeit ist eine zentrale Norm der Entgeltpolitik, die primär auf finanzielle Anreize setzt. Der Ausbildung einer starken Unternehmenskultur wird geringe Bedeutung beigemessen und den Mitarbeitern kaum Partizipationsrechte zugestanden.

Folgt man dem Konsistenzansatz, fällt die Personalpraxis zwar je nach strategischer Grundhaltung höchst unterschiedlich aus, die personalwirtschaftlichen Teilaktivitäten weisen jedoch jeweils eine hohe interne Stimmigkeit auf, wodurch eine strategische Stoßrichtung erkennbar wird (◘ Tab. 11.1).

11.3 Lern-Kontrolle

Kurz und bündig

Im Rahmen des Strategischen Managements wird der Frage nachgegangen, was den langfristigen Erfolg von Unternehmen bedingt. Das Personalmanagement eines Unternehmens ist somit dann strategisch relevant, wenn es einen Beitrag zum langfristigen Unternehmenserfolg liefert.

Folgende Gemeinsamkeiten weisen die Strategischen Personalmanagementansätze auf: Alle gründen, erstens, auf der ressourcenorientierten Sichtweise als theoretischer Basis. Zweitens postulieren alle die Erfolgswirksamkeit des Personalmanagements. Sie teilen also die Überzeugung, dass das betriebliche Personalmanagement einen zentralen Beitrag zum finanziellen Unternehmenserfolg beizusteuern vermag. Und drittens nehmen sämtliche Ansätze eine Makro-Analyse des Personalmanagements vor, d. h. sie nehmen eine ganzheitliche Betrachtung sämtlicher personalwirtschaftlicher Handlungsfelder vor und analysieren die Auswirkungen des Personalmanagements auf den gesamthaften Unternehmenserfolg.

Trotz unverkennbarer Gemeinsamkeiten sind fundamentale Unterschiede zwischen den Strategischen Personalmanagementansätzen auszumachen: Der universalistische Ansatz zeigt sich davon überzeugt, dass es eine „best-practice" des Personalmanagements unabhängig von unternehmensspezifischen Bedingungen gibt („one size fits all"). Der Kontingenzansatz hingegen fordert, das Personalmanagement müsse bestmöglich der Wettbewerbsstrategie des Unternehmens angepasst sein und sich als funktionale Strategie aus der Wettbewerbsstrategie ableiten („best-vertical-fit"). Und schließlich stellt der Konsistenzansatz heraus, dass die interne Abgestimmtheit und Widerspruchsfreiheit der personalwirtschaftlichen Instrumente und Praktiken höchste Erfolgswirksamkeit verspricht. Aufeinander bezogene und abgestimmte personalwirtschaftliche Teilaktivitäten müssen sich demnach zu einem konsistenten Ganzen fügen und ergeben hierdurch eine Personalstrategie („best-horizontal-fit").

❓ Let's check

1. Inwiefern unterscheidet sich eine strategische von einer operativen Sichtweise auf das Personalmanagement?
2. Was ist kennzeichnend für die Makro-Perspektive der strategischen Personalmanagementansätze?
3. Charakterisieren Sie den universalistischen Ansatz, den Kontingenzansatz und den Konsistenzansatz jeweils durch eine Kernaussage!

❓ Vernetzende Aufgaben

1. Warum eignet sich der ressourcenorientierte Ansatz, nicht aber der marktorientierte Ansatz, als Theoriebasis des Strategischen Personalmanagements?
2. Stehen der universalistische Ansatz, der Kontingenzansatz und der Konsistenzansatz unverbunden nebeneinander oder können diese Ansätze miteinander kombiniert werden?

ℹ️ Lesen und Vertiefen

- Boxall P, Purcell J (2016) Strategy and Human Resource Management. 4. Aufl. Palgrave, London
- Jiang K, Messersmith J (2018) On the shoulders of giants: a meta-review of strategic human resource management. The international journal of human resource management 29: 6–33
- Lengnick-Hall ML u.a. (2009) Strategic human resource management: The evolution of the field. Human Resource Management Review 19: 64–85
- Storey J, Wright PM, Ulrich D (2018) The Routledge Companion to Strategic Human Resource Management. Routledge, Milton Park

…

HR Analytics: Informatorisches Fundament von Personalmanagemententscheidungen

Inhaltsverzeichnis

12.1 Kennzeichen von HR Analytics – 172

12.2 HR Analytics als Weiterentwicklung des Personalcontrolling – 173

12.3 Grenzen von HR Analytics – 175

12.4 Lern-Kontrolle – 176

© Springer Fachmedien Wiesbaden GmbH, ein Teil von Springer Nature 2022
S. Huf, *Personalmanagement*, Studienwissen kompakt,
https://doi.org/10.1007/978-3-658-37538-6_12

> **Lern-Agenda**
> Das Kapitel
> - verortet HR Analytics innerhalb des Personalmanagements
> - weist HR Analytics als Weiterentwicklung des Personalcontrolling aus
> - zeigt die Grenzen von HR Analytics auf

12.1 Kennzeichen von HR Analytics

Um das „Kommen", „Leisten" und „Bleiben" der Mitarbeiter sicherzustellen, also die personalwirtschaftlichen Kernfunktionen zu erfüllen (▶ Abschn. 1.1), müssen in den personalwirtschaftlichen Handlungsfeldern (wie Personalbeschaffung, Entgeltgestaltung oder Personalentwicklung) vielfältige Entscheidungen getroffen werden, z. B. welchem Bewerber ein Einstellungsangebot unterbreitet wird, welche eignungsdiagnostischen Instrumente eingesetzt werden, welche Mitarbeiter eine Entgelterhöhung erhalten oder mit welchen Instrumenten die Mitarbeiterleistung gemessen werden soll.

Als dem Rationalitätsprinzip verpflichtete Wissenschaft fordert die Personalwirtschaftslehre, dass die im Personalmanagement zu treffenden Entscheidungen möglichst rational und mithin datenbasiert getroffen werden sollten, statt nicht-rational auf Basis von Intuition („Bauchgefühl"), individuell-singulären Erfahrungen („anekdotischer Evidenz") oder dem (vermeintlich) „gesunden Menschenverstand" („common sense").

Die begriffliche Urheberschaft für „HR Analytics" können Lawler et al. (2004) für sich reklamieren. Synonym ist auch von „People Analytics", „Workforce Analytics" oder „HR Metrics" die Rede. **HR Analytics** kann demnach als Instrument verstanden werden, dass datenbasierte personalwirtschaftliche Entscheidungen ermöglicht (Marler und Boudreau 2017, S. 15). Ziel ist ein datengetriebenes Personalmanagement. Insofern bildet HR Analytics das informatorische Fundament des Personalmanagements.

> **Merke**
> **HR Analytics** umfasst die systematische Erhebung und Auswertung personalwirtschaftlicher Daten zur Unterstützung von Personalmanagemententscheidungen.

HR Analytics kann daher als Variante des in der Betriebswirtschaftslehre populären „evidenzbasierten Managements" (Rousseau 2006) betrachtet werden. „Evidence-based management means translating principles based on best evidence into organizational practice" (…) „Organizational decisions informed by social science and organizational research – (…) moving professional decisions away from personal preferences and unsystematic experience toward those based on best available (…) evidence" (Rousseau 2006, S. 256).

12.2 HR Analytics als Weiterentwicklung des Personalcontrolling

Selbstverständlich werden seit jeher innerhalb des Personalmanagements relevante Daten zur Entscheidungsunterstützung gesammelt und aufbereitet. Dennoch können drei Phasen des datenbasierten Personalmanagements unterschieden werden (Abb. 12.1).

Im *Personalberichtswesen* wird das Sammeln und die Aufbereitung personalbezogener Daten (z. B. Mitarbeiteranzahl, Altersstruktur der Belegschaft oder Fehlzeiten) von der Personalabteilung vornehmlich als lästige Pflicht betrachtet. Die Daten werden nicht primär zur eigenen Entscheidungsunterstützung erhoben, vielmehr werden andere Unternehmensfunktionen, wie das Controlling, die Unternehmensleitung oder der Betriebsrat, mit

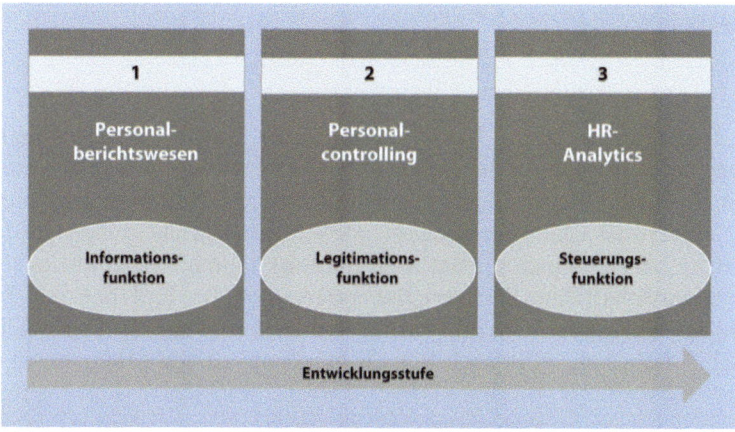

Abb. 12.1 Entwicklung des datenbasierten Personalmanagements

Daten versorgt (Reporting). Es werden seitens der Personalabteilung also primär Daten für andere erhoben und mit personalbezogenen Informationen versorgt (Informationsfunktion).

Auch das *Personalcontrolling* beinhaltet die Informationsversorgung der Entscheider, aber darüber hinaus erfüllt das Controlling stets auch die Funktionen der Planung, der Steuerung und der Kontrolle. Betreibt die Personalabteilung Personalcontrolling, geht es primär darum, die Wirksamkeit des Personalmanagements zu erhöhen, indem die HR-Zielgrößen quantitativ, in Form von Kennzahlen, erfasst und gesteuert werden. Hierdurch soll die Personalarbeit im Unternehmen wirkungsvoller gestaltet und legitimiert werden (Legitimationsfunktion). Im Zentrum steht die Evaluation der durch das Personalmanagement vorgenommenen Wertschöpfung (Wunderer und Jaritz 2007).

Kennzahlen fassen hierbei im Unternehmen anfallende Informationen in konzentrierter Form in absoluten Zahlen bzw. Verhältniszahlen zusammen (Holtbrügge 2018, S. 271–274). Die DIN ISO 30414 („Human Capital Reporting") beinhaltet beispielsweise über 50 Kennzahlen, die die Wirksamkeit des Personalmanagements messen sollen (z. B. Fluktuationskosten, Anzahl der Arbeitsunfälle, Gewinn pro Mitarbeiter, Anteil intern besetzter Stellen, Schulungsstunden pro Mitarbeiter, Anzahl der Mitarbeiter in Talentpools, Anzahl der Bewerber pro ausgeschriebener Stelle, Stellenbesetzungsdauer etc.).

> **Merke**
>
> Personalwirtschaftliche Kennzahlen sind Kennzahlen, die personalwirtschaftlich relevante, quantitativ erfassbare Sachverhalte eines Unternehmens abbilden.

HR Analytics als dritte Evolutionsstufe des datenbasierten Personalmanagements, betrachtet die Gewinnung, Aufbereitung und Interpretation personalwirtschaftlicher Daten weniger als lästige Pflicht oder notwendiges Übel, sondern als Chance, personalwirtschaftliche Entscheidungen evidenzbasiert treffen zu können (Steuerungsfunktion). Durch HR Analytics sollen personalwirtschaftliche Sachverhalte beschrieben (z. B. Höhe der Fehlzeiten), die Ursachen ermittelt (warum sind beispielsweise die Fehlzeiten im Bereich A höher als im Bereich B?), die Wirksamkeit von Maßnahmen evaluiert (wie hat sich beispielsweise die Einführung von Gesundheitszirkeln auf die Fehlzeiten ausgewirkt?) und zukünftige Entwicklungen prognostiziert werden (wie werden sich beispielsweise die Fehlzeiten voraussichtlich im nächsten Jahr entwickeln?). Im Rahmen von HR-Analytics werden also Daten systematisch erhoben, ausgewertet und interpretiert, um daraus Handlungsempfehlungen abzuleiten.

Beispielhafte Fragestellungen im Rahmen von HR Analytics
- Sind ältere Mitarbeiter häufiger krank als jüngere?
- Führen anonymisierte Bewerbungen zu besseren Auswahlentscheidungen?
- Welche Motivationswirkung geht von variablen Entgeltbestandteilen aus?
- Reduzieren Gesundheitsprämien die Fehlzeiten?
- Warum kündigen Mitarbeiter ihr Arbeitsverhältnis auf?

12.3 Grenzen von HR Analytics

HR Analytics ist in methodischer und ethischer Hinsicht nicht unumstritten. Zum einen setzt HR Analytics eine hohe Methodensensibilität voraus, da die Methode der Datenerhebung (z. B. Befragung oder Beobachtung) und Datenauswertung (z. B. Regressionsanalyse) das Ergebnis beeinflusst. Kausalzusammenhänge (Ursache-Wirkungszusammenhänge) können beispielsweise nicht über Korrelationsanalysen, sondern nur über Experimente ermittelt werden.

Zudem müssen Daten stets von Entscheidern interpretiert werden. Handlungsempfehlungen ergeben sich nicht „automatisch" oder „naturwüchsig" aus der Datenlage. Welche Handlungsempfehlung folgt beispielsweise, wenn eine Fluktuationsanalyse ergibt, dass kinderlose Singles häufiger kündigen als andere? Ist daher die Einstellung kinderloser Singles in Zukunft zu vermeiden? Daten treffen keine Entscheidungen – nur Akteure tun dies. Und diese müssen die getroffenen Entscheidungen auch verantworten.

Personalmanagemententscheidungen können und sollten nicht nur aus Gründen der Evidenz getroffen werden, sondern auch aus ethischen Gründen (z. B. Erhöhung der Vielfalt („Diversity") innerhalb der Belegschaft) und aufgrund rechtlicher Vorgaben (z. B. Entgelttransparenzgesetz).

Nicht zuletzt ist die Erfassung, Speicherung und Auswertung personenbezogener Daten im Rahmen von HR Analytics rechtlich (DSGVO, BDSG) sowie ethisch kritisch und daher höchst sensibel vorzunehmen.

12.4 Lern-Kontrolle

Kurz und bündig

Um das „Kommen", „Leisten" und „Bleiben" der Mitarbeiter sicherzustellen, also die personalwirtschaftlichen Kernfunktionen zu erfüllen, müssen in den personalwirtschaftlichen Handlungsfeldern vielfältige Entscheidungen getroffen werden. **HR Analytics** liefert hierbei die erforderlichen Informationen, um diese Entscheidungen datenbasiert und damit möglichst rational treffen zu können. HR Analytics umfasst mithin die systematische Erhebung und Auswertung personalwirtschaftlicher Daten zur Unterstützung von Personalmanagemententscheidungen.

? Let's check

1. Welche Funktion kommt HR Analytics innerhalb des Personalmanagements zu?
2. Inwiefern kann HR Analytics als Weiterentwicklung des Personalcontrollings angesehen werden?
3. Wo stößt HR Analytics an ethische und rechtliche Grenzen?

? Vernetzende Aufgabe

Warum sollten Personalmanagemententscheidungen, sofern möglich, datenbasiert und nicht intuitiv getroffen werden?

ℹ Lesen und Vertiefen

- Biemann T u.a. (2017) People Analytics. Personaldaten als Erfolgsfaktor. PERSONALquarterly 67 (3): 9–15
- Brüggemann C, Schinnenburg H (2018) Predictive HR Analytics. zfo – Zeitschrift Führung + Organisation 87 (5): 330–336
- Edwards M (2016) Predictive HR Analytics. Mastering the HR Metric. Kogan Page, London
- Fitz-enz J (2018) The ROI of Human Capital. 2. Aufl. Amacon, New York
- Huselid MA (2018) The science and practice of workforce analytics. Human Resource Management 57: 679–684
- Lindner-Lohmann D, Lohmann F, Schirmer U (2016) Personalmanagement. 3. Aufl. Springer Gabler, Berlin/Heidelberg
- Reindl C, Krügl S (2017) People Analytics in der Praxis. Haufe Lexware, Freiburg
- Scherm E, Süß S (2016) Personalmanagement. 3. Aufl. Vahlen, München

Serviceteil

Tipps fürs Studium und fürs Lernen – 178

Glossar – 184

Literatur – 197

© Springer Fachmedien Wiesbaden GmbH, ein Teil von Springer Nature 2022
S. Huf, *Personalmanagement*, Studienwissen kompakt,
https://doi.org/10.1007/978-3-658-37538-6

Tipps fürs Studium und fürs Lernen

Studieren Sie!

Studieren erfordert ein anderes Lernen, als Sie es aus der Schule kennen. Studieren bedeutet, in Materie abzutauchen, sich intensiv mit Sachverhalten auseinanderzusetzen, Dinge in der Tiefe zu durchdringen. Studieren bedeutet auch, Eigeninitiative zu übernehmen, selbstständig zu arbeiten, sich autonom Ziele zu setzen, anstatt auf konkrete Arbeitsaufträge zu warten. Ein Studium erfolgreich abzuschließen erfordert die Fähigkeit, der Lebensphase und der Institution angemessene effektive Verhaltensweisen zu entwickeln – hierzu gehören u. a. funktionierende Lern- und Prüfungsstrategien, ein gelungenes Zeitmanagement, eine gesunde Portion Mut und viel pro-aktiver Gestaltungswille. Im Folgenden finden Sie einige erfolgserprobte Tipps, die Ihnen beim Studieren Orientierung geben – einen grafischen Überblick dazu zeigt ◘ Abb. A.1.

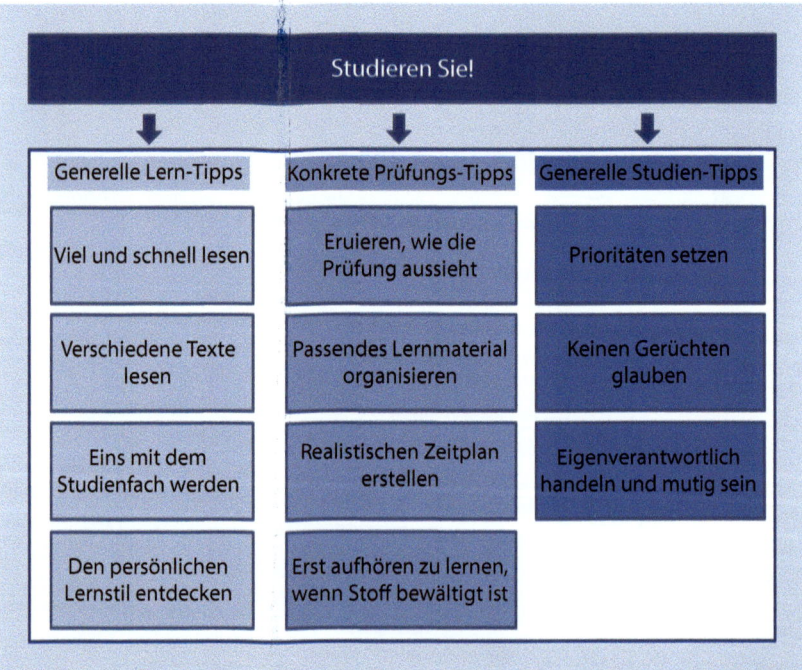

◘ Abb. A.1 Tipps im Überblick

Lesen Sie viel und schnell

Studieren bedeutet, wie oben beschrieben, in Materie abzutauchen. Dies gelingt uns am besten, indem wir zunächst einfach nur viel lesen. Von der Lernmethode – lesen, unterstreichen, herausschreiben – wie wir sie meist in der Schule praktizieren, müssen wir uns im Studium verabschieden. Sie dauert zu lange und raubt uns kostbare Zeit, die wir besser in Lesen investieren sollten. Selbstverständlich macht es Sinn, sich hier und da Dinge zu notieren oder mit anderen zu diskutieren. Das systematische Verfassen von eigenen Text-Abschriften aber ist im Studium – zumindest flächendeckend – keine empfehlenswerte Methode mehr. Mehr und schneller lesen schon eher …

Werden Sie eins mit Ihrem Studienfach

Jenseits allen Pragmatismus sollten wir uns als Studierende eines Faches – in der Summe – zutiefst für dieses interessieren. Ein brennendes Interesse muss nicht unbedingt von Anfang an bestehen, sollte aber im Laufe eines Studiums entfacht werden. Bitte warten Sie aber nicht in Passivhaltung darauf, begeistert zu werden, sondern sorgen Sie selbst dafür, dass Ihr Studienfach Sie etwas angeht. In der Regel entsteht Begeisterung, wenn wir die zu studierenden Inhalte mit lebensnahen Themen kombinieren: Wenn wir etwa Zeitungen und Fachzeitschriften lesen, verstehen wir, welche Rolle die von uns studierten Inhalte im aktuellen Zeitgeschehen spielen und welchen Trends sie unterliegen; wenn wir Praktika machen, erfahren wir, dass wir mit unserem Know-how – oft auch schon nach wenigen Semestern – Wertvolles beitragen können. Nicht zuletzt: Dinge machen in der Regel Freude, wenn wir sie beherrschen. Vor dem Beherrschen kommt das Engagement: Engagieren Sie sich also und werden Sie eins mit Ihrem Studienfach!

Entdecken Sie Ihren persönlichen Lernstil

Jenseits einiger allgemein gültiger Lern-Empfehlungen muss jeder Studierende für sich selbst herausfinden, wann, wo und wie er am effektivsten lernen kann. Es gibt die Lerchen, die sich morgens am besten konzentrieren können, und die Eulen, die ihre Lernphasen in den Abend und die Nacht verlagern. Es gibt die visuellen Lerntypen, die am liebsten Dinge aufschreiben und sich anschauen; es gibt auditive Lerntypen, die etwa Hörbücher oder eigene Sprachaufzeichnungen verwenden. Manche bevorzugen Karteikarten verschiedener Größen, andere fertigen sich auf Flipchart-Bögen Übersichtsdarstellungen an, einige können während des Spazierengehens am besten auswendig lernen, andere tun dies in einer Hängematte. Es ist egal, wo und wie Sie lernen. Wichtig ist, dass Sie einen für sich effektiven Lernstil ausfindig machen und diesem – unabhängig von Kommentaren Dritter – treu bleiben.

Bringen Sie in Erfahrung, wie die bevorstehende Prüfung aussieht

Die Art und Weise einer Prüfungsvorbereitung hängt in hohem Maße von der Art und Weise der bevorstehenden Prüfung ab. Es ist daher unerlässlich, sich immer wieder bezüglich des Prüfungstyps zu informieren. Wird auswendig Gelerntes abgefragt? Ist Wissenstransfer gefragt? Muss man selbstständig Sachverhalte darstellen? Ist der Blick über den Tellerrand gefragt? Fragen Sie Ihre Dozenten. Sie müssen Ihnen zwar keine Antwort geben, doch die meisten Dozenten freuen sich über schlau formulierte Fragen, die das Interesse der Studierenden bescheinigen und werden Ihnen in irgendeiner Form Hinweise geben. Fragen Sie Studierende höherer Semester. Es gibt immer eine Möglichkeit, Dinge in Erfahrung zu bringen. Ob Sie es anstellen und wie, hängt von dem Ausmaß Ihres Mutes und Ihrer Pro-Aktivität ab.

Decken Sie sich mit passendem Lernmaterial ein

Wenn Sie wissen, welcher Art die bevorstehende Prüfung ist, haben Sie bereits viel gewonnen. Jetzt brauchen Sie noch Lernmaterialien, mit denen Sie arbeiten können. Bitte verwenden Sie niemals die Aufzeichnungen Anderer – sie sind inhaltlich unzuverlässig und nicht aus Ihrem Kopf heraus entstanden. Wählen Sie Materialien, auf die Sie sich verlassen können und zu denen Sie einen Zugang finden. In der Regel empfiehlt sich eine Mischung – für eine normale Semesterabschlussklausur wären das z. B. Ihre Vorlesungs-Mitschriften, ein bis zwei einschlägige Bücher zum Thema (idealerweise eines von dem Dozenten, der die Klausur stellt), ein Nachschlagewerk (heute häufig online einzusehen), eventuell prüfungsvorbereitende Bücher, etwa aus der Lehrbuchsammlung Ihrer Universitätsbibliothek.

Erstellen Sie einen realistischen Zeitplan

Ein realistischer Zeitplan ist ein fester Bestandteil einer soliden Prüfungsvorbereitung. Gehen Sie das Thema pragmatisch an und beantworten Sie folgende Fragen: Wie viele Wochen bleiben mir bis zur Klausur? An wie vielen Tagen pro Woche habe ich (realistisch) wie viel Zeit zur Vorbereitung dieser Klausur? (An dem Punkt erschreckt und ernüchtert man zugleich, da stets nicht annähernd so viel Zeit zur Verfügung steht, wie man zu brauchen meint.) Wenn Sie wissen, wie viele Stunden Ihnen zur Vorbereitung zur Verfügung stehen, legen Sie fest, in welchem Zeitfenster Sie welchen Stoff bearbeiten. Nun tragen Sie Ihre Vorhaben in Ihren Zeitplan ein und schauen, wie Sie damit klar kommen. Wenn sich ein Zeitplan als nicht machbar herausstellt, verändern Sie ihn. Aber arbeiten Sie niemals ohne Zeitplan!

Beenden Sie Ihre Lernphase erst, wenn der Stoff bewältigt ist

Eine Lernphase ist erst beendet, wenn der Stoff, den Sie in dieser Einheit bewältigen wollten, auch bewältigt ist. Die meisten Studierenden sind hier zu milde im Umgang mit sich selbst und orientieren sich exklusiv an der Zeit. Das Zeitfenster, das Sie für eine bestimmte Menge an Stoff reserviert haben, ist aber nur ein Parameter Ihres Plans. Der andere Parameter ist der Stoff. Und eine Lerneinheit ist erst beendet, wenn Sie das, was Sie erreichen wollten, erreicht haben. Seien Sie hier sehr diszipliniert und streng mit sich selbst. Wenn Sie wissen, dass Sie nicht aufstehen dürfen, wenn die Zeit abgelaufen ist, sondern erst wenn das inhaltliche Pensum erledigt ist, werden Sie konzentrierter und schneller arbeiten.

Setzen Sie Prioritäten

Sie müssen im Studium Prioritäten setzen, denn Sie können nicht für alle Fächer denselben immensen Zeitaufwand betreiben. Professoren und Dozenten haben die Angewohnheit, die von ihnen unterrichteten Fächer als die bedeutsamsten überhaupt anzusehen. Entsprechend wird jeder Lehrende mit einer unerfüllbaren Erwartungshaltung bezüglich Ihrer Begleitstudien an Sie herantreten. Bleiben Sie hier ganz nüchtern und stellen Sie sich folgende Fragen: Welche Klausuren muss ich in diesem Semester bestehen? In welchen sind mir gute Noten wirklich wichtig? Welche Fächer interessieren mich am meisten bzw. sind am bedeutsamsten für die Gesamtzusammenhänge meines Studiums? Nicht zuletzt: Wo bekomme ich die meisten Credits? Je nachdem, wie Sie diese Fragen beantworten, wird Ihr Engagement in der Prüfungsvorbereitung ausfallen. Entscheidungen dieser Art sind im Studium keine böswilligen Demonstrationen von Desinteresse, sondern schlicht und einfach überlebensnotwendig.

Glauben Sie keinen Gerüchten

Es werden an kaum einem Ort so viele Gerüchte gehandelt wie an Hochschulen – Studierende lieben es, Durchfallquoten, von denen sie gehört haben, jeweils um 10–15 % zu erhöhen, Geschichten aus mündlichen Prüfungen in Gruselgeschichten zu verwandeln und Informationen des Prüfungsamtes zu verdrehen. Glauben Sie nichts von diesen Dingen und holen Sie sich alle wichtigen Informationen dort, wo man Ihnen qualifiziert und zuverlässig Antworten erteilt. 95 % der Geschichten, die man sich an Hochschulen erzählt, sind schlichtweg erfunden und das Ergebnis von „Stiller Post".

Handeln Sie eigenverantwortlich und seien Sie mutig

Eigenverantwortung und Mut sind Grundhaltungen, die sich im Studium mehr als auszahlen. Als Studierende verfügen Sie über viel mehr Freiheit als als Schüler: Sie müssen nicht immer anwesend sein, niemand ist von Ihnen persönlich enttäuscht, wenn Sie eine Prüfung nicht bestehen, keiner hält Ihnen eine Moralpredigt, wenn Sie Ihre Hausaufgaben nicht gemacht haben, es ist niemandes Job, sich darum zu kümmern, dass Sie klar kommen. Ob Sie also erfolgreich studieren oder nicht, ist für niemanden von Belang außer für Sie selbst. Folglich wird nur der eine Hochschule erfolgreich verlassen, dem es gelingt, in voller Überzeugung eigenverantwortlich zu handeln. Die Fähigkeit zur Selbstführung ist daher der Soft Skill, von dem Hochschulabsolventen in ihrem späteren Leben am meisten profitieren. Zugleich sind Hochschulen Institutionen, die vielen Studierenden ein Übermaß an Respekt einflößen: Professoren werden nicht unbedingt als vertrauliche Ansprechpartner gesehen, die Masse an Stoff scheint nicht zu bewältigen, die Institution mit ihren vielen Ämtern, Gremien und Prüfungsordnungen nicht zu durchschauen. Wer sich aber einschüchtern lässt, zieht den Kürzeren. Es gilt, Mut zu entwickeln, sich seinen eigenen Weg zu bahnen, mit gesundem Selbstvertrauen voranzuschreiten und auch in Prüfungen eine pro-aktive Haltung an den Tag zu legen. Unmengen an Menschen vor Ihnen haben diesen Weg erfolgreich beschritten. Auch Sie werden das schaffen!

Andrea Hüttmann ist Professorin an der accadis Hochschule Bad Homburg, Leiterin des Fachbereichs „Communication Skills" und Expertin für die Soft-Skill-Ausbildung der Studierenden. Als Coach ist sie auch auf dem freien Markt tätig und begleitet Unternehmen, Privatpersonen und Studierende bei Veränderungsvorhaben und Entwicklungswünschen. Sie ist Autorin des bei 2016 SpringerGabler erschienenen Buches „Erfolgreich studieren mit Soft Skills". Kontakt: andrea-huettmann.de.

Glossar

70-20-10-Konzept Modell, welches den in der Personalentwicklung eingesetzten Methoden (lehrbasierten, erfahrungsbasierten und relationalen Methoden) höchst unterschiedliche Effektivität bescheinigt.

Abmahnung arbeitgeberseitige Rüge vertragswidrigen Verhaltens. Ausdruck der Missbilligung eines Verhaltens unter Androhung von arbeitsrechtlichen Sanktionen für die Zukunft, sofern das Verhalten nicht geändert wird.

Anforderungen Soll-Vorstellungen über diejenigen Voraussetzungen, die von einer Arbeitssituation ausgehen und die vom Arbeitsplatzinhaber erfüllt sein müssen, um die Aufgaben einer Stelle zureichend bewältigen zu können.

Anforderungsanalyse Verfahren zur Ermittlung der Voraussetzungen, die Bewerber erfüllen müssen, um eine Stelle erfolgreich zu übernehmen.

Anforderungsprofil Zusammenstellung sämtlicher eine Stelle kennzeichnende Anforderungen hinsichtlich Art und Ausprägungsgrad.

Anreizsystem, betriebliches sämtliche materiellen und immateriellen Leistungen, die Mitarbeiter aufgrund eines Arbeitsverhältnisses vom Arbeitgeber erhalten.

Ansatz, universalistischer Ansatz innerhalb des Strategischen Personalmanagements, der postuliert, dass es eine „best-practice" des Personalmanagements unabhängig von unternehmensspezifischen Bedingungen gibt.

Arbeitgeberattraktivität Ausmaß, in dem eine organisationale Mitgliedschaft, aufgrund unternehmensspezifischer Merkmale, für aktuelle und potenzielle Mitarbeiter als wünschenswert erachtet wird.

Arbeitgeberimage mit dem Unternehmen als Arbeitgeber assoziierte Eigenschaften.

Arbeitnehmer Beschäftige, die Arbeit für einen Arbeitgeber auf Basis eines Arbeitsvertrags gegen Entgelt verrichten und zu weisungsgebundener, fremdbestimmter Arbeit in persönlicher Abhängigkeit verpflichtet sind.

Glossar

Arbeitnehmerüberlassung siehe Personalleasing.

Arbeitsbewertung Instrument der anforderungsbezogenen Entgeltdifferenzierung zur Ermittlung der Höhe der Anforderungen (Anforderungsgrad) von Stellen.

Arbeitsbewertung, analytische differenzierte Ermittlung des Anforderungsgrads unter Berücksichtigung unterschiedlicher Anforderungsarten.

Arbeitsbewertung, summarische pauschale Evaluation der Anforderungen einer Stelle als Ganzes.

Arbeitsleistung manifestiert sich im Arbeitsverhalten und in den erzielten Arbeitsergebnissen. Leistung bringt zum Ausdruck, wie die Arbeit mit welchen Ergebnissen vom Mitarbeiter verrichtet wird.

Arbeitsvertrag, juristischer privatrechtlicher, schuldrechtlicher Austauschvertrag, in dem sich der Arbeitnehmer zu weisungsgebundener Arbeit und der Arbeitgeber zur Zahlung eines Arbeitsentgelts verpflichtet.

Assessment Center eignungsdiagnostisches Instrument, in dem mehrere geschulte Beobachter Verhaltensweisen von Bewerbern in simulierten Arbeitssituationen beobachten und die Bewerber hinsichtlich der Erfüllung eignungsrelevanter Stellenanforderungen bewerten.

Ausbildung planvolle Auslösung von Lernvorgängen, um Mitarbeiter auf die erstmalige Ausübung einer beruflichen Tätigkeit vorzubereiten.

Auswahlgerechtigkeit Ausmaß, in dem Bewerber Personalauswahlverfahren als fair erleben.

Betriebsrat von den Mitarbeitern in Unternehmen mit mehr als fünf Beschäftigten wählbare Arbeitnehmervertretung.

Bildung, betriebliche Sicherstellung einer höchstmöglichen Übereinstimmung zwischen den Fähigkeiten der Mitarbeiter und den Anforderungen der Stellen zur Steigerung der aktuellen und zukünftigen Mitarbeiterleistung.

Bruttopersonalbedarf siehe Soll-Personalbestand.

Business Partner-Modell aufbauorganisatorische Grundform der Personalabteilung, bei der eine dreiteilige Spezialisierung nach der Ranghöhe der Aufgabe erfolgt. Die Centers of Expertise übernehmen die konzeptionelle Aufgaben, die HR Shared Service Center sind für die administrativen HR-Aufgaben zuständig und die HR Business Partner konzentrieren sich auf die Beratung der Führungskräfte.

Candidate Experience bewerberseitiges Erleben des Personalbeschaffungsprozesses.

Coaching beratende Begleitung des Mitarbeiters (Coachee) durch einen psychologisch geschulten, unternehmensexternen Berater (Coach) bei tätigkeits-, leistungsbezogenen oder zwischenmenschlichen Problemstellungen.

CV Parsing Automatische Übertragung von Lebenslaufdaten im Rahmen einer Online-Bewerbung, so dass Bewerber ihre Lebenslaufdaten nicht mehr manuell eingeben müssen, sondern lediglich ihren Lebenslauf hochladen.

Daily Shopfloor Management Zusammenkunft von Mitarbeitern und Führungskräften am „Hallenboden", um vor Ort auf Basis von Visualisierungen, Soll-Ist-Abweichungen zu analysieren, Informationen auszutauschen, Probleme zu lösen und Verbesserungen anzustoßen. Die Methode hat ihren Ursprung im Lean Management.

Eignung Ausmaß der Übereinstimmung von Anforderungsprofil der Stelle und den Leistungsvoraussetzungen des Stelleninhabers.

Einarbeitung siehe Onboarding.

Einsatzbedarf Anzahl der Mitarbeiter, die unmittelbar zur Erstellung der betrieblichen Leistung erforderlich sind.

Einstellungstest Datenerhebungsmethode, die die Ausprägung eignungsrelevanter Merkmale unter standardisierten Bedingungen erfasst.

Employee Value Proposition Faktoren, die Unternehmen als attraktiven Arbeitgeber auszeichnen und auf dem Arbeitsmarkt von anderen Arbeitgebern unterscheiden.

Glossar

Employer Branding sämtliche Maßnahmen, die darauf abzielen, sich in der Wahrnehmung relevanter Zielgruppen von anderen Unternehmen zu differenzieren und das Unternehmen als attraktiver Arbeitgeber auf dem Arbeitsmarkt zu positionieren.

Entgelt materielle Gegenleistungen (Geldleistungen und geldwerte Leistungen), die Mitarbeiter aufgrund eines Arbeitsverhältnisses vom Arbeitgeber erhalten.

Entgeltgerechtigkeit, distributive mitarbeiterseitige Bewertung der Entgelthöhe hinsichtlich seiner Angemessenheit.

Entgeltgerechtigkeit, interaktionale mitarbeiterseitige Wahrnehmung der Behandlung durch die Entscheider im Rahmen von Entgeltverhandlungen.

Entgeltgerechtigkeit, prozedurale mitarbeiterseitige Bewertung der Angemessenheit des organisationsinternen Prozesses der Entgeltfestsetzung.

Entgeltkomponente, anforderungsabhängige Entgeltkomponente, die den Schwierigkeitsgrad einer Stelle abbildet.

Entgeltkomponente, erfolgsabhängige Entgeltkomponente, die die Mitarbeiter finanziell am Unternehmenserfolg teilhaben lässt.

Entgeltkomponente, fixe Geldleistung, die Mitarbeitern dem Grunde und der Höhe nach im Vorhinein fest zugesagt wird (z. B. Grundvergütung).

Entgeltkomponente, leistungsabhängige Entgeltkomponente, die die das Leistungsverhalten von Mitarbeitern abbildet.

Entgeltkomponente, marktabhängige Entgeltkomponenten, die der relativen Knappheit eines bestimmten Berufsbildes auf dem externen Arbeitsmarkt Rechnung trägt.

Entgeltkomponente, qualifikationsabhängige Entgeltkomponente, deren Höhe von den berufsrelevanten Qualifikationen, über die Mitarbeiter verfügen, abhängt.

Entgeltkomponente, sozialstatusabhängige Entgeltkomponente, die den sozialen Status von Mitarbeitern finanziell abbildet.

Entgeltkomponente, variable Geldleistung, die dem Grunde nach zugesagt, in der Höhe jedoch im Vorhinein nicht festgelegt ist.

Entgeltgestaltung Ausgestaltung der unternehmensseitig gebotenen materiellen Arbeitsanreize.

Entlassung arbeitgeberseitige Kündigung des Arbeitsverhältnisses.

Fachkompetenz berufsspezifisches Know-how. Zur Erfüllung einer konkreten beruflichen Aufgabe notwendige professionsspezifische Kenntnisse und Fähigkeiten.

Fluktuation Eigenkündigungen der Mitarbeiter. Resultiert aus der freiwilligen Entscheidung der Mitarbeiter zur Aufkündigung ihrer organisationalen Mitgliedschaft.

Fort-/Weiterbildung berufsbegleitende Bildung, die an bereits im Beruf tätige Mitarbeiter adressiert ist, zur Sicherstellung, dass die Fähigkeiten der Mitarbeiter an die sich ändernden Anforderungen der Stellen angepasst bleiben.

Führung, authentische Führungskräfte, die sich selbst im Arbeitsalltag treu bleiben und dies den ihnen unterstellten Mitarbeitern ebenfalls ermöglichen.

Führung, destruktive liegt vor, wenn die von den Führungskräften verfolgten Ziele nicht mit den Organisationszielen übereinstimmen und die Mitarbeiter für die Erreichung dieser persönlichen Ziele eingesetzt werden und/oder wenn Führungskräfte ein Verhalten an den Tag legen, dass die Mitarbeiter schädigt bzw. zumindest zu schädigen vermag.

Führung, ermächtigende siehe Selbstführung

Führung, geteilte gesamthafte Übertragung der Führungsverantwortung auf eine Arbeitsgruppe, wobei es Gruppenprozessen überlassen wird, welche Teammitglieder situativ und aufgabenbezogen jeweils Gefolgschaft finden.

Führung, transaktionale Führung wird seitens der Führungskräfte als rationale Tauschbeziehung betrachtet, in der Mitarbeitern Belohnungen gegen Gefolgschaft angeboten werden.

Glossar

Führung, transformierende Führung, die Gemeinschaft erzeugt. Die Geführten sollen sich primär als Teil eines Kollektivs verstehen und bestrebt sein, zur Erreichung gemeinsamer Ziele beizutragen.

Führungsstil relativ stabiles, wiederkehrendes und situationsinvariantes Verhaltensmuster einer Führungskraft.

Führungsstil, aufgabenorientierter keine Berücksichtigung der persönlichen Bedürfnisse der Mitarbeiter und ihrer privaten Lebenssituation im Führungsverhalten des Vorgesetzten.

Führungsstil, autoritärer keine Einbeziehung der Mitarbeiter in Entscheidungsfindung durch Vorgesetzten.

Führungsstil, kooperativer umfassende Einbeziehung der Mitarbeiter in Entscheidungsfindung durch Vorgesetzten.

Führungsstil, mitarbeiterorientierter umfassende Berücksichtigung der persönlichen Bedürfnisse der Mitarbeiter und ihrer privaten Lebenssituation im Führungsverhalten des Vorgesetzten.

Führungssubstitute funktionale Äquivalente zur direkten Mitarbeiterführung. Ersetzung der Einflussnahme durch Führungskräfte durch etwas anderes.

Fünf-Faktoren-Modell Persönlichkeitsmodell, das die Persönlichkeit mittels fünf, voneinander unabhängiger Persönlichkeitsmerkmale erfasst.

Gamification Einsatz von spielerischen Elementen (z. B. Punkte sammeln, Abzeichen erhalten, Bestenlisten) außerhalb des Freizeitbereichs (z. B. in der Personalauswahl oder der Personalentwicklung).

Gerechtigkeit, organisationale mitarbeiterseitige Wahrnehmung des Ausmaßes der organisationsintern realisierten Gerechtigkeit.

Gender Pay Gap Ausmaß der Ungleichheit der Bruttostundenverdienste zwischen Männern und Frauen.

Gläserne Decke Metapher für unsichtbare Barrieren, die Frauen davon abhalten, obere Managementpositionen zu erreichen.

HR Analytics systematische Erhebung und Auswertung personalwirtschaftlicher Daten zur Unterstützung von Personalmanagemententscheidungen.

Ist-Personalbestand, voraussichtlicher durch Fortschreibung des aktuellen Ist-Bestands unter Berücksichtigung bekannter zukünftiger Veränderungen (Zugänge und Abgänge) ermittelter zukünftiger Personalbestand.

Job Enlargement quantitative Aufgabenerweiterung durch Übertragung zusätzlicher, ranggleicher Aufgaben.

Job Enrichment qualitative Erweiterung der Arbeitsaufgabe durch Übertragung zusätzlicher, ranghöherer Aufgaben.

Job Rotation zeitlich befristeter, systematischer Arbeitsplatzwechsel.

Karriere berufliche Stellen- und Positionenfolge einer Person.

Karrieresystem, betriebliches unternehmensseitige Karriereleitlinien hinsichtlich Bewegungshäufigkeit, Bewegungsrichtungen und Laufbahnformen.

Konfigurationsansatz siehe Konsistenzansatz.

Konsistenzansatz Ansatz innerhalb des Strategischen Personalmanagements, wonach die interne Abgestimmtheit und Widerspruchsfreiheit der personalwirtschaftlichen Instrumente höchste Erfolgswirksamkeit verspricht.

Kontingenzansatz Ansatz innerhalb des Strategischen Personalmanagements, der fordert, das Personalmanagement bestmöglich der Wettbewerbsstrategie des Unternehmens anzupassen und als funktionale Strategie aus der Wettbewerbsstrategie abzuleiten.

Kündigung einseitige, empfangsbedürftige Willenserklärung einer Arbeitsvertragspartei, durch die das Arbeitsverhältnis beendet wird.

Kündigung, außerordentliche fristlose Aufkündigung des Arbeitsverhältnisses durch den Arbeitgeber.

Kündigung, ordentliche arbeitgeberseitige Kündigung des Arbeitsverhältnisses unter Einhaltung der gesetzlichen Kündigungsfristen.

Leiharbeit siehe Personalleasing.

Lerncommunities virtuelle Lerngemeinschaften von Mitarbeitern, die sich vernetzen, um sich gemeinsam mit einem bestimmten Thema auseinanderzusetzen. Das gemeinsame Lernen und der Wissensaustausch unter den Mitgliedern stehen dabei im Vordergrund.

Macht Möglichkeit, den eigenen Willen innerhalb einer sozialen Beziehung auch im Falle von Widerstand durchsetzen zu können.

Massenentlassung betriebsbedingte Kündigungen, von denen ein größerer Teil der Belegschaft betroffen ist.

Menschenbild Grundannahmen der Führungskräfte hinsichtlich des Wesens der Mitarbeiter.

Mentoring Interaktionsbeziehung, in dem eine erfahrene Person (Mentor) den Mitarbeiter (Mentee) in berufsbezogenen und persönlichen Fragen über einen längeren Zeitraum hinweg berät und unterstützt.

Methoden, erfahrungsbasierte in der Personalentwicklung eingesetzte Methoden zur Auslösung von Lernvorgängen, indem reale Arbeitserfahrungen („on-the-job") als Lernchance geboten werden (z. B. durch eine Aufgabenfelderweiterung).

Methoden, lehrbasierte in der Personalentwicklung eingesetzte Methoden zur Auslösung von Lernvorgängen, indem die Mitarbeiter ein Lehrprogramm („off-the-job") absolvieren (z. B. ein Seminar besuchen oder ein e-Learning absolvieren).

Methoden, relationale in der Personalentwicklung eingesetzte Methoden zur Auslösung von Lernvorgängen, indem die Mitarbeiter im Rahmen professioneller Beziehungen Rückmeldungen und Hinweise von ausgewählten Personen (z. B. Mentor oder Coach) erhalten.

Methodenkompetenz Fähigkeit zur Anwendung von Analyse-, Arbeits-, und Problemlösungstechniken (z. B. Projektmanagement oder vernetztes Denken).

Mitarbeiterbindung siehe Retention Management.

Mitarbeiterförderung siehe Talent Management.

Mitarbeiterführung Einflussnahme von Führungskräften auf das Verhalten der Mitarbeiter zur Erreichung der Organisationsziele.

Mobile Recruiting Bereitstellung von Technologien, die eine Bewerbung über mobile Endgeräte (wie Smartphones oder Tablet-PCs) ermöglichen.

Objektivität Ausmaß in dem ein Messergebnis unabhängig vom Durchführenden der Messung ist.

Onboarding planvoll gestalteter Lernprozess, durch den bislang Außenstehende in die Organisation als Mitglieder integriert werden.

Organisation des Personalmanagements Aufgaben- und Kompetenzverteilung zwischen den personalwirtschaftlichen Akteuren sowie die Aufgaben- und Kompetenzverteilung innerhalb der Personalfunktion.

Outdoor Training Natur als Lernort zur Vermittlung extrafunktionaler (Sozial-, Methoden- und Selbst-)Kompetenzen auf erlebnispädagogischer Basis.

Persönlichkeit zeitlich stabile Dispositionen zu bestimmten Verhaltensweisen.

Personalauswahl Ermittlung der Eignung von Bewerbern für eine zu besetzende Stelle mittels eignungsdiagnostischer Verfahren.

Personalbeschaffung Prozess der Suche und Bereitstellung von Mitarbeitern nach Maßgabe des in der Personalplanung ermittelten Personalbedarfs in quantitativer, qualitativer, zeitlicher und räumlicher Hinsicht.

Personalbeschaffung, externe Besetzung vakanter Positionen über den externen Arbeitsmarkt.

Personalbeschaffung, interne Besetzung vakanter Positionen mit bereits im Unternehmen beschäftigten Mitarbeitern.

Personalentwicklung arbeitgeberseitige Organisation von Lernprozessen. Angebot von Lernmöglichkeiten, um die Leistungsfähigkeit der Mitarbeiter zu erhalten bzw. zu steigern.

Personalleasing Form der Personalbedarfsdeckung, bei dem Unternehmen (Personalleasingnehmer) Arbeitskräfte (Leih- bzw. Zeitarbeitsnehmer) gegen eine Leihgebühr bei einem Personalleasinggeber (Zeitarbeitsunternehmen) zeitlich befristet ausleihen. Der Arbeitnehmer ist hierbei arbeitsvertraglich ausschließlich mit dem Zeitarbeitsunternehmen verbunden, während Personalleasinggeber und -nehmer einen Arbeitnehmerüberlassungsvertrag schließen.

Personalmanagement betriebliche Maßnahmen zur Gewinnung und Bindung von Mitarbeitern sowie zur Ausgestaltung leistungsförderlicher Arbeitsbedingungen.

Personalmarketing Maßnahmen zur positiven Beeinflussung der Arbeitgeberattraktivität.

Personalplanung Ermittlung des zukünftigen Personal-Sollbestands, spezifiziert in quantitativer, qualitativer, zeitlicher und räumlicher Hinsicht, der zur Erreichung der betrieblichen Ziele erforderlich ist.

Personalplanung, qualitative Bestimmung der Qualifikationen, über die die Mitarbeiter in Zukunft verfügen müssen, um den Stellenanforderungen zu genügen.

Personalplanung, quantitative Prognose der zur Erreichung der Unternehmensziele in Zukunft erforderlichen Mitarbeiteranzahl.

Personalreferenten-Modell Aufbauorganisatorische Grundform der Personalabteilung, bei der eine objektorientierte Spezialisierung erfolgt. Im Referentensystem besteht die Personalfunktion im Wesentlichen aus nebeneinander operierenden Referaten, die sämtliche personalwirtschaftliche Aufgaben bezogen auf einen Betreuungsbereich übernehmen.

Personalüberdeckung liegt vor, wenn mehr Beschäftigte fürs Unternehmen tätig sind als zur Leistungserstellung erforderlich wären.

Personalunterdeckung ist gegeben, wenn mehr Mitarbeiter erforderlich wären, um eine reibungslose Leistungserstellung sicherzustellen.

Personalreduktion Verringerung der personellen Kapazitäten.

Personalreduktion mit Entlassungen Verringerung der personellen Kapazitäten mittels betriebsbedingter Kündigungen.

Personalreduktion ohne Entlassungen Verringerung der personellen Kapazitäten ohne Vornahme arbeitgeberseitiger Kündigungen.

Potenzial den Mitarbeitern zur Verfügung stehende Leistungsoptionen, ihre entwickelbare Leistungsfähigkeit.

Potenzialdiagnose, kompetenzbasierte Beurteilung des Potenzials auf Basis der Kompetenzen der Mitarbeiter.

Potenzialdiagnose, persönlichkeitsbasierte Beurteilung des Potenzials auf Basis von Persönlichkeitsmerkmalen der Mitarbeiter.

Qualifikation berufsrelevante Ressourcenbasis für potenzielle Handlungen.

Qualifikationen, funktionale Qualifikationen, die nur in einer bestimmten Tätigkeit eingesetzt werden können.

Qualifikationen, extrafunktionale stellenübergreifend einsetzbare, überfachliche Qualifikationen.

Qulitätszirkel auf Dauer angelegte Kleingruppe von Mitarbeitern derselben hierarchischen Ebene, die regelmäßig unter Leitung eines Moderators Vorgehensweisen und Prozesse des eigenen Arbeitsbereichs analysiert und Verbesserungsvorschläge erarbeitet, umsetzt und evaluiert.

Randbelegschaft Gesamtheit der Beschäftigten, die nicht auf Basis eines unbefristeten Arbeitsvertrags mit dem Unternehmen und/oder nicht in Vollzeit für das Unternehmen tätig sind (z. B. befristet Beschäftigte, geringfügig Beschäftigte, Zeitarbeitskräfte oder Teilzeitbeschäftigte).

Recruiting Aktivitäten zur Generierung von Bewerbungen.

Reliabilität Ausmaß, in dem wiederholte Messungen zum selben Ergebnis führen (Verlässlichkeit einer Messung).

Glossar

Reservebedarf prozentuale Zuschlagsquote zum Einsatzbedarf, aufgrund unvermeidlicher Personalausfällen (beispielsweise wegen Krankheit, Urlaub oder Teilnahme an Fort-/Weiterbildungsveranstaltungen).

Retention Management betriebliche Maßnahmen zur Vermeidung unerwünschter Fluktuation.

Schlüsselqualifikationen siehe extrafunktionale Qualifikationen.

Selbstführung Befähigung und Ermächtigung der Mitarbeiter sich selbst, ohne Vorgesetzteneinfluss, zu führen. Funktionales Äquivalent zur direkten Mitarbeiterführung.

Selbstkompetenz Fähigkeit, sich selbst in beruflichen Situationen zu reflektieren (z. B. Kritikfähigkeit, Sensibilität für Abweichungen von Selbst- und Fremdbild) und für sich selbst Verantwortung zu übernehmen.

Situationstheorien der Führung Führungstheorien, die postulieren, dass es keinen für alle Führungssituationen passenden Führungsstil gibt, sondern es vielmehr von situativen Bedingungen abhängt, welches Führungsverhalten erfolgsversprechend ist.

Soll-Personalbestand Zur Erreichung der Unternehmensziele in Zukunft erforderliche Mitarbeiteranzahl.

Sozialisation, organisationale siehe Onboarding.

Sozialkompetenz Fähigkeit, wirkungsvoll mit Anderen zusammenzuarbeiten (z. B. Durchsetzungsfähigkeit, Konfliktfähigkeit oder aktives Zuhören).

Stammbelegschaft Gesamtheit der Mitarbeiter, die im Rahmen eines unbefristeten Beschäftigtenverhältnisses mit dem Unternehmen in Vollzeit tätig sind.

Strategisches Personalmanagement Forschungsgebiet, das der Frage nach dem Beitrag des Personalmanagements zum langfristigen Unternehmenserfolg nachgeht.

Survivor Problematik im Rahmen von betriebsbedingten Kündigungen auftretende Einstellungsveränderung bei den im Unternehmen verbleibenden Arbeitnehmern gegenüber ihrem Arbeitgeber.

Talent Management systematische, unternehmensinterne Identifikation von Potenzialträgern und die planvolle Vorbereitung dieser Mitarbeiter auf höherwertige Aufgaben.

Talent Pool Kreis der als Potenzialträger identifizierten Mitarbeiter, die auf höherwertigere Positionen vorbereitet werden sollen.

Transferproblem Schwierigkeit, das im Rahmen von lehrbasierten Maßnahmen der Fort-/Weiterbildung Gelernte nach Abschluss der Maßnahme im beruflichen Alltag anzuwenden.

Total Rewards siehe betriebliches Anreizsystem.

Validität Ausmaß, in dem ein Messinstrument das misst, was es messen soll (Gültigkeit einer Messung).

Validität, soziale Ausmaß, in dem Bewerber Personalauswahlverfahren akzeptieren.

Vertrag, psychologischer rechtlich nicht einforderbare Erwartungen seitens Arbeitnehmer und Arbeitgeber hinsichtlich Leistungen und Gegenleistungen auf Basis subjektiv gedeuteter Versprechen.

Zeitarbeit siehe Personalleasing.

Literatur

Abt M, Knyphausen-Aufseß DV (2017) Chief human resources officers on top management teams. Business Research 10: 49–77

Aguinis H (2014) Performance Management, 3. Aufl. Pearson, Harlow

Allen WC (2006) Overview and evolution of the ADDIE training system. Advances in Developing Human Resources 8: 430–441

Ambler T, Barrow S (1996) The employer brand. The Journal of Brand Management 3: 185–206

Arnold JA et al. (2000) The empowering leadership questionnaire: The construction and validation of a new scale for measuring leader behaviors. Journal of Organizational Behavior 21: 249–269

Arthur MB (2014) The boundaryless career at 20: Where do we stand, and where can we go? Career Development International 19: 627–640

Backhaus K, Tikoo S (2004) Conceptualizing and researching employer branding. Career Development International 9: 501–517

Bamberger P, Biron M, Meshoulam I (2014) Human Resource Strategy. Formulation, Implementation, and Impact. 2. Aufl. Routledge, New York

Barney J (1991) Firm resources and sustained competitive advantage. Journal of Management 17: 99–120

Barrick MR et al. (2001) Personality and performance at the beginning of the new millennium: What do we know and where do we go next? International Journal of Selection and Assessment 9: 9–29

Bass BM (1985) Leadership and performance beyond expectations. The Free Press, New York

Bass BM, Avolio BJ (1994) Improving organizational effectiveness through transformational leadership. Sage, Thousand Oaks

Bea FX, Göbel E (2019) Organisation. Theorie und Gestaltung. 5. Aufl. UVK Verlag, München

Becker BE, Huselid MA, Beatty RW (2009) The Differentiated Workforce. Transforming Talent into Strategic Impact. Harvard Business Press, Boston

Berthel J, Becker FG (2022) Personal-Management. Grundzüge für Konzeptionen betrieblicher Personalarbeit. 12. Aufl. Schäffer-Poeschel, Stuttgart

Biemann T et al. (2017) People Analytics. Personaldaten als Erfolgsfaktor. PERSONALquarterly 67 (3): 9–15

Biemann T, Weckmüller H (2014) Mentoring: Wann nützt es und wem nützt es? PERSONALquarterly 66: 46–49

Biemann T, Weckmüller H (2017) Candidate Experience – Arbeitgeberattraktivität im Bewerbungsprozess. PERSONALquarterly 69(1): 54–57

Blake RR, Mouton JS (1964) The Managerial Grid. Gulf Publishing, Houston

Böttger E (2012) Employer Branding. Verhaltenstheoretische Analysen als Grundlage für die identitätsorientierte Führung von Arbeitgebermarken. Gabler, Wiesbaden

Boxall P, Purcell J (2016) Strategy and Human Resource Management. 4. Aufl. Palgrave, London

Bratton J (2020) Organizational Leadership. Sage, Thousand Oaks

Bratton J, Gold J (2022) Human Resource Management. Theory and Practice. Red Globe Press, New Delhi

Brayfield AH, Crockett WH (1955) Employee attitudes and employee performance. Psychological Bulletin 52: 396–424

Brüggemann C, Schinnenburg H (2018) Predictive HR Analytics. zfo – Zeitschrift Führung + Organisation 87 (5): 330–336

Campion MA et al. (1997) A review of structure in the selection interview. Personnel Psychology 50: 655–702

Collings DG, Mellahi K (2009) Strategic Talent Management. Human Resource Management Review 19: 304–313

Colquitt JA et al. (2001) Justice at the millennium. A meta-analytic review of 25 years of organizational justice research. Journal of Applied Psychology 86: 425–44

Combs C et al. (2006) How much do high-performance work systems matter? A meta-analysis of their effects on organizational performance. Personnel Psychology 59: 501–528

Costa PT, McGrae RR (1992) Four ways five factors are basic. Personality and Individual Differences 13: 653–665

Cotter EW., Fouad NA (2012) Examing burnout and engagement in layoff survivors. Journal of Career Development 40: 424–444

Cropanzano RS, Ambrose ML (Hrsg.) (2015) The Oxford Handbook of Justice in the Workplace. Oxford University Press, Oxford

Curti H, Wenzel J (2018) Warum Vergütung transparent sein muss. Personalmagazin 20 (8): 72–74

Delery J, Doty D (1996) Modes of theorizing in strategic human resource management: Tests of universalistic, contingency and configurational performance predictions. Academy of Management Journal 39: 802–835

van Dierendonck D (2011) Servant Leadership: A Review and Synthesis. Journal of Management 37: 1228–1261

Dörr SL et al. (2016) Führungskompetenzen diagnostizieren und entwickeln, in: Felfe, J, Dick R (Hrsg.) Handbuch Mitarbeiterführung. Springer, Berlin/Heidelberg, 111–128

Dries N (2013) The psychology of talent management: A review and research agenda. Human Resource Management Review 23: 272–285

Edwards M (2016) Predictive HR Analytics. Mastering the HR Metric. Kogan Page, London

Eva N. et al. (2019) Servant leadership: A systematic review and call for future research. The Leadership Quarterly 30: 111–132

Felfe J (2020) Mitarbeiterbindung. 2. Aufl. Hogrefe, Göttingen

Fiedler F (1967) A theory of leadership effectiveness. McGraw-Hill, New York

Fitz-enz J (2018) The ROI of Human Capital. 2. Aufl. Amacon, New York

Flanagan JC (1954) The Critical Incident Technique. Psychological Bulletin 51: 327–358

Fleishman, EA (1953) The description of supervisory behavior. Journal of Applied Psychology 37: 1–6

French JRP, Raven B (1959) The Bases of Social Power, in: Cartwright D (Hrsg.) Studies in Social Power. Inst for Social Research the Univ, Ann Arbor 151–157

Frintrup A (2020) Interview mit einem Avatar. Personalmagazin 22 (12): 68–70

Gardner WL et al. (2011) Authentic leadership: A review of the literature and research agenda. The Leadership Quarterly 22: 1120–1145

Gaugler E (2004) Geschichte des Personalwesens, in: Gaugler E u.a. (Hrsg) Handwörterbuch des Personalwesens. 3. Aufl. Schäffer Poeschel, Stuttgart 837–853

Literatur

Georgiou K et al. (2019) Gamification in employee selection. International Journal of Selection and Assessment, Jg. 27: 91–103

Gerpott FH (2015) The right strategy? Examining the business partner model's functionality for resolving human resource management tensions. Zeitschrift für Personalforschung 29: 214–234

Gilliland SW (1993) The perceived fairness of selection systems: An organizational justice perspective. Academy of Management Review 18: 694–734

Gold J et al. (2013) Human Resource Development. Theory and Practice. 2. Aufl. Palgrave, Basingstoke

Graen GB, Uhl-Bien M (1995) Relationship-based approach to leadership. Development of Leader-Member Exchange (LMX) Theory of Leadership over 25 years. Leadership Quarterly 6: 219–247

Greenleaf RK (1977) Servant Leadership. A journey into the nature of legitimate power and greatness. Paulist Press, New York (zuerst 1970)

Gupta N et al. (2012) The many faces of pay variation. Human Resource Management Review 22: 100–115

Hall DT (2004) The protean career: A quarter-century journey. Journal of Vocational Behavior 65: 1–13

Hersey P, Blanchard KH (1969) Management of organizational behavior. Prentice Hall, Englewood Cliffs

Hiemstra AMF et al. (2019) Applicant perceptions of initial job candidate screening with asynchronous job interviews. Journal of Personnel Psychology 18(3): 138–147

Hiller NJ et al. (2011) Searching for Outcomes of Leadership: A 25-Year Review. Journal of Management 37: 1137–1177

Hochholdinger S, Sonntag K (2016) Transfer, in: Sonntag K (Hrsg.) Personalentwicklung in Organisationen, 4. Aufl. Hogrefe, Göttingen, 629–661

Holtbrügge D (2018) Personalmanagement. 7. Aufl. Springer Gabler, Berlin

Hom PW et al. (2020) Employee Retention and Turnover. Why people stay or leave. Routledge, London

Hromadka W, Maschmann F (2018) Arbeitsrecht Band 1. Individualarbeitsrecht. 7. Aufl. Springer, Berlin und Heidelberg

Huf S (2004) Berufseinstieg mit Karrieregarantie? Zur paradoxen Grundstruktur von Traineeprogrammen. Personalführung 37: 64–70

Huf S (2007) Arbeitgeberattraktivität und Arbeitgeberrankings: Wer ist der Attraktivste im Land? Personalführung 40 (12): 58–63

Huf S (2011) Personalmanagement als Erwartungsmanagement: Der psychologische Vertrag. Personalführung 44 (3): 28–37

Huf S (2012) Ursachen der Fluktuation verstehen, Mitarbeiterbindung optimieren. Personalführung 45 (3): 28–36

Huf S (2018) Zurück zum Mitarbeiter! Personalmanagement in der Post-Business-Partner-Ära. Der Betriebswirt 59 (3): 17–20

Huf S (2020) Die gläserne Decke sichtbar machen. Der Betriebswirt 61 (4): 205–216

Huf S, Mayer S (2017) Bewerberseitige Akzeptanz von Personalauswahlverfahren. Der Betriebswirt 58 (3): 16–20

Hungenberg H (2014) Strategisches Management in Unternehmen. Ziele – Prozesse – Verfahren. 8. Aufl. Springer Gabler, Wiesbaden

Huselid MA (1995) The impact of human resource management practices on turnover, productivity, and corporate financial performance. Academy of Management Journal 38: 635–672

Huselid MA (2018) The science and practice of workforce analytics. Human Resource Management 57: 679–684

Inkson K, King Z (2011) Contested terrain in careers: A psychological contract model. Human Relations 64: 37–57

Jahoda M et al. (1933) Die Arbeitslosen von Marienthal. Ein soziografischer Versuch über die Wirkungen langandauernder Arbeitslosigkeit. Hirzel, Leipzig

Jiang K et al. (2012) How does human resource management influence organizational outcomes? A meta-analytic investigation of mediating mechanisms. Academy of Management Journal 55: 1264–1294

Jiang K, Messersmith J (2018) On the shoulders of giants: a meta-review of strategic human resource management. The international journal of human resource management 29: 6–33

Johnson S et al. (2018) The 70:20:10 framework and the transfer of learning. Human Resource Development Quarterly 29: 383–402

Judge TA et al. (2001) The job satisfaction-job performance relationship: a qualitative and quantitative review. Psychological Bulletin 127: 376–407

Judge TA et al. (2002) Personality and leadership: A qualitative and quantitative review. Journal of Applied Psychology 87: 765–780

Judge TA, Kammeyer-Mueller JD (2022) Staffing Organizations. 10. Aufl. Mc Graw Hill, New York

Kanning UP (2018) Diagnostik für Führungspositionen. Hogrefe, Göttingen

Kanning UP (2019) Standards der Personaldiagnostik. 2. Aufl. Hogrefe, Göttingen

Karam EP et al. (2017) Authentic leadership and high-performance human resource practices. Research in Personnel and Human Resources Management 35: 103–153

Katz D, Maccoby N, Morse, NC (1950) Productivity, Supervision and Morale in an Office Situation. University of Michigan, Ann Arbor

Kauffeld S (2016) Nachhaltige Personalentwicklung und Weiterbildung. 2. Aufl. Springer Gabler, Berlin/Heidelberg

Kauffeld S, Gessnitzer S (2018) Coaching. Wissenschaftliche Grundlagen und praktische Anwendungen. Kohlhammer, Stuttgart

Kerr S, Jermier JM (1978) Substitutes for leadership: Their meaning and measurement. Organizational Behavior and Human Performance 22: 375–403

Kinley N. (2016) The end of performance management: sorting the facts from the hype. Strategic HR Review 15: 100–102

Kirkpatrick DL, Kirkpatrick JD (2006) Evaluating Training Programs, 3. Aufl. Berrett-Koehler Publishers, San Francisco

Kirsch A et al. (2022) Managerinnen-Barometer 2022. DIW Wochenbericht 89 (3): 20–33

Kossbiel H (1970) Die Bestimmung des Personalbedarfs, des Personaleinsatzes und der Personalausstattung als betriebliches Entscheidungsproblem. Unveröffentlichte Habilitationsschrift, Kiel

Kraiger K et al. (Hrsg.) (2020) The Wiley Blackwell Handbook of the Psychology of Training, Development, and Performance Improvement. Wiley, Hoboken

Krasikova DV et al. (2013) Destructive leadership: A theoretical review, integration, and future research agenda. Journal of Management 39: 1308–1338

Landers RN, Sanchez, DR (2022) Game-based, gamified, and gamefully designed assessments for employee selection: Definitions, distinctions, design, and validation. International Journal of Selection and Assessment, Jg. 30. https://doi.org/10.1111/ijsa.12376

Lawler III EE, Levenson A, Boudreau JW (2004) HR metrics and analytics: Use and impact. Human Resource Planning 27: 27–35

Lee TW et al. (1999) The unfolding model of voluntary turnover: A replication and extension. Academy of Management Journal 42: 450–462

Lee TW, Mitchell TR (1994) An alternative approach: The unfolding model of voluntary employee turnover. Academy of Management Review 19: 51–89

Lengnick-Hall ML et al. (2009) Strategic human resource management: The evolution of the field. Human Resource Management Review 19: 64–85.

Lepak DP, Snell SA (1999) The human resource architecture: Toward a theory of human capital allocation and development. Academy of Management Review 24: 31–48

Lewin K et al. (1939) Patterns of aggressive behavior in experimentally created social climates. Journal of Social Psychology 10: 271–299

Lewis RE, Heckman RJ (2006) Talent management: A critical review. Human Resource Management Review 16: 139–154

Lievens F, Highouse S (2003) The relation of instrumental and symbolic attributes to a company's attractiveness as an employer. Personnel Psychology 56: 75–102

Lievens F, Slaughter JE (2016) Employer Image and Employer Branding. What we know and what we need to know. Annual Review of Organizational Psychology and Organizational Behavior 3: 407–440

Lindner-Lohmann D, Lohmann F, Schirmer U (2016) Personalmanagement. 3. Aufl. Springer Gabler, Berlin/Heidelberg

Lukacik ER et al. (2022) Into the void: A conceptual model and research agenda for the design and use of asynchronous video interviews. Human Resource Management Revue 32: 1–15

Mann RD (1959) A review of the relationship between personality and performance in small groups. Psychological Bulletin 56: 241–270

Manuti A et al. (2015) Formal and informal learning in the workplace: A research review. International Journal of Training and Development 19: 1–17

Manz CC, Sims HP (1980) Self-Management as a substitute for leadership. Academy of Management Review 5: 361–367

March JG, Simon HA (1958) Organizations. Wiley, New York

Marchington M et al. (2021) Human Resource Management at Work. 7. Aufl. CIPD Kogan Page, London

Marler JH, Boudreau JW (2017) An evidence-based review of hr analytics. The International Journal of Human Resource Management 28: 3–26

Martin R et al. (2016) Leader-Member Exchange (LMX) and performance: A meta-analytic review. Personnel Psychology 69: 67–121

Martocchio JJ (2017) Strategic Compensation. A Human Resource Management Approach. 9. Aufl. Pearson, Hoboken

McCarty JM et al. (2017) Applicant perspectives during selection. Journal of Management 43: 1693–1725

McGrae RR, Costa PT (1995) Trait explanations in personality psychology. European Journal of Personality 9: 231–252

McGregor D (1960) The Human Side of Enterprise. McGraw-Hill, New York u.a.

Mitchell TR et al. (2001) Why people stay: Using job embeddedness to predict voluntary turnover. Academy of Management Journal 44: 1102–1121

Mobley WH (1977) Intermediate linkages in the relationship between job satisfaction and employee turnover. Journal of Applied Psychology 62: 237–240

Morrison AM et al. (1987) Breaking the Glass Ceiling. Can Women Reach the Top of Amerca's Largest Corporations? Addison-Wesley, Reading u.a.

Murphy KR et al. (2018) Performance Appraisal & Management. Sage, Thousand Oaks

Nerdinger FW (2019) Führung von Mitarbeitern, in: Nerdinger FW u.a. (Hrsg.): Arbeits- und Organisationspsychologie, 4. Aufl. Springer, Berlin/Heidelberg 95–118

Neuberger O (2002) Führen und führen lassen. 6. Aufl. Lucius & Lucius, Stuttgart

Newman JM et al. (2017) Compensation, 12. Aufl. McGraw Hill, Boston

Nikolaou I, Oostrom JK (2015) Employee Recruitment, Selection, and Assessment. CRC Press, London

Northouse PG (2022) Leadership. Theory and Practice. 9. Aufl. Sage, Thousand Oaks

Oechsler WA, Paul C (2019) Personal und Arbeit. Einführung in das Personalmanagement. 11. Aufl. De Gruyter Oldenbourg, Berlin u.a.

Pearce CL (2004) The future of leadership: Combining vertical and shared leadership to transform knowledge work. Academy of Management Executive 18: 47–57

Penrose E (1959) The Theory of the Growth of the Firm. John Wiley, New York

Perkins SJ (Hrsg.) (2019) The Routledge Companion to Reward Management. Routledge, London/New York

Perrot S (2014) Organizational socialization tactics and newcomer adjustment. Group & Organization Management 39: 247–273

Petkovic M (2008) Employer Branding. Ein markenpolitischer Ansatz zur Schaffung von Präferenzen bei der Arbeitgeberwahl. 2. Aufl. Hampp, Mering

Pfeffer J (1994) Competitive Advantage Through People. Unleashing the Power of the Work Force. Harvard Business Press, Boston

Porter M (2013) Wettbewerbsstrategie. Methoden zur Analyse von Branchen und Konkurrenten. 12. Aufl. Campus, Frankfurt/M. und New York

Posthuma RA et al. (2013) A high performance work practices taxonomy: Integrating the literature and directing future research. Journal of Management 39: 1184–1220

Reindl C, Krügl S (2017) People Analytics in der Praxis. Haufe Lexware, Freiburg

Robbins SP, Judge TA (2019) Organizational Behavior. 18. Aufl. Pearson, Harlow

Rose M (2018) Reward Management. A practical introduction. 2. Aufl. Kogan Page, London

Roth PL et al. (2005) A Meta-Analyis of Work Sample Test Validity. Personnel Psychology 58: 1009–1037

Roth PL et al. (2016) Social Media in Employee-Selection-Related Decisions. Journal of Management 42: 269–298

Rousseau DM (1995) Psychological Contracts in Organizations. Understanding Written and Unwritten Agreements. Sage, Thousand Oaks

Rousseau DM (2006) Is there such a thing as „evidence-based management"? 2005 Presidential Adress. Academy of Management Review 31: 256–269

Sailer M, Homner L (2020) The Gamification of Learning: A Meta Analysis. Educational Psychology Review 32: 77–112

Saridakis G, Cooper C (Hrsg.) (2017) Research handbook on employee turnover. Edward Elgar Publishing, Cheltenham

Schanz G (1993) Personalwirtschaftslehre. Lebendige Arbeit in verhaltenswissenschaftlicher Perspektive. 2. Aufl. Vahlen, München

Literatur

Scherm E, Süß, S (2016) Personalmanagement. 3. Aufl. Vahlen, München
Schirmer U, Woydt S (2016) Mitarbeiterführung. 3. Aufl. Springer Gabler, Berlin/Heidelberg
Schnell R et al. (2018) Methoden der empirischen Sozialforschung. 11. Aufl. De Gruyter Oldenbourg, Berlin und Boston
Scholz C (2014) Personalmanagement. Informationsorientierte und verhaltenstheoretische Grundlagen. 6. Aufl. Vahlen, München
Scholz C, Scholz, TM (2019) Grundzüge des Personalmanagements. 3. Aufl. Vahlen, München
Schrank V (2015) Das Ulrich-HR-Modell in Deutschland. Kritische Betrachtung und empirische Untersuchung. Springer Gabler, Wiesbaden
Schreyögg G, Geiger D (2016) Organisation. Grundlagen moderner Organisationsgestaltung. 6. Aufl. Springer Gabler, Wiesbaden
Schuler H (1990) Personalauswahl aus der Sicht der Bewerber. Zum Erleben eignungsdiagnostischer Situationen. Zeitschrift für Arbeits- und Organisationspsychologie 34: 184–191
Schuler H (2014) Psychologische Personalauswahl. 4. Aufl. Hogrefe, Göttingen u.a.
Schuler H (2020) Auswahl von Mitarbeitern, in: Rosenstiel Lv u.a. (Hrsg.) Führung von Mitarbeitern, 8. Aufl. Schäffer-Poeschel, Stuttgart, 189–226
Schuler H (2018) Das Einstellungsinterview, 2. Aufl. Hogrefe, Göttingen u.a.
Schuler R, Jackson S (1987) Linking competitive strategies with human resource management practices. Academy of Management Executive 1: 207–219
Schyns B, Schilling J (2013) How bad are the effects of bad leaders? A meta-analysis of destructive leadership and its outcomes. The Leadership Quarterly 24: 138–158
Sende CC et al. (2018) Die Leistungs- und Verhaltensbeurteilung in Arbeitszeugnissen. Zeitschrift für Arbeits- und Organisationspsychologie 62: 169–187
Silzer R, Church A (2009) The pearls and perils of identifying potential. Industrial Organizational Psychology 2: 377–412
Sonnenfeld JA, Peiperl MA (1988) Staffing policy as a strategic response: A typology of career systems. Academy of Management Review 13: 588–600
Spengler T, Metzger O, Volkmer T (2019) Moderne Personalplanung. Modelle, Methoden und Fallbeispiele. Springer Gabler, Wiesbaden
Stock-Homburg R, Groß M (2019) Personalmanagement. Theorien – Konzepte – Instrumente. 4. Aufl. Springer Gabler, Wiesbaden
Stogdill, RM (1948) Personal factors associated with leadership: A survey of the literature. Journal of Psychology 25: 35–71
Storey J, Wright PM, Ulrich D (2018) The Routledge Companion to Strategic Human Resource Management. Routledge, Milton Park
Swanson RA, Holton III EF (2009) Foundations of Human Resource Development. 2. Aufl. Berrett-Koehler Publishers, San Francisco
Tannenbaum R, Schmidt WH (1958) How to choose a leadership pattern. Harvard Business Revue 36: 95–101
Tichy NM et al. (1982) Strategic Human Resource Management. Sloan Management Review 23 (2): 47–62
Torrington D et al. (2020) Human Resource Management. 11. Aufl. Pearson, Harlow
Trost A (Hrsg) (2013) Employer Branding. 2. Aufl. Luchterhand, Köln
Trost A (2018) Neue Personalstrategien zwischen Stabilität und Agilität. Springer Gabler, Berlin
Ulich E (2011) Arbeitspsychologie. 7. Aufl. Schäffer Poeschel Verlag, Stuttgart

Ulrich D (1997) Human Resource Champions. Harvard Business School Press, Boston
Ulrich D (2005) The HR Value Proposition. Harvard Business Review Press, Boston
Ulrich D (2009) HR Transformation. McGraw-Hill, New York
Vroom VH, Yetton PW (1973) Leadership and decision-making. University of Pittsburgh Press, Pittsburgh
Weber M (1972) Wirtschaft und Gesellschaft. 5. Aufl. Mohr, Tübingen (erstmals 1921)
Weibler J (2016) Personalführung. 3. Aufl. Vahlen, München
Weitzel T et al (2018) Recruiting Trends. Bamberg
Wilkinson A, Redman T, Dundon T (2022) Contemporary Human Resource Management. Text and Cases. 6. Aufl. Pearson, Harlow
Wilton N (2022) An Introduction to Human Resource Management. 5. Aufl. Sage, London
Wunderer R, Jaritz A (2007) Unternehmerisches Personalcontrolling. Evaluation der Wertschöpfung im Personalmanagement. 4. Aufl. Luchterhand, Köln
Yukl G, Gardner III WL (2020) Leadership in Organizations. 9. Aufl. Pearson, Harlow.

MIX
Papier aus verantwortungsvollen Quellen
Paper from responsible sources
FSC® C105338

If you have any concerns about our products,
you can contact us on
ProductSafety@springernature.com

In case Publisher is established outside the EU,
the EU authorized representative is:
**Springer Nature Customer Service Center GmbH
Europaplatz 3, 69115 Heidelberg, Germany**

Printed by Libri Plureos GmbH
in Hamburg, Germany